新课程·新理念·新教学

名师工程
教学新突破系列

让学习变得更轻松

名师

最能吸引学生的情境设计

丛书编委会主任：马立 宋乃庆　　本册主编：施建平

西南师范大学出版社

图书在版编目（CIP）数据

让学习变得更轻松——名师最能吸引学生的情境
设计/施建平主编. —重庆：西南师范大学出版社，2008.12
（名师工程系列丛书）
　　ISBN 978 - 7 - 5621 - 4345 - 1

　　Ⅰ.让… Ⅱ.施… Ⅲ.课堂教学 – 教学研究 – 中小学
Ⅳ.G632.421

中国版本图书馆 CIP 数据核字（2008）第 193892 号

名师工程系列丛书

编委会主任：马　立　宋乃庆
总策划：周安平
策　划：李远毅　卢　旭　郑持军　郭德军

让学习变得更轻松——名师最能吸引学生的情境设计
主编　施建平

责任编辑：张浩宇
封面设计：图图文化
出版发行：西南师范大学出版社
　　　　　　地址：重庆市北碚区天生路 1 号
　　　　　　邮编：400715　市场营销部电话：023 – 68868624
　　　　　　http://www.xscbs.com
经　销：新华书店
印　刷：九洲财鑫印刷有限公司
开　本：787mm × 1092mm　1/16
印　张：17
字　数：270 千字
版　次：2009 年 1 月　第 1 版
印　次：2009 年 12 月　第 3 次印刷
书　号：ISBN 978 - 7 - 5621 - 4345 - 1

定　价：30.00 元

《名师工程》
系列丛书

编者的话

当前，以人为本的教育理念正在逐步深化，素质教育以及基础教育课程改革不断推进。

在这场深刻又艰苦的教育改革中，涌现了无数甘为人梯、乐于奉献的优秀教师。他们积极探索、更新观念、敢于创新、善于改革，在实践中创造性地发展、总结了很多先进的教育思想、教育理念；创造性地开发了很多新的教学模式、教学内容和教学方法。这些新思想、新模式、新方法在实践中极大地提高了教学质量，是教育改革实践中的新内涵和宝贵财富。这些优秀教师就是我们的名师，这些新内涵就是名师的核心教育力。整理、总结、发展、推广这些教育新内涵，是深化教育改革、完善教育体制、提高教育质量、提升教师水平的一件大事。

教育，是民族振兴的基石；教师，是教育发展的根基。

胡锦涛总书记在全国优秀教师代表座谈会上指出："教师是人类文明的传承者。推动教育事业又好又快发展，培养高素质人才，教师是关键。没有高水平的教师队伍，就没有高质量的教育。"十七大报告又进一步强调了必须加强教师队伍建设，不断提高教师的素质。当今世界，社会进步一日千里，科技发展日新月异，知识更新的周期越来越短。教师作为"文明的传承者"更要与时俱进，刻苦钻研、奋发进取，尽快提升自身素质和能力，为推动教育事业的健康发展贡献自己的力量。

基于以上，西南师范大学出版社策划、组织出版了大型系列教育丛书——《名师工程》。希望通过总结名师的创新经验、先进理念，宣传名师的核心教育力，为广大教师职业生涯提供精神源泉和实践动力，在教育实践层面切实推动从教者职业素养的提升。通过《名师工程》实现"打造名师的工程"。

丛书在策划、创作过程中力求实现以下特色：

一、理念创新，体现教育的人本精神

教师角色在以人为本的教育理念下发生了重大的变化，教师的素质和能力也面临更高的要求。如何弘扬、培植学生的主体性、增强学生的主体意识、发展学生的主体能力、塑造学生的主体人格等问题成为教师在目前教育中亟待解决的难题。丛书以教育管理者和教师为主要读者对象，通过教师综合素质的提高而将人本教育的思想落实到教育实践中，真正实现教育培养人、塑造人、发展人的本质要求。

二、全面构建，系统提升教师的教育能力

丛书选题的最大特点就是系统、全面地针对教师教育能力的提升而展开。施教者的能力决定教育的效果，教育改革的落实、教育效果的提高无不体现在教师身上。丛书针对不同教育能力、不同教学要求、不同教育对象，有针对性地设置选题。棘手学生、课堂切入、引导艺术、班主任的教导力、互动艺术、课堂效率、心灵教育等等，这些鲜明的主题从教育的细节出发，从教育实际情况出发，有针对性地解决问题，让教师在阅读中学有所指、读有所获。

三、科学权威，体现教育的时代前沿性

丛书邀请全国各地著名的教育工作者执笔，汇集在教育改革与实践中涌现的先进理念、成果和方法，经过专家认真遴选、评点总结而成，代表了目前教育实践中先进的教育生产力，具有时代前沿性，是广大一线教师学习、借鉴的好素材。

四、注重实践，突出施教的实用价值

丛书采用了通俗的创作方法，把死板的道理鲜活化，把教条的写法改变为以案例为主，分析、评点为辅，把最先进的教育理念和方法融入有趣的情境中。经典的案例，情境式的叙述，流畅的语言，充满感情的评述，发人深省的剖析，娓娓道来、深入浅出，让教师更充分地领会先进、有效的教育方法。

在诸多教育、出版界同仁的支持与努力下，《名师工程》首批推出了《名师讲述系列》、《教学提升系列》、《教育新突破系列》、《高中新课程系列》等系列，共三十余品种，后续图书也将陆续出版。

丛书在出版创作过程中得到各地、各级教育部门与教育工作者的大力支持与帮助，在此一并表示感谢！

教育事业是全社会共同的事业，本丛书的出版一方面希望能对广大教育工作者有所帮助，共绘先进成果；另一方面也是抛砖引玉，希望更多的教育工作者参与到出版创作中来，百家争鸣、百花齐放，为促进教育事业的发展共同努力！

目 录

让儿童的心灵插上翅膀

　　特级教师李吉林讲述想象性作文指导课《我是一棵蒲公英》…………／1

寻找生命里期待已久的那份感动

　　特级教师孙双金讲述阅读课《二泉映月》………………………………／13

让学习像呼吸一样自然

　　特级教师华应龙讲述数学技能课《角的度量》…………………………／27

与语言共舞　让精神欢歌

　　特级教师盛新凤讲述阅读课《卢沟桥的狮子》…………………………／43

在课堂与生活之间架起一道彩虹

　　特级教师吉春亚讲述阅读课《我爱绿叶》………………………………／52

让课堂表演充满语文味

　　特级教师虞大明讲述阅读课《共有名字》………………………………／57

爱大地，还需要一份敬畏

　　特级教师周益民讲述阅读课《只有一个地球》…………………………／65

在春天的泗水河畔

　　特级教师祝禧讲述阅读课《孔子游春》…………………………………／72

在诗意的课堂徜徉

　　特级教师王笑梅讲述阅读课《槐乡五月》………………………………／80

打破认知平衡　促发主动探究

　　特级教师赵云峰讲述数学课《简单的统计》……………………………／90

让冰冷的数学变得温和而美丽

　　特级教师朱玉茹讲述数学新授课《分一分》……………………………／95

浸润着情感 充满着诗意

    特级教师陈萍讲述阅读课《但愿人长久》 …………… / 101

让美好的人性光辉温暖世界

    特级教师王爱华讲述阅读课《放弃射门》 …………… / 108

创建充满成长气息的课堂

    特级教师曹建忠讲述语文综合实践活动课《我为竹乡绘蓝图》 … / 113

让学生自己去探求

    特级教师周治平讲述阅读课《少年闰土》 …………… / 120

永远住在童话里

    特级教师施建平讲述习作指导课《校园里的童话》 …… / 126

为理解而教

    特级教师蔡宏圣讲述数学课《平行》 ………………… / 132

在情境中感受民族音乐文化

    特级教师黄美华讲述音乐综合课《彝族风情》 ……… / 141

引导学生用心灵感受美

    青年名师李伟忠讲述阅读课《鼎湖山听泉》 ………… / 149

掬生活清泉 润魅力课堂

    青年名师许卫兵讲述数学新授课《确定位置》 ……… / 158

让个性之花欢乐地绽放

    青年名师董一红讲述口语交际课《谈谈姓名》 ……… / 166

遥远的蟋蟀曲 浓浓的故乡情

    青年名师袁卫星讲述诗歌教学《就是那一只蟋蟀》 … / 173

如果我们是古人

    青年名师夏琨讲述新授课《晏子辞千金》 …………… / 184

体验信息技术与数学课堂教学的最佳整合

    名师王旭晓讲述数学新授课《9加几》 ……………… / 195

在发现中展现智慧　在分享中感悟"文化"

青年名师张齐华讲述数学新授课《圆的认识》 ················ / 204

月光里的歌谣

青年名师吴建英讲述阅读课《月光启蒙》 ················ / 214

心水相拥

青年名师陈晓冰讲述阅读课《水》 ················ / 220

怎样和谐地生活

青年名师金永建讲述高中英语听说课"How shall we enjoy a better life?"（我们如何能过上更好的生活?） ················ / 229

在《推敲》中学会推敲

教坛新秀陆红兵讲述阅读课《推敲》 ················ / 236

让数学动起来

优秀教师郭群翠讲述数学新授课《三角形的内角和》 ················ / 243

情境创设：为谁辛苦为谁甜

教坛新秀柳小梅讲述数学新授课《用字母表示数》 ················ / 250

让儿童的心灵插上翅膀

——特级教师李吉林讲述想象性作文指导课《我是一棵蒲公英》

想象力比知识更重要。学生的想象力发展了，他们就可以张开想象的翅膀，飞过崇山峻岭，飞向浩渺云霄，飞向人们足迹不能到达的地方……

精彩实录

一、从观察入手，引导拟题

师："同学们，昨天我们到野外去观察了野花，你们喜欢野花吗？"

生：（齐声）"喜欢。"

师："你们觉得野花怎么样？"

生："我觉得野花是很小的，野花是很美的。"

生："野花是小巧玲珑的。"

生："因为野花不要人播种，不要人浇水，不要人施肥，所以我很喜欢野花。"

师："在这些野花里边，你们最喜欢哪一种？"

生："最喜欢蒲公英。"

师："这一堂课，我们就用蒲公英做题材，进行一次口头作文练习，现在请同学们自己出题目。大家想一想，老师要求同学们用第一人称，也就是用'我'的口气出题目，可以出什么题目？"

生："可不可以用我'飞呀，飞呀'来做题目？"

生："用'我的生活'做题目。"

生："'我是一棵蒲公英'。"

生："'我是一颗蒲公英的种子'。"

生："'我是一棵平凡的蒲公英'。"

师："很好。"

生："可不可以用'我的旅行'做题目？"

生："用'我是一朵蒲公英'做题目。"

师："同学们出的题目都很好。你们说，在这些题目里，哪个题目最好，你们大家都有话说？"

生："'我是一棵蒲公英'。"

师："就用这个题目，好不好？"

生：（齐声）"好。"

（板书文题：我是一棵蒲公英）

师："刚才有个小朋友说'我是一朵蒲公英'，是'一朵'，只是说了蒲公英的什么？"

（板书：一朵）

生：（齐声）"只是说蒲公英的花。"

师："说一朵只是说蒲公英的花，现在我们用这个'棵'就包括蒲公英的——"

生：（齐声）"叶、茎、花、种子。"

师："现在你们看老师画。（画好，亲切地）现在你们大家就是蒲公英。大家一起说——"

生：（齐声）"我是一棵蒲公英。"

二、激发情绪，帮助选材

师："如果现在有许多同学还不认识你们，你们得自我介绍一下，你们准备先介绍什么？"

生："先介绍我的名字。"

（板书：我的名字）

生："我的姐妹。"

师："先说我的名字，然后要介绍我的什么？"

生："我的模样。"

（板书：模样）

师："名字人家知道了，模样人家也知道了，那还可以告诉人家什么?"

生："还可以介绍我的家在哪儿?"

（板书：我的家）

师：（因势利导）"你们的家在哪儿?"

生："我的家在小河边。"

生："我的家在山坡上。"

生："李老师，我们还可以说，我们的家祖国到处都有。"

师："这句话，怎么说更好?"

生："祖国到处都有我的家。"

师："对。下面接着介绍你们家里有什么人。"

生："我家里有草弟弟，婆婆纳妹妹，紫薇姐姐，还有常客小蜜蜂。"

师："先说我家里有哪些成员，然后说他们是谁。"

生："我家有兄弟姐妹，我的兄弟是小草。"

（板书：兄妹）

师："小草是你的兄弟，谁是你们的姐妹?"

（板书：姐妹）

生："'婆婆纳'是我们的姐妹，野蔷薇是我们的姐妹，还有那爱戴白花的荠菜花也是我们的姐妹。"

师："刚才，××同学说，谁是我们的姐妹，谁是我们的姐妹，这样说显得啰唆，谁能用一句话概括一下?"

生："婆婆纳、荠菜花、紫薇，都是我们的姐妹。"

师："你们家兄弟姐妹都介绍了，你们还要介绍谁?"

生："家中的常客。"

（板书：常客）

师："谁是你们的常客?"

生："蜜蜂是我家的常客。"

生："蝴蝶也是我们家的常客。"

师："刚才有的同学又介绍了家里的常客。你们家还有一个重要的人物没介绍（学生思考片刻，略感困难，教师折断蒲公英的茎，在教室走动，让学生依次观察花茎里冒出的白色的乳浆）。你们看到蒲公英茎里面冒出白色的浆，你们想还可以介绍你家的谁?"

生：(领悟)"我知道了，蒲公英里面的浆是吸取的土壤妈妈的乳汁。"

生："还要介绍土壤妈妈。"

(板书：土壤妈妈)

师："土壤是你们的妈妈，你们是吃土壤妈妈的乳汁长大的。那你们长大了，准备到哪儿去?"(拓宽想象空间)

生："我越过高山，飞过小河，来到了欢乐的草原上。"

生："我要飞到古老的森林里去。""

生："我要飞到草原上去，用金色的小花，把那儿打扮得更加美丽。"

师："同学们，有的想飞到草原去，有的想飞到荒山上去，有的想飞到森林里去，还有的想飞到祖国的首都去，还有想飞到哪儿去?"

生："飞到台湾去。"

三、理清思路，确定中心

师："飞到祖国的宝岛台湾去。刚才同学们的发言都讲出了你们的美好理想。同学们准备先介绍自己的名字和长相，再介绍自己的家和家人，最后介绍自己的理想。通过刚才的讨论，同学们对蒲公英的特点也清楚了。我们知道了蒲公英有什么特点?"

生："蒲公英不要人浇水，不要人施肥，能够顽强地生长。"

(板书：不怕苦)

师："蒲公英不怕苦，一点也没有娇气，还怎么样?"

生："蒲公英还有理想。"

(板书：理想)

师："我们介绍蒲公英，就是要介绍它的特点。通过你们的自述，把蒲公英不怕苦、有理想的特点介绍清楚。"

四、联系观察，分段口述

师："中心清楚了，条理也清楚了。现在一段一段进行口述，第一段介绍蒲公英的名字和模样，你准备怎么介绍?按照什么顺序?你们昨天观察的时候是按什么顺序?"

生："我是先看花，然后看茎，再看叶子。"

师："要按一定的顺序。"

(板书：茎——叶——花)

师："我请谁先讲。"

生："你们猜我是谁？还是我来向你们作介绍吧。我是一棵小小的蒲公英，我的根深深地埋在泥土里。叶子是嫩嫩的、绿绿的，向四面舒展开来。二月的风伯伯把我的每一片叶子都修剪得整整齐齐。又嫩又细的茎上托着一朵圆圆的金色的小花。像一朵散发着芳香的野菊花。在阳光照耀下，我满脸堆着笑，又像一棵小小的向日葵。"

师："有没有意见？"（引导学生评价）

生："刚才××说错了。二月的风是春风，说风伯伯不好，说风姑娘更美。"

生："刚才××讲得很好。不过我再帮她改一个地方，她说：'又嫩又细的茎上托着一朵圆圆的金色小花'，因为'我'就是蒲公英，所以我可以不说'小花'而说'托着我的脸庞'。"

生："李老师，可以不可以先写模样，然后介绍我的名字？"

师："你们说可不可以？"

生：（齐声）"可以。"

师："现在我们继续往下说。我的名字、模样讲清楚了，那么我的兄弟、姐妹、常客，准备介绍点什么呢？想想看。（提示）记住，我们的中心是要讲出蒲公英不怕苦、有理想的特点，那么在这一段里，还可以讲些什么来突出蒲公英不怕苦的品格？"

生："我的家住在一条弯弯曲曲的小河边，我的兄弟姐妹可多啦！小草是我的弟弟，米粒大的荠菜花是我的妹妹。一阵风吹过，我们跳起了优美的舞蹈。小鸟在我们头上唧唧喳喳地叫，仿佛在给我们鼓掌。小河水淙淙地流着，好像在为我们演奏。"

师："×××讲得不错。你们有什么意见？"

生："我给×××补充一下。一阵微风轻轻地拂过，我们翩翩起舞。风过了，我们停止了舞蹈，静静地讲着故事。"

生："小蜜蜂是我们的常客，他常常在我的小脸庞上东瞧瞧，西瞧瞧，和我一起玩。一边给我增加营养，一边对我说：'蒲公英啊蒲公英，你可真好，蜜汁可真多。'我不断地吸取土壤妈妈的乳汁。土壤妈妈总是说：'孩子，多吸点儿，把身体养得壮壮的，妈妈才高兴呢。'"

师："'蜜蜂在我的小脸庞上东瞧瞧，西瞧瞧'这儿不够好。"

生："我给他改一下，可以说亲吻着我的脸蛋。"

生："×××说错了。他前面说蜜蜂给我增加养料，后面又说，蜜蜂对我说'蒲公英啊蒲公英，你可真好，蜜汁可真多。'"

生："应该说蜜蜂给我传播花粉。"

生："我也帮×××改一下。她说：'小鸟唧唧喳喳地叫着，好像在为我们鼓掌。'我帮她改成：'小鸟唧唧喳喳地叫着，好像在唱歌呢。'"

生："我帮×××加一句。晚上，小河水轻轻地流着，好像唱着歌儿把我们送进了梦乡。"

师："这里是讲我们的生活条件虽然不好，但是我们生活得很愉快。同学们要注意，中心是要说蒲公英有理想、不怕苦，我们想一想这一段还可以怎样叙述？"

生："我的家在小河边，这里虽然没有美丽的花园和高大的楼房，但是我和姐妹们生活得很快乐，我们吸取着土壤妈妈的乳汁，茁壮成长。我们经历过不少风暴。有一次，风咆哮着，雨怒吼着，我们在暴风雨中手拉着手，顽强地抵抗风雨的袭击，我们在风雨中摇摆着身体，但还是挺过来了。"

生："我帮××改一下。雨过天晴，太阳出来了，树叶上滚动着晶莹的露珠，阳光照得它们闪闪发光。"

师："不要说树叶上，而说我和姐妹身上滚动着露珠，那就更好些。"

师："会说第二段了。下面说第三段'我的理想'。前面同学们已讲了，我长大了，到祖国各地去旅行，去安家落户，有的要到草原去，有的要到森林里去，也有的想要到荒山上去，还有的小朋友想到祖国的台湾岛去。这些理想都是很美好的。下面你们一边看一边想。"

（教师在窗口吹起蒲公英毛茸茸的种子。种子飘飘悠悠地飞到窗外。教师边描述边启发）

（蒲公英的种子随风向远方飞去，学生欣喜地望着……）

生："我飞上了高空。抬头向上看，啊，瓦蓝瓦蓝的天空上飘浮着朵朵白云；低头往下看，一条条小河就像银带一样，在阳光的照耀下，闪着金光。我飞过高山，看到一群群高山像驼峰一样，连绵起伏。我来到草原，一片片草地就像绿绒毯一样，铺得整整齐齐。我飞呀飞呀，哦，这儿不是荒山吗？在这儿安家落户吧。我飘飘悠悠地落了下去。啊，这儿没有人烟，也没有我的伙伴，这时我想起土壤妈妈对我说的话：'孩子，只要有泥土的地方，你就能生根发芽。'我暗暗地下了决心，一定要把荒山打扮得像花园一样。我无声无息地萌芽，无声无息地开花。多少年来，我日日夜夜把小河当做镜子，默默地打扮着，渐渐地，渐渐地，开的花多了，啊，我的愿望终于实现了，荒山变成了花园。"

师："××同学讲得不错，讲出了他的美好的理想。但是，第二段和第三段之间怎么过渡呢？他没讲。应当怎么讲？还少哪几句话？"

生："过了几个月，我长大了。有一天，土壤妈妈对我说：'孩子，你长大了，快去安家落户吧。'于是我撑着小伞在蓝天中飞翔。"

师："谁带着你飞的？"

生："我撑着小伞，拽着风伯伯的衣角，飞呀，飞呀。"

师："××同学有一处讲得不好。他说：'我几年来一直把小河当做镜子，打扮着自己。''打扮着自己不好。'应该是打扮着什么？"

生："打扮着荒山。"

生："我帮××补充一下。我告别了紫薇姐姐，小草弟弟，婆婆纳妹妹，随着风伯伯去了。"

生："××还有个地方说错了，荒山上是没有小河的，应该是溪水。"

五、连贯口述全篇

师："刚才我们一段一段地都练了，首先大家能围绕中心，讲出了蒲公英不怕苦、有理想的特点，而且一段一段讲得很好。先讲了我的名字和模样，再介绍我的家，我们大家在一起怎么不怕苦，快乐地生活着。每一段都条理清晰。现在请小朋友从头至尾，完整地讲一下，能不能？"

生：（齐声）"能。"

大家准备。

（学生各自默述）

生："我是一棵蒲公英，家在小河旁。我的叶子又嫩又绿向四面展开，淡红色的茎把我的脸庞轻轻地托起。我开着一朵金黄色的小花，远远看去像一个小金盘。"

"我的姐妹可多啦！白色米粒大的荠菜花，随风摆动的知风草，喇叭似的紫薇，她们都是我的姐妹。我们生长在土壤妈妈的怀抱里。妈妈给我们吸取的养料，阳光给我们温暖，我们就慢慢长大。勤劳的小蜜蜂，爱打扮的花蝴蝶，她们都是我的常客。一阵风拂过，我们站起来舞蹈，小河水哗啦哗啦地流着，好像在为我们伴奏呢！小鱼跳出水面，要看看这愉快的场面。风停了，我们停止了舞蹈，又开始讲故事。"

"有一天，土壤妈妈对我说：'孩子，你长大了，该安家落户去了。'第二天早晨，我起得特别早，妈妈心疼地说：'孩子，只要在我的怀抱里，你就能生根、发芽、开花。'我告别了兄弟姐妹，拉着风伯伯的衣角，带着一把小伞飞起来。我飞在天空中，抬头往上看，蓝蓝的天空，飘着朵朵白云；低头往下看，山路崎岖蜿蜒，小溪水淙淙地流着。我飞过田野，来到一座荒山上。"

"过了几个月，我开了一朵金黄色的小花。一天，我遇到一阵暴风雨，雷声紧跟着闪电向我袭来，我牢牢记住妈妈的话，只要把根深深地扎在妈妈的怀抱里，我就什么也不怕。"

"我傲然挺立在风雨之中，暴风雨不断地袭击着我。不久，雨过天晴，我的身上挂满了小水珠。太阳出来了，金色的阳光洒在山冈上。我的姐妹越来越多了，我们又开始了新的生活。"

生："××有个地方说错了，不能说'把我托起'，应该说'托起我的小脸蛋'。"

生："应该是雷声紧跟着闪电。"

生："我帮××加一句'雨过天晴，太阳出来了，天边出现了一道彩虹'。"

师："××同学把理想放在和暴风雨作斗争一段说，这很好。这堂课同学们积极地开动脑筋，学得很好。通过这一堂课的练习，同学们知道了，无论是口头作文，还是书面作文，都要注意围绕中心，有条理地叙述。上了这一堂课以后，同学们更了解了蒲公英的特点。从同学的发言中，老师已经听出来了，有些同学从小想要学习蒲公英不怕苦、有理想的品格，准备长大了到祖国需要的地方去安家落户，在那儿用我们的双手，把祖国建设得更加繁荣富强。"

教学延伸

作文是一项富有创造性的作业。创造需要想象，想象是创造的前提。因此可以说，作文是儿童"想象之树"蓬勃生长的园地。教师在这块园地上辛勤地耕耘，就能看到喜人的硕果——学生的心灵插上了翅膀，可以飞……

现在我以三年级作文《我是一棵蒲公英》为例，略谈耕耘的点滴收获。

初夏的傍晚，我独自到郊外去找寻野花。田埂、河畔、小桥边，我弯腰细细寻觅。那开着蓝色小花的婆婆纳，那米粒大的荠菜花，那随风摆动的知风草……躲在草丛中，似乎并不希望有人发现它们。在美丽的野花中，较为醒目的，便是蒲公英。那圆圆的金黄色的小花，真惹人喜爱。一阵风吹来，毛茸茸的种子竟飘飘欲仙地飞起来……我凝神望着它——对，让学生认识几种野花，重点观察蒲公英。

　　一个晴朗的早晨，我带着全班孩子来到野花聚集的小河畔。小草、野花，都沾上了晶莹的露珠。孩子们像一群小鸟来到树林里，欢叫着，蹦跳着。一会儿，拉着我去看野花；一会儿，采来野花给我看。"野花有名字吗?""有啊，这是婆婆纳——这是芥菜花——这是知风草……还有许多不知名的野花。"孩子们认真地辨认着各种野花。

　　"那边还有更美的野花——"我又把孩子们带到蒲公英丛生的田野的一角。金色的小花吸引着孩子们，他们围在蒲公英身旁细细地观察起来。我知道，要使儿童的观察由笼统到精确，由整体到细部，由表面到内在，是少不了老师指导的。我便让他们按"叶——茎——花"从下到上或由上而下的顺序观察，指导他们边看边描摹各个细部——

　　"蒲公英的叶子向四面展开。"

　　"二月春风似剪刀，这么整齐的叶子，是二月的风伯伯裁剪的。"

　　"蒲公英的茎是又嫩又细的管子。"

　　"它的茎青里透红，又细又长。"

　　"金黄色的小花，真像野菊花。"

　　"也像一棵小巧玲珑的向日葵。"

　　"我觉得像小姑娘的圆脸。"

　　……

　　其间，我轻轻地点一点："色彩呢? 有点像什么?"有意启发儿童观察植物要注意茎、叶、花、果的色彩、姿态和数量。

　　蒲公英的种子是富有诗意的。我小心翼翼地摘下，站在高高的石栏上，使劲一吹，轻软的种子，便乘风飞去。蒲公英飞了，孩子们的心灵也插上翅膀跟着飞了……

　　观察为儿童积聚表象，表象又为想象提供必不可少的材料。于是，我明白了——表象丰富，儿童才有可能想象。

　　夜晚，我坐在灯下，思索着。孩子们认识了蒲公英，也十分喜爱蒲公英。

写蒲公英，他们是会感兴趣的。但文题怎么拟定呢？我想，倘若让孩子用自我介绍的口气来写，不是更能激起他们的兴趣吗？上课了，我便启发孩子用"我"的口气想题目。他们兴致很高，一下子出了"我的生活"、"飞呀，飞呀"、"我的旅行"、"我是一棵平凡的蒲公英"、"我是一棵小小的蒲公英"等题目。最后，大家认定"我是一棵蒲公英"这个题目既有意思，又好下笔。随即，我在板书的文题旁边，画了一朵大蒲公英，圆圆的花盘里，点上一对眼睛和一张微笑着的嘴巴。孩子们看着这人格化了的蒲公英，是那样起劲地读起文题："我是一棵蒲公英！"仿佛他们真的成了一棵蒲公英，写作的欲望油然而生。

　　抓住文题，打开孩子的思路，是作文指导课的重要环节。但启发三年级孩子的思路，导语仍然要富有情趣，我便这样启发："现在有许多小朋友还不认识你们这些蒲公英，你们准备先介绍什么呢？"他们很高兴地回答："介绍我的名字"、"介绍我的家"……我便顺着他们的思路继续启发："你们的家住哪儿？家里有哪些人？谁是你们的兄弟姐妹？"

　　回答这样的问题，孩子们觉得挺有趣的，一个个兴致勃勃，连成绩较差的学生也争着回答：

　　"小草是我的兄弟。"

　　"婆婆纳、野蔷薇是我的姐妹。"

　　"还有那爱开白花的荠菜花也是我的姐妹。"

　　"蝴蝶姐姐是我家的常客。"

　　"蜜蜂妹妹也是我家的常客。"

　　情趣盎然的问答，促使儿童的思维处于积极状态。看得出，他们想象的翅膀已经开始起飞。我便着力提示一下：要突出蒲公英的不怕苦。我又以《荷花》第3节为例，指点了从写实到想象的叙述方法。这样，孩子的"飞行"便有方向可循。于是，他们合情合理地想象着蒲公英不怕苦的具体情景——

　　"我的家在小河边，这里虽然没有美丽的花园，没有高大的楼房，但是我们生活得很愉快。"

　　"一阵风拂过，我们跳起了优美的舞蹈。小鸟在我们头上唧唧喳喳地叫着，好像在为我们歌唱；小河水淙淙地流着，好像在为我们演奏。"

　　"我们经历了不少风暴。在暴风雨中，我们手拉着手，顽强地抵抗着风雨的袭击……"

　　浓厚的情趣，激起孩子们表达的欲望，强烈的表达欲望，形成了他们展开美妙想象的最佳心理状态。于是，我明白了——有情有趣，儿童便乐于想象。

　　儿童想象的翅膀，像小鹰的翅膀一样，要练硬才会飞得高远。练硬儿童想象的翅膀，要靠教师设置必要的"障碍"，打开儿童的思路。在孩子们介绍"我家"的兄弟、姐妹、常客后，我设法让他们想得深刻一些，帮助他们由表及里地认识事物，"你们家还有一个重要人物没有介绍呢！"孩子们初一听，似乎都蒙住了，他们竭力思索着。教室里静默了片刻，我便拿出一棵蒲公英，轻轻地折断一根茎，让他们观察从茎中冒出的白色的乳浆。他们豁然开朗，显得分外兴奋，一个个争相发表意见——"我知道了，还要介绍土壤妈妈"。"我们是吸着土壤妈妈的乳汁长大的。""障碍"一逾越，他们便看到了一个广阔的天地。

　　蒲公英种子会飞的特点，能进一步激起儿童展开想象。我便抓住这一特点，启发他们思考："渐渐地，你们长大了，结出了毛茸茸的子，你们准备飞到哪儿去呢？"随着提问，我又描绘了种子随风远去的情境。种子从窗口飞向蓝天，孩子的心灵也张开翅膀跟着飞了，跟着蒲公英的种子飞向远方……

　　他们深情地描述着："我渐渐长大了，临行那天，我带着一把小伞，拽着风伯伯的衣角飞了。我飞呀，飞呀，来到一座荒山上，就在这儿安家落户吧。我飘飘悠悠地落下来。这儿没有人烟，也没有我的伙伴，这时我想起了土壤妈妈对我说的话：'孩子，只要有泥土的地方，你就能生根、发芽、开花。'我暗暗地下了决心，一定要把荒山打扮得像花园一样。我无声无息地萌芽，无声无息地开花，我默默地打扮着荒山。渐渐地，来了许多伙伴，我们在这里开始了新的生活。"

　　……

　　孩子们一个接一个地说着，"飞到草原去"，"飞到古老的森林里去"，"飞到祖国的宝岛台湾去"，"飞到祖国最需要的地方去"……听着他们满怀激情的发言，我感动了。我想，他们是想象蒲公英种子飞向远方的情景，还是心灵的翅膀已向着美好的未来飞去？我无法也不想把两者区分。富有诗意的情境和富有诗意的理想融合在一起了。于是，我明白了——天地广阔，儿童便善于想象。

专家点评

蒲公英是孩子们特别喜爱的一种植物，它姿态独特，惹人喜爱，尤其是那毛茸茸的种子更是为人们提供了无限的遐想空间。由于这堂课上李老师选取的素材是学生喜爱的蒲公英，讲述的方式又是学生喜爱的童话式，再加上教师适时的启发引导，整堂课上学生神思飞扬，充分展现出他们的智慧与灵性。这一节课主要表现出这样两个特点：一是从生活中发现素材，吸取源头活水。蒲公英这一素材不是教者在办公室里苦思冥想获得的，而是教者在初夏的傍晚在郊外看花时发现的。而在写作前，李老师首先带领学生到野外去观察蒲公英，感受蒲公英，将作文指导的过程向前延伸，这就使学生习作时有了生活的基础。二是适当点拨，"引爆"学生的思维。在学生转化角色"变成"蒲公英，启发学生作"自我介绍"，想象自己飞到哪里去时，教师都给予适当的指点，这些关键之处的点拨将学生引入一个个崭新的世界，使学生的心灵始终保持着飞扬的状态，使学习过程充满了有趣而美好的体验。总之，李老师为我们呈现的是充满智慧与生命活力的课堂，是激荡着真正快乐的课堂。在这样的课堂上，我们可以听到孩子的心儿在歌唱。

（施建平）

寻找生命里期待已久的那份感动

——特级教师孙双金讲述阅读课《二泉映月》

最好的教育一定来源于感动。我们应该让情感进入课堂，在课堂上孕育情感的种子，催发情感的幼苗，形成情感的潮涌，使学生被浓浓的真情浸透，获得高峰体验，从而完成心灵的装备。

精彩实录

一、揭示课题，了解人物生平

师：（板书：二泉映月）"请同学们读题目。"

生：（轻声地）"二泉映月。"

师："声音再响一些。"

生：（大声地）"二泉映月。"

师："《二泉映月》是一首著名的曲子，是谁创作的？"

生："是阿炳创作的。"

生："阿炳的原名是华彦钧。"

师："你们还知道些什么呢？"

生："阿炳是一位民间艺术家。"

生："阿炳的爸爸是一个道士，他只能称他父亲师父。"

生："阿炳是一个盲人，而且他的身世很悲惨。"

师："说得好，抓住了阿炳和常人最大的区别。你还知道什么？"

生："他的母亲在他 4 岁的时候就去世了。"

生："他是一位音乐家，江苏无锡人……"（详细介绍阿炳身世）

生："我还知道他不仅二胡拉得好，琵琶也弹得很好。"

生："我知道他的音乐素养很好，别人都管他爸爸叫铁手琵琶。"

师："父亲的音乐素养很好，他在阿炳小的时候就加强对阿炳的音乐素养培养，所以阿炳的音乐素养就特别好。"

师："阿炳一生创作了许多曲子，但留给后人的只有6首。当中央音乐学院的教授第二次去给阿炳录音的时候，他已经不幸去世，成了音乐界的莫大遗憾。"

[点评：俗话说"字如其人"，"曲如其人"，要学习了解一位人物，首先得了解人物的基本情况，如出生年代、家庭背景、人生经历等。这里让学生讲述阿炳的生平，既调动了学生的知识背景，又为后面走进曲子和人物心灵深处奠定了基础。]

二、初听名曲，整体感知情感

师："阿炳是个苦命的人，是一位民间音乐家，是一位盲人音乐家。他的《二泉映月》代表了阿炳的最高水平，你们想听吗？"

生："想。"

（板书：听）

师："我们来一起聆听这首不朽的二胡名曲。你准备用什么来听？"

生："我们用心听。"

师："好的，同学们不仅用耳朵听，更应用自己的整个心灵来听这首《二泉映月》！"

（播放二胡名曲《二泉映月》，全场屏息静气聆听）

师："告诉老师，从这悠扬的琴声中，你听到了什么？"

生："我仿佛听到了阿炳一生的苦难。"

师："你听到了苦难。（板书：苦难）你听到了什么？"

生："这首曲子非常凄凉、坎坷、悲哀。"

师："他听到了坎坷、凄凉、悲哀。（板书：凄凉）你听到了什么？"

生："虽然阿炳的身世很凄凉，一生中充满了坎坷，但是阿炳在抗争。"

师：（板书：抗争）"还听到了什么？"

生："对亲人的怀念。"

师："还听到了对亲人的怀念。（板书：怀念）同学们，我们用心去感受一首名曲的时候，我们听到了苦难、凄凉、抗争和怀念。阿炳这位民间艺人为什么能够创作出这样动人的音乐呢？带着这样的问题读读课文吧！"

（学生动情入境地轻读课文）

[点评：由整体到部分，由表象到内核，由浅显到深入，这是认识事物的一般规律。让学生听《二泉映月》，对曲目有一个整体初步感受，这叫整体把握，初步感知。]

三、出示词串，归类意义学习

师："刚才同学们都用心去朗读了课文，读得非常好。这篇课文有许多生字词。（出示词语幻灯片，每行 3 个词，共 5 行）认识吗？谁来读读？"

生："月光如银　双目失明　委婉连绵
月光似水　卖艺度日　升腾跌宕
静影沉璧　经历坎坷　步步高昂
月光照水　热爱音乐　舒缓起伏
水波映月　向往光明　恬静激荡"

生："第一列都是讲月亮的。"

师："是讲月亮、月光的。"

生："第二列是讲阿炳的感情的。"

师："也是讲阿炳的身世的。"

生："第三列是讲《二泉映月》的美的。"

师："是啊，讲的是《二泉映月》的旋律。那么美的月光，你怎么读呢？"

生："月光如银、月光似水、静影沉璧、月光照水、水波映月……"

师："第二列是讲阿炳的身世的，怎么读呢？谁来读？"

（学生声情并茂地读）

师："把掌声献给他！"

（学生鼓掌）

师："我们一起带着我们的感情把如此美丽的月光，把阿炳坎坷的身世读出来。"

（学生充满感情地读）

师："这些词语中，有不理解的吗？不理解的提出来。有不理解的很正常，我还要感谢提出问题的同学。"

[点评：教在学生不懂处才是真正的教。要相信学生自己的学习能力，要

善于让学生自己发现问题，提出问题。]

生："我不理解为什么要把月光比作水？"

师："月光似水，把月光比作水说明月光怎么样？水怎么样？"

生："我觉得水是清而纯的。"

生："水清澈透明，平静柔和。"

生："我要补充，只有水清澈了，才能衬托出月光的明亮。"

师："说得好！还有什么不理解呢？"

生："我不理解'静影沉璧'是什么意思？"

师："猜猜看，猜对了表扬，猜错了也要表扬，表扬你的勇气。"

[点评：这就是教师的启发艺术。猜想是很重要的思维方法。]

生："我觉得'静影沉璧'是水很平静的意思，就像墙壁一样的一幅画面，月亮倒映在水里。"

师："这里的'璧'是什么意思？墙壁的壁是土字底，这里的'璧'什么意思？"

生："月亮倒映在水里像一块碧玉。"

师："像一块碧玉，这是一块怎样的玉？"

生："十分明亮的，我猜想'沉'这里也有'沉鱼落雁'的意思。"

（现场笑声）

师："月亮的影子倒映在平静的水面里，看上去像一块光洁圆润的玉，这景色美吗？我们来读。"

生：（一起美美地）"静影沉璧。"

四、从"听"入文，切入文章关键

师："拿出笔来，默读课文，从课文中找出带有'听'的句子。"（板书：听）

（学生默读课文，全场寂然无声）

师："找到了请举手。你读一读。"

生："有一年中秋之夜，小阿炳跟着师父来到泉边赏月。水面月光如银，师父静静地倾听着泉声。突然，他问小阿炳：'你听到了什么声音？'小阿炳摇了摇头，因为除了淙淙的流水，他什么声音也没有听见。师父说：'你年纪还小，等你长大了，就会从二泉的流水中听到许多奇妙的声音。'小阿炳望着师父饱经风霜的脸，懂事地点了点头。"

师：“读得好，在和师父赏月的时候，师父提出一个问题问阿炳：'你听到了什么声音？'一起把这句读一读，小阿炳听到了什么声音没有？一起回答。”

生：“没有。”（板书：没有）

师：“小阿炳什么声音也没有听到。师父说：'你年纪还小，等你长大了，就会从二泉的流水中听到许多奇妙的声音。'（板书：奇妙）'奇妙'是什么意思？（神奇而美妙）阿炳多么盼望自己快快长大啊！早点儿听到那奇妙的声音。一年过去了，五年过去了，十多年过去了，小阿炳长成了大阿炳，他听到了奇妙声音了吗？谁来读第三节？”

（学生读第三节，把“泯灭”读错了）

师：“我要感谢你，你的感情是多么的饱满，多么的充沛啊！这里有一个词（指点“泯灭”）读——”

生：“泯灭！”

师：“但是生活的穷困和疾病的折磨泯灭不了阿炳对音乐的热爱和对光明的向往。”

（学生齐读）

师：“阿炳多么希望有一天能够过上安定幸福的生活啊！谁来读第四自然段？”

（学生读第四节）

师：“请坐！又一个中秋夜，阿炳来到了二泉边，他听到了什么呢？一起把最后一句话读一读。”

生：“渐渐地，渐渐地，他似乎听到了深沉的叹息，伤心的哭泣，激愤的倾诉，倔强的呐喊……”

师：“阿炳他听到了什么？”（板书：叹息、哭泣、倾诉、呐喊）

生：“他似乎听到了深沉的叹息，伤心的哭泣，激愤的倾诉，倔强的呐喊……”

师：“你们认为这样的声音奇妙吗？”

[点评：引导学生上下文联系起来思考发现问题，让思维走向深入，这是阅读文章很重要的方法。]

生：（纷纷）“奇妙！”

师：“你们认为哭泣声是奇妙的？”

生：（摇头）“不奇妙！”

师："为什么阿炳没有听到奇妙的声音？反而听到是叹息、哭泣、倾诉、呐喊，难道是阿炳的父亲说错了，还是阿炳没有长大？拿起笔，到课文里去找找关键词句。"

[点评：这一问题十分关键，一般教师也不易发觉。这就显出了教师对文章钻研的功底。]

（学生迅速默读课文，潜心领会，勾画关键词）

师："你从课文找到了什么关键词？"

生："我找到了'双目失明'。"

师："你读这个词，只要几秒钟。'双目失明'对一个人是怎样的打击呀。同学们，你们把眼睛闭起来。（约一分钟）睁开眼睛，你刚才看到了什么？"

生："一片黑暗。"

师：（语调沉郁地）"一片黑暗，沉浸在一片黑暗中。阿炳再也看不见了，看不见什么？"

生："看不见美丽的二泉。"

生："看不见他心爱的二胡。"

生："看不见如水一般纯净的月色。"

生："看不到静影沉璧的美景、树木葱茏的惠山。"

师："对啊，由于双目失明，阿炳再也看不到这美好的一切了。所以听着听着，渐渐地……齐读。"

生：（接读）"渐渐地，渐渐地，他似乎听到了深沉的叹息，伤心的哭泣，激愤的倾诉，倔强的呐喊……"

师："你还找到了什么关键词句？"

生："我找到'卖艺度日'。"

（播放《二泉映月》，大屏幕出示）

场景一：冬天，大雪纷飞，寒风刺骨，双目失明的阿炳是怎么卖艺的呢？

场景二：夏天，骄阳似火，烈日炎炎，阿炳是怎么卖艺的呢？

场景三：一天，阿炳生病了，发高烧，浑身发抖，他又是怎么卖艺的呢？选择一个画面，展开合理想象写一个片段。

（《二泉映月》凄苦、悲哀的旋律回荡在课堂，所有人都沉浸其间，默默想象，有学生间或喃喃自语）

师："说一说，你看到了怎样的情景？"

生："冬天，大雪纷飞，寒风刺骨，阿炳却只穿着破长衫。他走在雪中，两手发抖，都操不起来琴。阿炳又冷又饿，他觉得更加寒冷了，拉着凄惨的曲子。但是谁也不理他，好不容易挣到一点钱，却有人仗着阿炳看不见，把钱抢走了。这一天，阿炳一个铜板也没有挣到。"

生："夏天，骄阳似火，烈日炎炎，阿炳非常热，汗水从额头上一颗一颗滴落下来。阿炳也非常渴，嘴上都裂了，可他没有钱买水喝，仍然非常努力拉琴。他眼睛看不见，他看不见路上有没有人向他伸出援助之手，看不见自己已经挣了多少钱，看不见有人将他辛苦挣来的钱拿走了，看不见别人对他的讽刺，对他的白眼。"

生："一天，阿炳生病了，发烧已经烧到了40度，但是为了他喜爱的音乐，为了生计仍然坚持出去卖艺。卖艺时，他手中的乐器随着他的咳嗽声不停地颤抖，琴声也受到了影响。他克服疾病的干扰，继续拉着、拉着……"

[点评：合理想象既为下文学习作了情感铺垫，又发展了学生想象能力和语言表达能力，可谓一石三鸟。]

师："凄惨的琴声传遍了大街小巷，阿炳坐在二泉边，他没有听到奇妙的声音，他却听到了——'渐渐地……'"

生：（齐读）"渐渐地，渐渐地，他似乎听到了深沉的叹息，伤心的哭泣，激愤的倾诉，倔犟的呐喊……"

[点评：对这一重点句，孙老师可谓层层深入，一唱三叹，泼墨如水，真如叶老所言"一字未宜忽，语语悟其神"，"作者胸有境，入境始与亲"。]

师："为什么呀，为什么老天这么不公啊！但阿炳被苦难压倒了吗？"

生：（齐声响亮地）"没有！"

师："你从哪儿看到阿炳没有被压倒？"

生：（读书）"但是生活的穷困和疾病的折磨，泯灭不了阿炳对音乐的热爱和对光明的向往。"

师："你的情感还在内心，没有通过朗读表现出来。我们再来读！"

生：（齐读，情感热烈地）"但是生活的穷困和疾病的折磨，泯灭不了阿炳对音乐的热爱和对光明的向往。"

师："他多么希望有一天能过上安定幸福的生活，阿炳不仅听到了叹息、哭泣，还听到了倾诉和呐喊！'听着听着，阿炳的心颤抖起来，他禁不住拿起二胡，他要通过琴声，把积淀已久的情怀，倾吐给这茫茫的月夜。'他为什么要把这些通过琴声来倾吐给月夜呢?"

　　生:"因为阿炳没有亲人了,他只能把自己的心声倾吐给月夜听。"

　　生:"因为阿炳是一个盲人,路上的行人都瞧不起他,说不定还会骂他,所以他把自己的心声倾吐给月夜听。"

　　师:"他深深地叹息,有人倾听吗?"

　　生:"没有!"

　　师:"他伤心地哭泣,有人倾听吗?"

　　生:"没有!"

　　师:"他激愤地倾诉,有人倾听吗?"

　　生:"没有!"

　　师:"他倔犟地呐喊,有人倾听吗?"

　　生:"没有!"

　　师:"没有! 一个对音乐充满热爱的阿炳,一个富有音乐天赋的阿炳,只能把自己的满腔情怀倾诉给这茫茫月夜。"

　　五、再听名曲,走进人物心灵

　　(播放《二泉映月》,乐声又一次响起在课堂上)

　　师:"我们一起把这一段读出来。"

　　(师生引读课文第五节"他的手指在琴弦上不停地滑动着……")

　　师:"《二泉映月》起初委婉连绵,随着乐曲的步步升高,进入了高潮,表达了阿炳对命运的抗争,在尾声中舒缓起伏,恬静激荡。谁来读?"

　　生:(伴乐朗读)"起初,琴声委婉连绵……他爱那照耀清泉的月光。"

　　师:"起初,琴声委婉连绵,你仿佛听到了什么? 你仿佛看到了什么?"

　　生:"我仿佛看到了二泉优美的月夜景色。"

　　生:"我听到了对美好未来的向往。"

　　生:"我听到了阿炳热爱美丽富饶的家乡。"

　　生:"我听到了对亲人的怀念。"

　　生:"我听到了阿炳在思索他走过的人生道路。"

　　师:"随着乐曲的步步高升,升腾跌宕,你听到了什么?"

　　生:"阿炳在和困难作斗争。"

　　生:"阿炳遇到了挫折,他在不断努力。"

　　生:"阿炳对美好未来的向往。"

师：（播放音乐）"我们一起来读这段课文，把感情投入进去。"

生（齐读课文第五节）"起初……随着……"（读得动情，丝丝入扣）

师："多么动人心弦的琴声，多么优美感人的文字啊。老师也想用心去读一读这段文字。（深情地诵读起来）'听着听着……'（学生热烈鼓掌）一个双目失明的民间艺人，一个充满苦难的民间艺人，一个从小失去母爱的民间艺人，一个对未来充满渴望的民间艺人。他靠什么创造出伟大的作品？你们告诉我他靠什么创造出伟大的作品？"

生："他靠他坚强的意志。"

生："他靠他对美好生活的向往。"

生："他靠音乐支撑苦难人生。"

师："他爱着支撑他度过苦难一生的音乐，什么支撑他？"

生："音乐。"

师："当阿炳沉浸在茫茫的黑夜时，他拉起了动人的曲子，他仿佛看到什么？"

生："仿佛就看到了二泉美丽的景色。"

生："仿佛就看到了惠山树木葱茏。"

生："仿佛看到为他日夜操劳的师父。"

师："是音乐给了他光明，是音乐给了他美好的世界。当阿炳身患疾病浑身颤抖的时候，他拉起那动人的琴声。他仿佛感到了什么？"

生："我认为阿炳仿佛感到了他的师父就在他身边指导他。"

生："我觉得他已经感到了他正在过着幸福安定的生活。"

师："当阿炳孤身一人在冰冷寂寞的小屋里，拉起了动人心弦的琴声，他仿佛感到什么？"

生："他仿佛感到了寂寞已久的孤独慢慢地远离了他。"

师："你想说，是音乐安慰他孤寂的心。"

生："我想说是音乐让他不再孤独，他感到很多人在陪伴着他。"

[点评：音乐如何支撑阿炳的人生，这一段教学十分经典。教师用"仿佛看到什么"、"仿佛感到什么"两个问题，让学生走进了阿炳的内心世界。]

师："说得好！所以是什么支撑着他苦难的生活？读——'他爱……'"

生："他爱那支撑他度过苦难一生的音乐，他爱那美丽富饶的家乡，他爱那惠山的清泉，他爱那照耀清泉的月光……"

六、再扣"听"字，升华阅读情感

师："他爱那美丽富饶的家乡，他爱惠山的清泉，他爱照耀清泉的月光。是音乐带给了他光明，是音乐带给了他安定幸福，是音乐安抚他孤寂的心灵。这首不朽的曲子深受我国人民喜爱，在国际乐坛也享有盛誉。享有怎样的声誉呢？"

（幻灯片打出：1978年，小泽征尔应邀担任中央乐团的首席指挥，席间他指挥演奏了弦乐合奏《二泉映月》，他感动得热泪盈眶，动情地说："这种音乐只应跪下来听。"）

师："小泽征尔认为应该怎么听《二泉映月》？"

生："跪下来听。"

师：（板书：跪下）"对某一个人、某一件事无比崇拜的时候才会朝他跪下。小泽征尔崇拜阿炳什么呢？他要跪拜阿炳什么精神呢？"

[点评：这个问题问得极有分量。]

生："他要跪阿炳不怕苦难折磨的精神。"

生："我觉得他要跪阿炳这种目标专一，坚持不懈，而且写出这么美妙的音乐的精神。"

生："他要跪阿炳美丽的心灵和坎坷的经历。"

师："他要跪阿炳坎坷的经历，凄惨的人生。他仅仅跪这些吗？"

生："他跪他勇敢地同病魔作斗争。"

生："他跪的是阿炳对命运的抗争。"（师板书：对命运的抗争）

生："他跪的是阿炳对光明的向往。"（师板书：对光明的向往）

师：（充满激情地）"充满苦难人生的人太多了，充满凄惨人生的人太多了。但是被苦难压倒，在穷困中潦倒，这样的人是不值得小泽征尔跪的。小泽征尔跪的是对命运抗争、对光明向往的这种不屈的精神。小泽征尔说要跪下来听《二泉映月》。今天的我们该怎样去听《二泉映月》呢？"

[点评：教师的语言画龙点睛，掷地有声，真正揭示《二泉映月》的本质。]

生："今天我们应该用心认认真真地去体会《二泉映月》。"

师："用心，用我们整个心灵再一次感受那动人心弦的《二泉映月》。"（播放《二泉映月》，全场一片肃静，师生沉浸在教学的意境之中）

师："苦难本来给人们带来了什么？悲痛、哀伤、哭泣。但是对一个命运的强者，对于敢于和命运抗争的人来说，苦难是一笔巨大的财富。让我们勇敢地面对苦难吧！下课。"

（全场响起热烈的掌声）

[点评：这句话如神来之笔，把对《二泉映月》的理解提升到了人生更高的境界。]

教学延伸

王国维在《人间词话》里说："词以境界为最上。有境界，则自成高风格，自有名句。""境非独谓景物也，喜思哀乐亦人心中之一境界。故能写真景物真感情者，谓之有境界。否则谓之无境界。""大家之作，真言情也必沁人心脾，真写景也必豁人耳目，其词脱口而出，无矫揉装束之态。以其所见者真，所知者深也。"王国维在这里说的是诗词之境界，其实文章之意境也同此理。唯有写出真景物真感情的文章才能算有意境，有境界。下面我以《二泉映月》为例，说说我是如何入文之境、曲之境、人之境的。

一、入文之境

1. 在朗读中入境

为了教好《二泉映月》一课，我反复吟诵，放声朗读，读通、读顺、读畅，读到每句话如出己口，读到句句话如出己心。尤其是读到"他想起了师父说过的话，想到了自己坎坷的经历，渐渐地，渐渐地，他似乎听到了深沉的叹息，伤心的哭泣，激愤的倾诉，倔犟的呐喊……"时，我仿佛听到了阿炳那积淀已久的情怀喷涌而出。

2. 在思考中入境

文章第二段，阿炳的师父问小阿炳从泉声中听到了什么没有，小阿炳说什么也没听到，师父说："你年纪还小，等你长大了，就会从二泉的流水中听到许多奇妙的声音。"文章第四段写阿炳在邻家少年搀扶下，来到二泉边听泉，听到了深沉的叹息，伤心的哭泣，激愤的倾诉，倔犟的呐喊……上下文对照，引发了我的思考：师父说能从二泉的流水中听到奇妙的声音。"奇妙"指奇特而美妙。可阿炳长大后不仅没有听到奇妙的声音，反而听到的是"叹息"、是"哭泣"、是"呐喊"，为什么呢？师父期望阿炳长大后能过上好日子，能享受到幸福的生活，这是师父对阿炳未来的美好希望。于是一个很好的问题浮到了脑际：阿炳长大后为什么没有从二泉中听到美妙的声音，只听到了叹息、哭泣和呐喊呢？通过这个问题引导学生了解阿炳的身世，走近阿炳的心灵世界。

二、入曲之境

《二泉映月》既是一篇文章，更是一首名曲。要想备好这篇文章，如果对曲子了解不深，是不可能真正教好文章的。虽然我年轻时也曾用二胡拉过《二泉映月》，虽然我也能从头到尾哼唱出《二泉映月》的曲调，但是，为了上好这篇文章，我要重新走进《二泉映月》，重新用心灵感悟这首不朽的名曲。我一遍一遍地倾听，一遍一遍地比较。夜深人静，我的卧室内一遍遍响起《二泉映月》那如泣如诉的曲调；白天，办公室里，电脑里流淌出《二泉映月》那舒缓起伏、恬静激荡的曲调。那一阵，我的整个身心沉浸在《二泉映月》那优美、凄婉的曲调里。我从阿炳的《二泉映月》中听到了阿炳对光明的向往，听到了阿炳对美好生活的渴望，听到了阿炳和悲惨命运的抗争，听到了阿炳对支撑他人生的音乐的无限热爱……

三、入人之境

俗话说："文如其人，曲如其人。"《二泉映月》是阿炳用生命谱写的曲子，要真正理解曲子的内涵，必须走进人物的内心世界。因为阿炳 4 岁丧母，21 岁患眼疾，34 岁双目失明，被道观里的道士赶出道观，流浪街头，卖艺度日，所以《二泉映月》中充满凄凉、不屈和抗争。因为阿炳的人生曾也有过短暂的辉煌，曾也风光无限，但好景不长，最终流落街头。他经历过火与水的两重天地，他对人生有更彻底的体悟，因此他的音乐才直达人生的本质，才直逼人类的心灵，才能超越时空，超越国界，获得永恒的魅力。

阿炳的朋友陆墟曾这样描写过阿炳拉奏《二泉映月》时的情景："大雪像鹅毛似的飘下来，对门的公园，被碎石乱玉堆得面目全非，凄凉哀怨的二胡声，从街头传来……只见一个蓬头垢面的老妪用一根小竹竿牵着一个瞎子在公园路上从东向西而来，在惨淡的灯光下，我依稀认出就是阿炳夫妇俩。阿炳用右肋夹着小竹竿，背上背着一把琵琶，二胡挂在大肩，咿咿呜呜地拉着，在飘飘洒洒的飞雪中，发出凄厉欲绝的袅袅之音。"这就是《二泉映月》的作者，这就是《二泉映月》创作的生活背景，这就是苦难的民间艺人阿炳留给后人永远的印象……

　　当入文章之境、曲子之境、作者之境后，我考虑得更多的是如何设计教法，符合学生学习的规律。在反复琢磨之后，我从"听"字切入，设计了"四听"《二泉映月》的教学步骤。第一步，一听《二泉映月》，让学生从整体上感知曲子，设计这么一个问题：从这悠扬的琴声中，你听到了什么？学生有的说听到了苦难，有的说听到了凄凉和悲哀，有的说听到了对亲人的怀念，有的说听到了对命运的抗争。第二步，问小阿炳在二泉边听到了什么？小阿炳说什么也没听到，师父说长大后可以听到奇妙的声音。第三步，问阿炳长大后再次来到二泉边听到了什么？为什么只听到了这些而没有听到奇妙的声音呢？第四步，小泽征尔首次听到《二泉映月》说："这样的音乐只应跪下来听。"为什么要跪下来听？小泽征尔跪的是什么？仅仅是苦难的人生吗？这"四听"环节里犹如四个台阶引领学生步步登高，逼近文章和曲目的内核，走向人物的心灵。

专家点评

　　孙双金老师《二泉映月》这一课真是令人拍案叫绝。看这样的课实在是一种非同寻常的享受。孙老师的教学理念前卫，教学智慧超人。整节课，学生们都在饶有兴致地主动学习语文、实践语文，丰富积淀，课堂氛围和谐而又积极。通过教学实录，我们可以领略到"情智语文"的独特魅力和醉人风采。综观全课，给我留下深刻印象的有两点：一、贵在一个"实"字。有人说，我们老师的公开课有很大一部分在搞"花架子"：乍看起来，热热闹闹、高潮迭起；其实，明眼人都知道充斥其中的更多的是所谓的"风景"，那些所谓的花，往往是没有生命的塑料花，缺乏真正的鲜艳与芬芳。就语文素养而言，学生在一般公开教学中的所得是微乎其微的。而孙老师的教学则不然，课堂上有浓浓的语文气息，没有表面之浮华，我们能分明地感觉到"语文姓'语'"。比如，在第一课时的公开教学中，不少老师往往忽视生字生词的教学，因为这方面的教学极不易"出彩"。但孙老师却非常扎实地组织学生学习生字生词，他将词语别出心裁地分为三列，每一列突出一个方面，像第一列是关于月亮、月光的，第二列是关于阿炳生平事迹的等等。结合课文内容，孩子们不仅读准了字音，还读出了感情，可谓声情并茂。接着，孙老师组织大家联系文本理解词义、感悟词义。整整两堂课，孩子们都在孙老师积极有效的引领下扎扎实实地学语文；他们的心灵受到强有力的震撼。二、妙在一个"听"字。音乐家阿炳在创作《二泉映月》时，已成了盲人。他感受这个世界主要是依赖听力。"听"，对于一个盲人来说，是跟生命一样重要的。《二泉映月》这篇课文的教学，要想使学生真正领悟课文，就离不开对同名乐曲的倾听与感悟。孙老师无比巧妙地设计了多次听这首曲子的环节。"听曲子"成了贯穿课堂始终的一条明显的线索。一听，形成初步表象；二听，想象阿炳卖艺度日的艰辛与苦难（创设"冬天大雪纷飞；夏日骄阳似火；生病仍坚持卖艺"三种典型场景）；三听，感悟课文的内容、领会乐曲的意境……最后一遍听音乐，孩子们的情感与思想随之升华，认识到对于命运的强者，对于和命运抗争的人来说，苦难是一笔巨大的财富，他们应勇敢地面对苦难。孩子们获得了美好的价值引领，这将使他们受用终生。当然，这个"听"，不仅仅是指听乐曲，还体现在听课文（从课文中找出带有"听"的句子），听阿炳的心声。我感觉听乐曲是教学的明线，而学生情感态度的形成及其发展、提升则是教学的暗线，双线并行，水乳交融。学生的学习，亦是情智交融，浑然一体。虽然其他老师在此课的教学中也会领着学生听二胡曲《二泉映月》，但如此多次反复地听，则是一般的人所想不到、做不到的。

（陈晚林）

让学习像呼吸一样自然

——特级教师华应龙讲述数学技能课《角的度量》

　　教师应从学生的生活经验出发，在数学与生活之间架起一座无形的桥梁。让学生在生动有趣的活动中完成对学习对象的建构，同时体会数学源于生活又应用于生活的真谛。

精彩实录

一、创设情境，引入课题

师："同学们请看屏幕。（出示第 1 个倾斜度比较小的滑梯）玩过吗?"

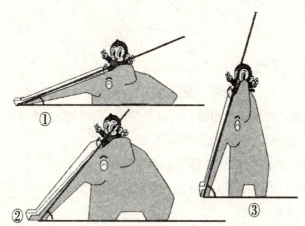

生："玩过。"

师：（出示第 2 个倾斜度稍大的滑梯）"想玩哪一个?"

大多数同学说："第2个。"

老师出示第3个倾斜度比较大的滑梯。"第3个呢?"同学们不禁笑了,还是说:"第2个。"

师:(笑着)"有人笑了,笑什么?"

生:"第3个太陡了。"

师:"那这三个滑梯不同在哪儿呀?"

生:"角度!"

师:"哎呀,厉害!"

师:"最主要的是因为它们的角度不同。(隐去两个角,留下第2个滑梯的角)那么滑梯的角多大才算合适呢? 这就需要量角的大小,是不是?"

生:"是。"

师:"今天这节课我们就一起来学习——"(板书:量角的大小)

二、自主探究,认识量角器

师:"怎么量角的大小呢?"

生:"用量角器。"

师:"先来试试看,好不好?"

生:"好。"

师:"老师发的纸片上有一些角,我们先用量角器试着量一量∠1。"

(学生尝试用量角器量∠1)

师:(巡视中)"呦,真聪明,虽然没学过,有的人还真量对了。有人虽然不会量但在动脑筋,我觉得也挺好的。这位同学,带着你的量角器,到投影这儿来,把你的方法展示一下(如上图)。"

(该生投影自己的量法后,老师示意学生解说)

生:"我先用这个尖放到这个角上,然后看这条边。"

师:"那这个角多大呢?"

生:"不知道。"

师:(摸着学生的头,微笑着说)"还没学,不会很正常,但敢于尝试值得

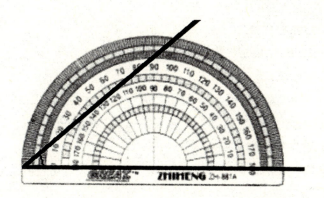

表扬。我提议大家为这样敢于尝试的精神鼓掌！（鼓掌）以前我们量长度的时候，就是这样从0开始的。这一点你做得非常棒！（热烈的掌声）要量角的大小，他已经想到了用角来比着，真不简单，这个思路是正确的！我提议大家再次鼓掌！（演示的学生在同学们起劲的鼓掌中坦然回到自己的座位）现在的问题是我们从量角器上能找到角吗？"

（有学生指着量角器的一端）

师："这是不是角？认为是角的，请举手。有几位？大部分同学不同意，为什么？"

生：（指着量角器的圆弧）"这条边不是直的。"

师："我们已经知道了角是由一个顶点、两条边组成的（板书：角，顶点，一条边，另一条边），并且这两条边都是直的，都是射线。那现在来看看，（指量角器的一端）这是角吗？"

生："不是。"

师："这不是角，那量角器上有没有角？角在哪儿？"

生："这是一个角（用手比画一个直角）。"

师："这是一个角吗？"

生：（众）"是。"

师："这个角多大呢？"

生：（众）"90°。"

师："大家注意这个角的顶点在哪里？这个角的顶点就是量角器的中心点。（板书：中心点）这条边上有一个"0"，所以这条线叫做0°刻度线。（板书：0°刻度线）她刚才指的另一条边就是90°刻度线。我发的纸片反面印了四个量角器，在第一个纸量角器上面画一个90°的角好不好？"

（学生安静地画直角）

师："这个90°的角的顶点在哪儿呢？"

生："在中心。"

师："对！量角器的中心。一条边是这个量角器的0°刻度线，另一条边呢，是90°刻度线。你们画得怎么样？互相交流一下，欣赏一下。"

（学生互相交流欣赏）

师："在第二个纸量角器上画60°的角，尽可能和其他同学画得不一样，想想怎么画？"

（学生安静地画60°的角）

师：（边巡视边说）"不能随手画，角的两条边是射线，必须用尺子。"

师：（挑选了3位同学画的）"好，我们来看看这三位同学画的。（实物投影一个学生画的60°的角）同意吗？"

生："同意。"

师：（实物投影另一个学生画的60°的角）"这个同意吗？"

生："同意。"

师：（两个60°的角同一屏展示）"哎，这两个角不同在哪儿？"

生："不一样的方向，一个向左，一个向右。"

师："说得真好！同学们注意到了量角器上有两条……"

生："0°刻度线。"

师："一个向左的，一个向右的。找到了吗？"

生："找到了。"

师："同学们，我们一起来看这位同学画的60°的角。（实物投影展示第三个学生的画法）同意吗？"

师："这个60°的角画得怎么样呢？"

生："这是120°。"

师："觉得画的是120°的同学请举手。"

（绝大多数同学举起了手）

师："不过，我觉得这个同学画得有道理。这里不是标着60°吗？"

生："因为从那个右面开始画，应该……"

师："请上台来，我想你会说得更清楚。"

生：（学生走上台）"如果从右面开始画，应该看里面的，他看成外面了。

所以他画的是120°了。"

师："噢，0°刻度线是表示起点的。从这边开始数，0°，10°，20°，30°，……到这就是60°了。如果到这里，那就是120°了。看外圈的60°，应该从哪边开始？"

生："左边。"

师："对，从左边开始数，0°，10°，20°，……，这么转，转到这是60°。如果这条线不改，要画60°的角，怎么办？"

生："从这边开始。"

师："我想刚才举手的人和笑的人跟她想的是一样。佩服！不过，我觉得要感谢这位同学，是她画的角提醒我们：量角器上有两个60°，究竟看哪一圈，我们要想一想是从哪边开始的。"

（学生主动地鼓起掌来）

师：（课件演示，分别从左右两条0°刻度线开始旋转而成内外圈刻度的角）"量角器上有两圈刻度，究竟看哪一圈，主要决定于——"

生：（整齐而响亮地回答）"0°刻度线！"

师："其实，我们还可以这样想，60°的角肯定比90°的角小，如果画成这样（指120°的角），就比90°大了。如果要画一个120°的角，你会画了吗？"

生："会！"

师："那就不画了。来，挑战一下，请在第三和第四个纸量角器上分别画一个1°的角和157°的角。"

生："1°？"（学生纷纷怀疑自己是不是听错了）

师："对，1°！"

（学生画1°的角）

师："画完了吗？"

生："画完了。"

师："相互欣赏一下，觉得画1°的角怎么样？"

学生：（面有难色）"难呀。"

师：（笑着说）"为什么？"

生1："太窄了。"

生2："难画。"

生3："最小的就是10°，怎么会出来1°呢？"

师："是啊，刚才就有同学说，哪有1°啊？有人能到上面来指一指1°的角在哪吗？"

（一生指一小格）

师："1°的角在哪儿呢？请指出顶点、一条边和另一条边。"

（学生指1°的顶点及两条边）

师："真棒！（鼓掌）画1°的角是挺难画的。水彩笔笔头粗，我看到有同学改用铅笔画了。1°角画完了，想想看，量角器上有多少个1°的角？"

生："180个。"

师："是啊，全世界都是这样规定的：把一个半圆平均分成180份，每一份所对应的角就是1°的角。"（课件演示半圆平均分成180份的过程）

师："请看着我们在纸量角器上画的四个角。它们有什么相同的地方？"

生1："都有一个顶点、两条边。"

生2："顶点都在量角器的中心。"

生3："都有一条边在0°刻度线上。"

（教师欣赏地频频点头）

三、尝试量角，探求量角的方法

师："现在，请大家看着量角器，你看到了什么？"

生1："中心。"

生2："0°刻度线。"

师："从量角器上能看到角了吗？"

生："能！"

师："有一双数学的眼睛，我们就能在量角器上看到若干个大小不同的角。那怎么用量角器来量角呢？想一想，再试着量量∠1是多少度。"

（学生再次量∠1的大小。大部分同学说"50°"，也有人说"130°"）

师："小组内交流一下∠1是多少度，我们应该怎么量角。"

（学生们兴致盎然地交流着）

师："有人说130°，怎么回事？怎么量这个∠1？"

（请开始不会量的学生再次到台前量∠1。0°刻度线没有和角的一边重合好，有些错位）

师："同意吗？"

生："不同意。"

师："你哪儿不同意？用语言来提醒她。"

生："她那边没对齐。"

师："哪儿没对齐？"

生：(想了想)"把0°刻度线和那条边对齐。"

师：(满意地点点头)"你发现刚才她放量角器的时候注意什么了？"

生1："角和量角器上的角重合了。"

生2："角的顶点和量角器的中心点重合。"

生3："0°刻度线和一条边重合。"

生4："还有一条边和量角器上的边重合。"

师："听大家这么一说，我觉得量角其实就是把量角器上的角和要量的角重合，是不是啊？"

(学生纷纷点头)

师："我们量角的时候，一条边和50°刻度线重合，0°刻度线和另一条边重合。这两个重合，应该先重合哪一个？"

生："0刻度线。"

师：(看到众生同意，满意地点了点头)"刚才有人说50°，有人说130°。到底是50°还是130°呢？"

生："50°。"

师："为什么是50°呢？"

生："因为是从右边的0°刻度线开始的。"

师："现在请大家看一看∠2。先不量，估一估，与∠1比，哪个角大？"

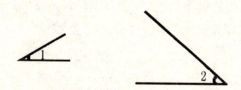

(有的说∠2大，有的说∠1大，有的说一样大)

师："究竟你的判断对不对呢？量一下。"

生：(迅速地说)"一样大。"

师："都量出来了?! 是多少度呢？"

生："50°。"

师："回头再想想，刚才为什么有人说∠2大？"

生："因为∠2的边长。"

师："现在你有什么收获？"

生："开始以为∠2大，实际上是一样的。角的大小真的与边的长短没有关系。"

师："对，角的大小与所画的边的长短没有关系。当角的边画得不够长，不好量时，我们就可以把边延长后再量。最后，请大家量出∠3，∠4，∠5是多少度？把度数标在角上。"

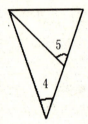

（学生安静地量角，标角）

师：（边巡视边说）"同学们心灵手巧，把这三个角的度数准确地量出来了。真佩服同学们，我看到大多数同学量的都是对的。∠3的度数是115°，有同学写的是116°，可以算对。因为量角的时候，可能稍微有一点误差，所以相差2°之内，我们都可以认为是对的。有人量得的是125度，怎么回事呢？"（出示∠3，放上量角器）

生："他读错度数了。"

师："是的，他把量角器和∠3重合得很好，遗憾的是读错度数了，方向性错误。0°刻度线在哪儿？明白啦？再看∠4，是43°。"

生："42°，41°。"

师："42°，41°也是对的。∠5是67°。"

生："65°，66°。"

师："三个角的度数我们都知道了，∠5大于∠4。不量你知道不知道∠5大于∠4？"（有的学生说"知道"，有的说"不知道"。教师在∠5的对边上画出足球球门）

（学生的脸上流露出惊喜的神情）

师："哈哈，足球运动员就知道，他们总是尽可能把足球带到球门前，离

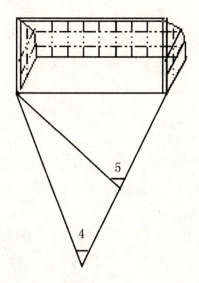

球门越近，角度就越大，射中的可能性就越大。德国足球博物馆里就放着一个量角器，表明他们射门角度的精准。"

四、体会量角的用处

师："同学们会量角了，那量角在生活中有什么用呢？（出示学生放风筝的图）玩过吗？"

生："玩过。"

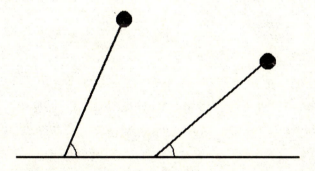

师："风筝比赛是用同样长的线比谁的风筝放得高。怎样才能量出风筝的高度呢？能不能用梯子爬上去量，那是个笑话。那怎么比呢？是把风筝线放到地上，（出示两个角度）然后量一量谁的风筝线与地面的夹角大，夹角大的风筝飞得就高。（出示椅子图）椅子的靠背总是向后倾的。用于学习的椅子的靠背向后倾斜 8°，吃饭的椅子靠背向后倾斜 9°，沙发的靠背一般向后倾斜 11°

左右。"

五、总结全课

师：（出示长方形）"要知道它的长，怎么办？"

生："用直尺量。"

师：（出示直尺）"1厘米、2厘米……4厘米。要知道它的面积呢？"

生："量出长和宽，再用长乘宽。"

师："对，也就是用面积单位来量。（出示摆方格的过程）1平方厘米、2平方厘米……12平方厘米。要知道这个角的大小呢？"

生："用量角器来量。"

师：（出示量角器）"以前我们说它是直角，现在我们可以说它是90°的角。看来，要表达一个数量，先要找到一个度量单位，再数有多少个这样的单位。大数学家华罗庚说过'数（shù）起源于数（shǔ），量（liàng）起源于量（liáng）'。"

（出示开始量∠1时学生不会量时的情形）开始，我们同学这样量角，可以理解，因为以前我们只是量长度，量长度就是这么量的。而量角的大小是要量两边张开的大小。（两手合成一个角，慢慢张开）现在我们会量角了吗？量角其实就是把量角器上的角重叠在要量的角上。要量得准，就要重合得准。怎样才叫重合得准呢？（师生合作，完成板书）

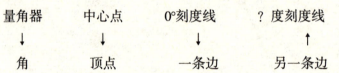

量角器	中心点	0°刻度线	?度刻度线
↓	↓	↓	↑
角	顶点	一条边	另一条边

（出示量角器）"量角器很有用，但要用好不容易。如果你是量角器的话，你将会对同学们说些什么呢？把你想说的话写出来，好不好？"

生："好！"

师："下课。"

✎ 教学延伸。

上完课，有老师问："操作技能性的课还要让学生探究吗？"说实话，我没有特别意识到自己是在组织学生探究。在我看来，教和学是一回事，应当追问四个问题：第一，教（学）的是什么；第二，为什么要教（学）；第三，怎么做；第四，为什么这么做。这一次教学《角的度量》一课，我只是多问了两个为什么，顺着学的路径去思考教的路径。我们的教学不仅仅是要把事件做正确，更重要的是首先要思考做正确的事。其实，学生是天生的学习者，学习就像呼吸一样自然，好为人师的我们往往会好心地做出一些费力不讨好的事。

以前，我们习惯于将问题分解为若干个可以掌握的部分，这种视野狭窄的过程使我们看不到解决问题的整个系统。而当我们先见森林，再见树木，先看到整个系统，再回头进入细节时，我们对各个部分的重要性就有了更好的理解。诚如孟子所言："先立乎其大者，则其小者不可夺矣！"看来，我们老师为了更有效地教学生学，真应该"变成小孩子"，习惯于感知性思维，着眼于全局而不仅是局部。

陶行知先生说："先生的责任不在教，而在教学，在教学生学。""事怎样做就怎样学，怎样学就怎样教；教的法子要根据学的法子，学的法子要根据做的法子。"现在这样认识量角器，不就是依据了量角器的做法吗？

通过这节课，我认识到教师的教怎样才能有效地促进学生的学：一是要把握"做"的本质，不能有所突破的教师是教不出有所成就的学生的；二是创设好的情境，调动"学"的兴趣，让学生愿意学；三是学生自主尝试，教师相机诱导，"好风会借力，送生上青云"。上完这节课，我相信了人本主义心理学家罗杰斯说过的一句话——"没有人能教会任何人任何东西。"

以前我们教《角的度量》时，课堂上是少有笑声的，学生几乎成了教师教的附庸和工具，学生在课上的活动似乎是玩偶式的活动。现在的课堂上，学生有开怀大笑，有小声窃笑，还有会意的微笑。学生先试先量，先想先说，正确的地方充分肯定，存在的问题一起探讨，学习活动顺着孩子们学习的天性展开。

以前我们教《角的度量》一课时，一节课下来教师教得累，学生学得苦，不少学生还不会量角，量角器都不知道怎么摆放；而今天，学生都会量角了，并且理解了量角的本质。也正因为学生理解了量角的本质，所以变得"自能"、"自得"了。为什么以前我们那么费力地教，学生学的效果反而不好呢？上完这节课我明白了，因为以前的我们"只见树木，不见森林"。我们讲了"角的顶点和量角器的中心重合，一条边和0°刻度线重合，看另一条边所对应的刻度"，但没有讲量角的实质是什么，缺乏整体把握。"二合一看"等要诀，看似简捷，颇得要领，其实这是我们成人的偏好，对孩子来说却是不得要领的，要孩子们想象出这四个字背后的内涵是挺难的。因为孩子们是以形象思维为主，老师抽象概括出的词语反而会增加他们学习的难度，老师附加的认知负荷挤占和压缩了学生生成的认知负荷，所以说我们原来的教法是阻挠了学生自由地"呼吸"。而今天，在学生已进入"洞口"，感觉恍若有光的时候，"量角其实就是把量角器上的角重叠在要量的角上"，一语点破，是可以为学生的量角操作提供表象支持，促进学生更顺畅地"呼吸"的。

还是老子说得好："少则得，多则惑"，"不自见，故明；不自是，故彰；不自伐，故有功；不自矜，故长。"总之，一句话："道法自然！"

专家点评

一、技能也需要理解性的学习

过去，《角的度量》一课靠教师讲解、学生模仿和练习我们也能把这个技能教给学生，但是从学生实际掌握的效果来看，情况并不是十分理想。最主要的一个表现是：总有个别学生在针对不同位置摆放的角进行度量的过程中，往往在判断何时该认读内圈刻度线，何时该认读外圈刻度线时出现错误。其次，我们还进一步发现，在涉及解决问题层面的问题时，学生技能背后对概念和原理的理解程度会更多地暴露出来。比如，曾经有一道这样的问题：有一个量角器有部分残缺，虽然中心点可以看到，可是0°刻度线却看不到了，你还能准确地度量出一个角的度数吗？结果许多学生回答说不能。我们知道，如果理解了量角器量角的原理，学生就可以利用量角器中间完好的部分进行测量。显然要做到这一点就必须对角的度量这一简单技能背后所涉及的概念和原理有真正的理解和思考，靠单纯的模仿和练习是很难培养学生灵活地解决类似这样非常规的问题的。

关于数学教育的目的，当前一个普遍被接受的观念是让学生理解性地学习数学。建构主义为我们提供了关于儿童如何学习数学的理论基础。从建构主义的观点来看，儿童是知识的创造者而不是被动的接受者，他们主动地建构属于他们自己的知识和对事物的理解。

那么，什么叫做理解？如果说知识可以说成是要么有，要么没有的话，理解却从来不能说成是要么有，要么没有的东西，即它不是一个或有或无的概念。比如，对于度量角的大小这个技能，可能许多学生还不知道如何正确地使用量角器去度量，我们可以说他不具有这一技能，但不能因此说他完全不理解有关角的度量这一技能背后的有关概念。事实上，孩子们已经知道角是有大小的，而且还知道它们是有度数的，比如直角的度数是90°，只是他们不知道如何可以测量到任意大小角的度数而已。进一步地，我们还看到，当华老师创设出三个不同倾斜度的滑梯情境时，孩子们利用生活中的经验已经可以判断出滑梯的"斜""陡"和一个重要的因素有关，那就是角度，这说明他们已经开始理解到每个角的大小不仅是不同的，而且正是这些大小不同的角影响着滑梯的倾斜度，只是他们不知道滑梯的角度多大才合适。再进一步地，我们还可以看到，孩子们能在量角器上找到角，只是有些孩子不知道量角器上的这些角所共同拥有的那个顶点有一个名字叫中心点，孩子们也能试着画一个指定度数的角，只是有些孩子还不能认识到内外圈刻度线所显示的度数有什么不同的作用，存在怎样的关系等。

为此，我们在进行课堂教学设计时，就必须将教学建立在学生对概念已有理解的基础上，从学生的角度出发而不是从教师自身的角度出发来考虑教学内容的选择和教学活动的安排。如果教师忽视这一点，不考虑学生已有的知识起点，不是把自己的教学设计建立在学生已有的生活和知识经验的基础上，而是把学生想象成一张白纸，在教学设计时，只考虑自己怎么去向一群一点也不懂的孩子把执行技能的步骤以最清晰、最明白的方式讲清楚，就会重复一些劳动，也会使整堂课变成学生单纯的记忆和模仿，虽然讲解的内容没有任何科学性错误，练习也保证了一定的分量，但在思维层次上却索然无味。就像鹦鹉学舌一样，虽然也能学会，可是遇到情况稍一变化就会暴露出它只会模仿，并不真正理解人的语言的本性。从华老师执教的《角的度量》一课中，我们可以看到教师通过创设适当的情境，有效地引导学生理解性地学习技能知识，从而为将来更好地灵活运用这些技能解决问题打下基础。和过去传统的我们把知识掰开揉碎地讲"角的顶点和量角器的中心重合，一条边和0°刻度线重合，看另一条边所对应的刻度"，再高度概括出"二合一看"等学习要诀相比，我们感受到的是华老师在这节课的教学设计中所力求体现的不同的教学理念，后者更加注重的是学生对知识和技能的体验和探索的过程。而当学生在体验数学，经历数学时，这样的学习才是理解性的学习，这样的课堂才是充满活力的课堂。

二、学数学的过程是一个在做中学的过程

华老师在课堂教学设计中创设了这样一连串的学习活动：

让学生先在量角器上找角，然后在纸制量角器上画角，最后再用量角器量角。

有人一定会问："绕这么一大圈才到量角，是舍近求远，还是画蛇添足呢？"

还有人会问："在教师还没有介绍量角器的有关知识前，就让学生自己去找角，行吗？在教师还没有介绍量角器量角的步骤前，就让学生利用量角器的原理画角，行吗？"

提出这样的疑问，不是没有一点道理。我们可以看到即使到了初中阶段的学生，当我们提供给他们一个他们以前没有见过的问题时，他们中的许多人的第一反应是拒绝解决这个问题，他们会说："我们的教师还没有教过呢！"调查还发现许多学生认为他们在做数学题时，每一个问题都应该有一个事先确定的解答方法，而且答案或结论也应该是十分明确和唯一的，不应该期望他们去解决一个陌生的问题或答案不明确的问题。这种问题类型熟悉、解决方法明确，答案唯一定向的数学观点是对"做数学"的一种歪曲的理解，它不太让人兴奋。事实上，只有少数学生会为了追求好的数学成绩而在做这样的数学题时主动而充满热情，而且我们也不得不承认，这种由于外在的动机而引发学习的学习者常常不是教室里最好的数学观念的思考者。

那么，什么叫做"做数学"？现代的数学教育观点认为，做数学的过程是一个探索模式与秩序的科学的过程，它是需要付出努力和花费时间的。没有理解的重复练习虽然花费时间，却不是在做数学。综观各国的数学课程改革文献，"做数学"的描述常常是与下面所列出的这些动词联系在一起的：观察、判断、描述、探索、表达、解释、调查、形成、预测、联系、发现、发展、解决、建构、推理、证明、验证、应用等。描述做数学的行为动词其实都意味着要求学生付出努力和主动的活动，要求学生动手操作，"冒险"猜测，提出和解释自己的观点和解法，说服别人接受自己的观点或修正自己错误、不完善的观点。当学生从事这样的活动时，他们就不可能只是一个被动的观察者和模仿者，他们必须积极地思考其中所包含的各种数学观念。

为了创设一个做数学的环境，教师的角色是在课堂里营造一种探究、质疑、推测的学习氛围。在这一环境中，学生被邀请来做数学，问题由教师或学生自己提出，学生在教师的引导下努力地寻找解决的方法，而知识和技能作为做数学的一个结果被自然而然地习得和掌握。我们看到，华老师由于思考了"量角的本质——重合"，从而找到了一个邀请学生来做数学的切入口，如果学生在量角器上清晰地找到了角，进而能在纸制量角器上画角，量角的问题就能迎刃而解。在交流这些角中有没有不同的角的过程中，学生很自然地接触到了什么叫"中心点""0°刻度线""内外圈刻度"1°的角、度数的写法等，特别对于内外圈刻度的作用和相互之间的关系有了理性的认识，这就是教师的智慧。只管教不管学，教学设计自然容易，但难点如何攻破就不敢保证；只管学不管教，教学活动自然轻松，但学生的错误如何矫正同样也无法保证。华老师是理解了陶行知先生提出的教育真谛的："先生的责任不在教，而在教学，而在教学生学。""事怎样做就怎样学，怎样学就怎样教；教的法子要根据学的法子，学的法子要根据做的法子。"原来教和学是密切联系的，教为学服务，学为教打基础；教促进学，学促进教，教学相长。华老师在学生一系列的学习活动中，通过轻松、幽默的对话，渗透的却是有分量、有内容的教学。通过创设一个个的情境，提出一个个启发性的问题，把学生的学习活动引导出来，把学生的思维调动起来，把学生错误的概念理解和操作行为暴露出来，而教师在其中动态地把握各个教学时机适时地介绍有关的事实性概念和操作步骤，并充分利用学生生成的资源促进学生建构起角的大小的概念和对量角器量角原理的理解。这正是我们一直渴望追求的让学生自然呼吸的教学境界：教学"无痕"，精彩"有痕"，表面上"波澜不惊"、"自然而然"，而教师的用心却处处有痕，学生的发展处处有痕。

三、在课堂中还学生一个"知情权"

长期以来，受东方师道尊严的儒家文化和科举考试文化的影响，学生和教师把教师的"一言堂"，教师的绝对权威当成是天经地义的事情，要求学生不管懂不懂，理解不理解，只管把教师和书上的话先记住、先背熟，所谓"读书百遍，其义自见"。我们没有去思考过，学生是否有权利知道，他们为什么要学习这些知识，他们学了这些知识之后又有什么用。

一名数学教育学者戴维斯在讨论"成绩绝对优异"的高中学生时，得出的一个结论是：当你仔细地去观察这些"明显成功"的学生处理数学问题时，会发现他们拥有很多荒唐的错误概念，而让他们成功地通过考试的原因在于大多数的数学教学，从小学到高中，甚至到大学，都按照可以被称为"做这个，然后做那个，然后做这个……"的形式在教学。与此同时，教师也常常将这些正确执行的形式接受作为该学生学业成功的充足证据。

在这样的教学方式和评价方式下，学生在数学课上实际学到的是记住一些精确定义的形式，执行大量的标准化的程序，求解出那些能清晰地界定出层级的练习题的答案。其结果是学生掌握大量的数学知识和技能，但却不知道数学家们思考和研究问题的方法，掌握许多运算规则，但却不能灵活地解决生活中一个简单的实际问题。

其实这种为什么要学习这些知识，学了之后又有什么用的"知情权"是需要教师格外珍视和引导的。通过引导学生思考前辈们创造或规定出的这些知识背后是否有他们的道理和值得我们学习的思维方法，正是在促进学生逐渐成长为一个具有独立见解、善于理性思考、积极开拓应用，及勇于创新变革的人。

华老师在这节《角的度量》一课的教学设计之初问了一个多么好的问题，"学生感受到了量角的用处吗？量角的大小是屠龙之技，还是生活中必不可少的技能？"如果是生活中必不可少的技能，那它就应该在生活中发现它的用途，利用它的原理设计一些物体或解释一些现象。华老师在这节课中所创设的一个滑梯角度多大合适的情境，从一开始就在主动地把这个"知情权"还给学生。当学生发现角的大小是一个影响倾斜度的关键因素，只有准确地测量出它们的大小才有可能研究和有效地刻画出滑梯的倾斜度时，学习的必要性已不言自明。而之后的找角、画角、量角，华老师又是在一点点地把学生对于有关"中心点"、"内外圈刻度"等的规定的"知情权"还给学生，让学生明白这样称呼它们、利用它们度量是有道理和原因的。而后华老师在学生练习量角快结束的时候，适时地推出"哪个位置射门进球率最高，谁放的风筝高，椅子的靠背多弯才合适"等一系列感性又贴切的实际问题情境时，学生的学习活动被推到了一个高潮，学生在辛苦的探索，在暂时的错误之后，终于品尝到了胜利的果实，幸福的味道。原来如此，角的度量是如此重要，这么有用，真是不学不知道，一学多奇妙。

好生动的一节技能教学课，我很想在这里感谢我们的华老师，他让我们看到了希望，看到了一个充满教师智慧、敢于破旧、勇于创新的教学新境界，他正在让我们的数学课更清新、更自然、更充满惊喜。愿这样课多些、再多些！

（张春莉）

与语言共舞 让精神欢歌

——特级教师盛新凤讲述阅读课《卢沟桥的狮子》

母语是具有"母性"的。语文的工具性是在人文观照下的工具性，人文性是与工具性相统一的人文性。因而，在教学中，我们既要关注语言文字，也要关注蕴涵其中的精神元素，努力引导学生吸取文中的精神力量。

精彩实录

一、交流歇后语，导入新课

师："有这样一个歇后语，卢沟桥的狮子——"

生："数不清。"

师："这句歇后语说卢沟桥的狮子怎么样？"

生："多。"

师："对，很多很多。（板书：多）就是这座狮子多得数不清的桥曾被意大利著名的旅行家马可·波罗称为'世界上最好的独一无二的桥'，咱们一起把这句话读一读吧。"

生："世界上最好的独一无二的桥。"

师："你能读懂这句话的意思吗？"

生："我知道了，世界上虽然有许多的桥，但是卢沟桥是最好的桥，漂亮，有价值，是世界上独一无二的桥。马可·波罗是世界上著名的旅行家，他说出这样的话，也是我们的骄傲。"

师："这是我们中国人的骄傲！"

生："说这座桥是独一无二的桥，是因为这座桥很有新意。"

师："这就是说没有其他的桥可以和这座桥相比，再把这句话读一读。"

生："世界上最好的独一无二的桥。"

二、品读课文、启发想象，体会和平年代里狮子的无忧无虑

（一）读课文第二自然段

师："同学们，就在这座世界上最好的独一无二的桥上面，有许许多多的狮子，卢沟桥的狮子仅仅是多吗？这节课咱们就重点读读课文的第二自然段。请尽情地读读第二自然段，想想卢沟桥的狮子还有什么特点？"

生："卢沟桥的狮子还有大小不一、形状各异的特点。"

生："卢沟桥的狮子栩栩如生。"

生："卢沟桥的狮子大的和小的有天壤之别，造型奇巧，各不一样。"

师："卢沟桥的狮子到底是怎样的大小不一呢？能不能用朗读来告诉大家。找到课文，咱们一起来读。"

生："它们有大有小，大的有几十厘米，小的只有几厘米，甚至连鼻子、眼睛都看不清。"

师："噢，原来大的这么大，小的这么小，卢沟桥的狮子有意思吧！更有意思的是它们的形态也不一样，请同学们读下边的课文。你最喜欢的句子可以多读几遍。"

师："咱们展示一下，把你最喜欢的语句有声有色地读给大家听。"

生："有的小狮子藏在大狮子的身后，好像在做有趣的游戏。"

师："他说有的小狮子藏在大狮子的身后，你们说它们在做什么游戏呢？"

生："捉迷藏。"

师："捉迷藏的游戏有趣吗？你们看，（映图）这个小狮子藏在大狮子的身后，它们好像在说什么呀？你们听到它们在说什么了吗？"

生："它们好像在说，你找不着我的，找不着我的。"

生："有的小狮子偎依在母狮子的怀里，好像正在熟睡。"

师："小狮子在熟睡，你可别吵醒它了！该怎么读？"

师："多么香甜哪！大家一起来！"

师："还有别的语句，读吧！"

生："还有的小狮子大概太淘气了，被大狮子用爪子按在地上。"

师："老师给你提个建议，你能不能'按'得再重一点，不然淘气的小狮

子还会再逃走的，再读一次吧。"

（学生笑读）

师："还有谁喜欢读这一句？"

师："按（强调）在地上，一起读。"

（学生齐读）师："还有谁要读别的语句？"

生："有的蹲坐在石柱上，好像朝着远方长吼。"

师："长吼，那么威武，那么有力，你们说它们会怎么长吼？在位置上试试。"

（学生学狮子吼）

师："这么威武，这么有力，这句话应该怎么读？大伙读，气势大，一起读！"

（二）创设意境，激发想象

师："读着读着，我们仿佛觉得这些狮子是有人性的，充满了浓浓的人情味儿。在和平的年代里，这些狮子正在尽情地嬉戏，享受着天伦之乐呢！大家连起来，把整段话读一读。"

师："美吗？这么美的景就在咱们北京哪！在这么美妙、祥和的意境中，还有些狮子在干什么呢？你能不能帮作者再想下去？"

（配乐映示形态各异的狮子图片，边看边交流）

生："有的小狮子拥在一起，玩耍打闹。"

生："有的小狮子抬头望着天，好像在数天上的白云。"

生："有的大狮子张牙舞爪，很威武的样子。"

生："有的小狮子趴在大狮子的耳朵上，好像正在说悄悄话。"

生："有的大狮子在舔小狮子的身体，好像正在给小狮子洗澡。"

生："有的小狮子躲在大狮子的怀里，好像看到了什么让它害怕的东西。"

师："这么多可爱的狮子，在和平、祥和的气氛当中，为卢沟桥的美丽，添加上了浓墨重彩的一笔。每一尊狮子都是栩栩如生，都是精美的艺术品，怪不得马可·波罗要由衷地赞叹，这是世界上最好的独一无二的桥。（映示）再读一次，把'最好'的意思读出来。"

三、了解历史、渲染气氛，想象战争年代里狮子的饱经沧桑

（一）交流信息，了解历史

师："就是这座世界上最好的独一无二的桥，却记载着一段难以忘记的历

史。1937年7月7日，日寇的铁蹄破坏了这美好的意境，人民的鲜血染红了这洁白的桥栏。"

师："关于这段难忘的历史，老师课前请同学们查阅了有关的图片、文字资料，把带来的资料交流交流。"

（组织学生相互交流）

师："通过交流资料，你知道什么叫做'挑衅'了吗？"

生："'挑衅'就是故意挑起事端，引起冲突。"

师："当时，日寇是怎样挑起战争的？"

生："日寇借士兵失踪……"

（放录像："七七事变"）

（二）联系情境，改写课文

师："那一阵阵密集的枪炮声把我们的思绪带到了70多年前那个血雨腥风的岁月，让我们再睁大眼睛看看这些在枪林弹雨中的卢沟桥的狮子。还是这些狮子，但再看到这些狮子，你的情感、你的想象就会发生变化。"

（映示前面自由想象时的那些形态各异的狮子图片，配上了枪炮声，在枪炮声中启发、改写、交流）

师："这些在枪林弹雨中的狮子，它们还会幸福吗？还有快乐吗？这些失去了幸福和快乐的狮子，此刻它们又在做什么呢？联系当时的情景，在作业纸上改写或者补写课文最后一段，可以写一句，写得快的同学可以写两句。"

生："有的小狮子偎依在母亲的怀里，好像害怕日军的枪炮。"

生："有的低着头，好像在为牺牲的战士们流泪。"

生："有的蹲坐在石柱上，好像正在朝着敌军怒吼。"

生："有的狮子瞪圆双眼，好像在仇视日本侵略者。"

生："有的小狮子偎依在母狮子的怀里，好像在躲避敌人的枪林弹雨。"

生："有的小狮子蹲坐在石柱上，好像在守卫着我们的祖国。"

生："有的狮子蹲坐在石柱上，好像在指责这些破坏和平的人；有的低着头，好像在为炮火中受伤的人们而伤心。"

生："有的狮子全家坐在一起，好像在清点日军的罪行；有的狮子蹲坐在石柱上，好像在怒视着日军侵略者。"

生："有的狮子庄严地站着，好像在防止日本侵略者来侵略自己的家。"

生："有的大狮子把小狮子按在地上，好像害怕日寇把自己的幼崽抢走。"

……

师："请你们几位站着的同学，带着你们的作业纸，到前面来。让我们怀着激愤的、气愤的、悲愤的心情来读我们改写过的这段课文，就读你们写的句子，盛老师给你们读总起句。"

（教师引读后，学生依次读自己写的句子，读完后，关闭枪炮声和图片）

师："同学们，这些饱经沧桑的卢沟桥的狮子，它们亲眼看到了日寇的凶狠残暴，亲耳听到了这震惊全世界的抗日战争的第一枪，它们可是最好的见证啊！让我们再来读读马可·波罗说的这句话。"（映示）

（学生齐读）师："学到这儿，你对这句话有什么新的感受和体会吗？"

四、总结全文，升华延伸

生："这座石桥曾经经历过战争，依然保存到现在，可见这桥十分的坚固，而且记载着中国的历史。"

师："卢沟桥是劳动人民智慧的结晶，更是英雄气概的结晶。"

生："我们中国人应该记住这座世界上最好的独一无二的桥。"

生："卢沟桥的狮子是'七七事变'的唯一见证人。"

生："这座桥还记载着中国人民的耻辱，在卢沟桥前面的一些城墙上，仍然保存着日本侵略者留下的一些弹孔和枪孔。"

师："这座桥让我们感受到了中国人民的智慧是独一无二的，中国人民的英雄气概更是独一无二的，再读马可·波罗的这句话！"

（学生齐读）师："为了纪念这些在'七七事变'中牺牲的英雄们，中国人民在卢沟桥旁建起了一座抗日英雄纪念馆。在纪念馆的门前就有一尊狮子，它向全世界宣告，中国这头睡狮已经觉醒了，正昂然屹立在世界的东方。读完了这篇课文，我也情不自禁地写下了几句话，（映示）请读读我写得这几句话。"

生："卢沟桥是一页永远展开的历史，一页凝重的历史，一页光荣的历史，一页让中国人民扬眉吐气的历史！"

师："然而，历史终究是历史，70多年过去了，如今国富民强的祖国给卢沟桥的历史翻开了崭新的一页；如今桥两边，桥两畔，经历了一千多年风雨的狮子，又在尽情地嬉戏，享受着卢沟桥的这份宁静与祥和呢！你们愿意去分享一下它们的快乐吗？我们再来读读这段话。"

（配乐）

生："它们的形状各不相同……"

五、合作探究、延伸课外

师："课后，大家可以组成各种合作小组，对它地理位置感兴趣的，就组成地理位置组，还可以组成建筑构造组、景物特点组、历史资料组、游人评论组……继续去网上查询资料……"

教学延伸

新课程标准明确指出：语文教学的基本性质是人文性和工具性的统一。"工具性"关注的语文的"本性"，"人文性"关注的是语文的"特性"，两者一"统一"，便相互作用，相得益彰，共同建构完美的语文教学。

一、在语言中建构精神

语言是精神建构的土壤，只有当精神的建构扎根在丰厚的语言土壤中，才能使精神在学生生命中生根、发芽。否则，精神便成了符号，成了空洞的说教。在语文教学中，引导学生在语言的感悟、理解、应用中，捕捉、吸取前人留下的丰富的精神养分，滋养、提升自己的精神境界，拓展他们生命的宽度、锻造他们生命的厚度、发掘他们生命的深度，从而使他们建构起丰富的精神世界。《卢沟桥的狮子》整堂课都在努力以课文为载体，唤起学生的情感体验。通过反复研读课文第2、4自然段，激发学生丰富的情感：对雕刻了这么多栩栩如生的狮子的古代劳动人民智慧的赞叹之情；对在"七七事变"中奋起反抗的中国人民英雄气概的赞叹之情；还有对侵略者无比的愤恨之情。"世界上最好的独一无二的桥"，这句马可·波罗的名言，既是整堂课的"中轴线"，也是学生语言和精神的交会点。课堂上，师生一起创造课程资源，如对"卢沟晓月"、古桥建筑、"七七事变"等背景资料的介绍、交流等，为整堂课的学习提供了一个丰厚的文化背景，使学生在课堂上理解、感受语言文字魅力的同时，享受着丰富的文化大餐，经历着难忘的精神之旅，幸福地栖居在诗意的课堂上。

二、在精神的建构中发展语言

如果把语言比作土壤的话，那么精神则是滋生于语言土壤中的树苗。土壤越肥沃，树苗越能茁壮成长；反之，枝繁叶茂的大树能使脚下的土地充满勃勃生机。语言作为一种符号，却承载了太多的情和义，语言的流畅表达需要情感的催发，"情动而辞发"。当学生的身心被情感浸润时，课堂便会焕发出如痴如醉的人化情境，此时，师生对话的语言便不再是干巴巴的符号，而是心灵的倾诉、生命的宣泄。此时，我们还需为学生的词不达意而苦恼吗？我们还需为学生的语言苍白而焦虑吗？本课在引导学生想象说话时，为学生提供了两个截然不同的意境：卢沟桥在和平年代的美丽、祥和以及战争年代的痛苦、沧桑。在媒体的导引下，学生入情入境，语言表达流畅、丰富、合情合理。有了一定精神支撑的语言是有骨有架、有血有肉的。可以说，是精神催生了语言、净化了语言、提炼了语言，语言和精神同构共生。

专家点评

一、立足三维教材，厚实课堂

通常意义上的教材就是课本，就是要学的课文，本节课学的是《卢沟桥的狮子》的第2、4自然段。除了用好课本教材，盛老师还引导学生在课前自主收集有关"七七事变"的图片和文字资料，同时自己也准备了五项资料：马可·波罗的话、卢沟桥晓月胜景的配乐朗诵、"七七事变"的录像、纪念馆的狮子和教者四句读后感。课文、学生自备资料、师备资料，组成了丰富的课程资源，厚实了课堂，使学生在课堂上享受到了丰富的文化大餐，经历了难忘的精神之旅。

二、实施三维对话，互动生成

教者与文本的对话，不仅仅体现在课前，体现在教学设计上，还体现在课堂上，如点拨学生品读课文语句时，教者对个别词句的强调、范读，如最后教者展示的四句读后感等，课堂上老师准备的资料也可看做是老师与文本对话的代言者。课堂师生的对话不是为了师生对话，而是为了启发、引导学生与文本对话，三次品悟马可·波罗的话如此，品读课文语言如此，引导学生想象如此，品学补充资料如此，作业布置也如此。也正是因为正确地处理好了文本、学生、老师三者对话的关系，三者之间的互动才更有效益。课堂上，学生与文本、老师与学生之间的互动，体现的不是预设的结果，而总是在不断地生成，不断地升华，这才会让我们有精彩的感觉。这样的互动生成又能最大限度地激发学生学习的内在动机，培育所期望的情感。

三、开拓三维空间，引导感悟

在教学中，老师引导学生穿行于现实课堂、历史、想象三维空间之中。在现实课堂，学生要欣赏卢沟桥狮子的美丽，审视评价卢沟桥的沧桑历史和变迁，品悟马可·波罗所说的话的内涵……在配乐朗诵、录像、教师的语言引领下，学生还要不时回到历史中，亲眼、亲耳、亲身体验历史真实，也正因为有了这种"真实"的历史体验，所以在学生回到课堂现实中时，才会饱含深情地用自己的想象去描述卢沟桥的狮子。进入想象时，学生在虚拟的情境中，感悟着狮子的美和古代劳动人民的智慧，感悟着卢沟桥所承载的历史价值，感悟着和平的重要……三维空间的设置使学生对课文的感悟更加深刻了。

四、追求三维审美，创设意境

在课堂上，老师运用多种手段，营造了富有诗意的课堂。卢沟桥的狮子、"卢沟晓月"胜景、"七七事变"等就像一幅幅画真实地展现在我们的眼前——绘画美；乐曲声、枪炮声、读书声……整堂课就像一首优美的乐曲，时而轻快，时而舒缓，时而激昂，时而低沉，而在这乐曲声中，无时不流淌着学生真挚的情感——音乐美；教学过程的设计以马可·波罗的话为中轴线，为圆心，它是学生解读文本、表情达意的精神交会点，是教师指导、学生学习的支撑点，整个课堂教学结构具有系统性、完整性、延伸性、开放性——建筑美。在追求创建课堂绘画美、音乐美、建筑美的过程中，老师创设了一个个极富课堂感染力的课堂意境，如和平时代卢沟桥的美丽祥和、战争时代卢沟桥的痛苦沧桑……这些意境对学生感悟语言、表达情感起到了很好的引领作用，使学生入情入景，使学生的语言表达丰富、流畅、合情合理。

五、瞄准三维目标，提高素养

在教学中，老师引导学生在品学语言中建构精神，以课文语言为载体，唤起学生的情感体验。通过反复研读课文第2、4自然段，激发起了学生丰富的情感，有对古代劳动人民智慧的赞叹之情，有对中国人民英雄气概的赞叹之情，有对侵略者的无比的愤恨之情；老师还引导学生在精神的建构中发展语言，以情感精神去催化学生的语言表达，使学生的语言表达成为心灵的倾诉，生命的宣泄，使老师不再为学生的词不达意而苦恼，不再为学生的语言苍白而焦虑。课堂上，学生学到的不仅仅是关于卢沟桥的狮子、关于"七七事变"等的知识，还学会了运用课文语言，培养了想象力，增强了朗读能力……重要的是学生经历着学习的过程，尝试着收集资料、交流资料、感情朗读、改写课文、拓展想象的方法。更为重要的是学生在自己的学习中有了赞美之情、痛恨之情。新课程强调的三维目标在这节课中得到了充分的落实，工具性、人文性得到了有机的整合，学生各个方面的素养得到了锻炼和提高。

（薄俊生）

在课堂与生活之间架起一道彩虹

——特级教师吉春亚讲述阅读课《我爱绿叶》

教学应该沟通课堂内外，联系生活实际，引进时代活水。这样，我们才能让学生关注我们生活的这个世界，懂得如何热爱生活，如何创造更美好的生活。

精彩实录

师："下面请一位同学读课文第五自然段。"

生：（朗读，语调平平）

师："这段话该怎么读才好呢？我们先来看一段录像，看了以后再来读。"

（放录像，画面上出现的是茂密的森林，欢快的鸟儿在歌唱，清澈的河水缓缓地流淌着，蓝天、白云……突然，画面上出现了许多伐木工人，在刺耳的电锯声中一棵棵大树挨个儿倒下了。继而，画面上出现了狂风大作，尘沙漫天起舞，洪水泛滥，噪声尖锐……孩子先是脸上挂满笑容，而后不约而同地发出惋惜声，又下意识地捂住了耳朵，一脸的紧张、茫然、痛楚……）

师："这段话应该怎样读，请同学们练习一下。"

生：（同学们认真练读，脸色是那么凝重，声音是那么低沉）

师："下面请一个同学有感情地朗读整段话。"

生：（有感情地朗读，读出一种忧患之情时，其他同学脸也绷得紧紧的；读出一种释然之感时，同学们也面露轻松之色）

生：（激动地站起来）"课文中说'当今世界上的环境污染，尤其是噪声、灰尘、油烟，正随着生产规模的扩大，威胁着人们的生存。'我还可以举出例子。北京等一些北方地区相继出现沙尘暴天气，给人们出行带来极大的不便，还造成了交通事故，毁坏了农作物。出现沙尘暴天气就是因为人们乱砍滥伐森林而不重视植树造林造成的。"

生："我举一个我们身边的例子。银杏是我们湖州市的市树，它象征着湖城悠久的历史，灿烂的文化，象征着湖城人民不屈的精神和勤劳善良的品质。然而，银杏树的生长状况令人担忧，银杏树的繁殖情况不容乐观，其破坏情况又令人气愤至极。"

师："这感受，你有，我有，大家有。我们一定能读好课文的最后两个自然段。"

（学生情绪激昂地读。特别是"啊，朋友，爱他吧，爱这造福于人类的绿叶，绿叶铺满祖国的大地！"读得那么深情，那么铿锵！这是用心在呼唤！）

生："老师，我想对那些乱砍滥伐树木的人说：'放下你的斧子和锯，为子孙后代留下一片绿吧'。"

师："好！说得好！我们来搞一次环保宣传活动，现在请大家设计宣传口号，呼吁人们爱护绿色，保护环境。"

生："播种绿色，播种希望；大地添绿，生命永恒。"

生："青青河边草，浓浓绿意情。"

生："款款绿意，尽在一切爱心中。"

生："天涯何处无事做，为何单恋伐树木。"

生："只有道德的阳光，绿树才会常青。"

生："用你的爱心，换一片绿色；用你的真情，铸造一个未来。"

生："森林是家，绿叶是友，失去家，失去朋友，生命黯然。"

生："小草无语，请君爱惜；手上留情，脚下留青！"

……

师："你们读得好，说得好，写得更好。从我做起，从现在做起，爱绿叶，爱周围的环境，爱我们的地球，让我们的地球妈妈充满生命的绿色！"

教学延伸

同样的课文，不同的上法，效果迥然不同。第二次，学生学得十分投入，学得兴趣盎然，话语如不绝的清水从学生的心泉里哗哗流淌，充满灵性的言语像朵朵闪亮的浪花不断跃起，为什么会产生这样的效果？

反观第二次教学的全过程，该案例突破了传统的就课文讲课文的封闭性的教学模式，采用开放的教学方式，在课外与课内，语文与生活之间架起了一道彩虹，使学生在学习课文时有了广阔的认知背景和丰富的情感基础。

1. 让学生有充分的知识准备。在老师的引导下，学生围绕绿色和环保问题，跑书店，跑图书馆，上网，多渠道地获取了大量的知识，间接地了解了许多事实，对环保问题有了更多的了解。课堂上，学生因为有了充分的知识准备，所以读到课文中简单介绍某一知识的语句时，原先储备的有关知识便激活了，这是言之有物的基础。

2. 让学生有切身的体会。学生走进大自然，走向社会，他们用眼睛仔细观察，用心深入体验，积累了色彩、形态、大小、状态各异的表象和丰富多彩、变化微妙的生活经验。他们来到小河边，看到发黑的河面上漂满了垃圾；他们走到大街上，被燃油助力车的黑烟熏得流眼泪，呛得直咳嗽……这些都给学生带来了极深的感受。学生有了这些感受，到课堂上阅读有关的内容时，便会很自然地联系起来。谈自己的亲身感受，对于学生来说是一件比较容易的事，也是学生乐意做的事，此时的表达完全得心应手。滔滔不绝的发言是心中的充盈感受与储备颇丰的语言不断同构的结果。

3. 让学生有表达所需的语言。学生课前广泛阅读背景材料，不仅了解了事实，激活了情感，同时，也获得了言语。阅读本身就是一种信息的输入，通过阅读，学生内化了读物的语言。另外，学生在听家长的介绍中，在与同伴的交流中，在观看相关的影视节目中，也积累了与环保主题有关的语言。这些语言储存于心，一旦产生了言语的冲动和欲望，便处于活跃状态，听从心的调遣。当然，被调遣的语言并不是原样不变的来表达主体思想的，言语主体还要根据需要来重新组接和编排，以新的言语方式呈现出来。《我爱绿叶》教学中最后的宣传口号，就是学生在强烈的情感驱动下，重组库存语言后生成的新的言语，它生动、凝练、鲜活！

我们的语文教学要解放学生的大脑，解放学生的四肢五官；要在课堂与生活之间架起一道彩虹；要让他们走出课本，走出教室，走进大自然，走向社会；要千方百计拓宽他们的知识面，丰富他们的切身感受，帮助他们积累语言。有了精神和语言的充足水源，语言的溪水就一定会哗哗流淌。若把我们的语文教学的工具性简单化、程式化、刻板化，把生动的言语能力训练变成枯燥的纯技术训练，使课堂教学脱离生活。脱离社会，阅读不重视引导学生运用生活体验领会文章的妙要，写作不重视引导学生开发生活宝库为写作之源，只在写法上打转，这样的阅读，难以获得对文章的真正理解，这样的写作只能养成八股调。

因此，语文学科必须打破封闭的教学体系，从"小课文"、"小课堂"中走出来，树立开阔的教学视野，重新建构开发教学体系。要让学生在宽广的心境中，在活跃的状态下学语文，这样才能收到事半功倍的成效。

第一次执教《我爱绿叶》这一课时，照本宣科，教学设计为"读通课文"，分段写段意、归纳中心思想。反思时，感觉到这样上课，学生的大脑皮层不会留下什么痕迹。学生是了解了一点知识，也懂得了要爱绿叶的道理，但这种懂得也只是停留于喊喊口号而已，情感上是不会有什么触动的，从而使得让学生的言语能力提高和情感提升成为我的一相情愿。

第二次执教时，我改变了策略。课前，我千方百计收集与课文内容有关的资料，并让学生课下去查找，以此来丰富学生的感性认识。在一周内，学生搜集了有关地球生态以及绿色污染的资料，有图片资料、音像资料、文字资料等，向家长和有关人士了解本市在环境保护上采取的措施。周末，我又让学生组成小组进行实地考察和社会调查，了解市区的绿化以及郊区、市区内环境惨遭破坏的情况，增加感性认识与体验。

学生的积极性很高，他们组成小组，带着仪器，照相机、录像机，四处观察，拍摄、访问。

当孩子们的心沉浸在环保问题之中时，我开始上《我爱绿叶》这一课，才取得了良好的教学效果。

专家点评

语文是发展儿童心灵的学科。从吉春亚老师《我爱绿叶》一课的教学中，我们不难看到她始终坚守着"正确理解和运用祖国的语言文字"这一语文教学的核心。同时，我们也看到了她在努力地寻求突破，力求通过丰富教学的内涵，来拓展孩子心灵的疆域。这堂课上，教者在培养学生的语文素养上可谓下足了工夫，指导学生反复朗读，动情表达，语言实践活动丰富、充分、高效。

特别是在朗读指导的过程中，教者辅以画面展示、激情叙述等方式，帮助学生在读中感悟，又将感悟通过读表现出来，从而将朗读指导一步步引向深入，使学生读出了文字中蕴涵的情感、主旨。同时，我们又看到教者在着力培养学生语文素养的同时，十分重视给予学生精神上的滋养。日趋严重的环境污染已成为全人类亟待解决的问题，我们应该使每个学生从小在头脑里形成环保的意识和理念，而这仅靠《品德》等课程是难于达成的，需要各科协调起来，共同努力。吉老师在教学《我爱绿叶》一课的过程中，课前让学生通过查阅资料、实地考察、社会调查等，引导他们关注自己生活着的这个世界，获取真切的感受，为学习课文在知识上、情感上作了铺垫。在课堂上结合教学内容，适时出示具有震撼力的画面，使学生深深感到环境保护的迫切与必要，而环保宣传口号的设计则使学生在表达中升华了对环保的认识，使环保理念扎根内心。

（施建平）

让课堂表演充满语文味

——特级教师虞大明讲述阅读课《共有名字》

喜爱表演是孩子的天性。课堂表演不仅可以活跃气氛，激发学生学习的积极性、主动性，而且可以利用角色效应，使学生获得真切的感受和体验。课堂表演使学习过程成为怡人心智的精神漫游。

精彩实录

片段一：合作表演第 2~5 自然段，感悟"乐趣"

师："虞老师来当邮递员，你们当村民。为了演得出色，在表演之前，同学们得把这 4 个自然段好好研究一下。哪些词在演的时候需要特别关注，请在这些词下面加上点。赶快准备一下吧。（生开始准备）开始吧！你们都是土耳其偏远小村庄里的村民，我是邮递员。你们现在应该在各干各的活，干活吧！"

（学生纷纷模拟干活）

师：（大声地）"乡亲们，来信了！"

（学生纷纷做跑步状，以示来到广场，均坐在位子上）

师："据我所知，那个广场上是没有凳子的。"

（学生恍然大悟，起立）

师："现在你们就是土耳其人阿卜杜拉。（大声地）亲爱的阿卜杜拉，您好！"

生：（大声）"好！"

师："好久不见了，很想念你们全家人。"

生："哦。"

师："告诉你一个好消息。"

（学生在座位上欢呼）

师：（惊讶地）"你们为什么这样啊？"

生："课文中写着'欢呼雀跃'嘛！"

师："哦，但我只看到了'欢呼'，并没有见到'雀跃'。"

（学生纷纷跳跃起来）

师："边欢呼边跳跃，这才是'欢呼雀跃'。继续——太太分娩了，这回是个男孩。"

生："别念了，别念了，是我的信。"

（学生大笑）

师：（故作惊讶地）"你们为什么笑啊？"

生："他太太生小孩了，他太高兴了。"

师："真是他太太分娩了？他难道连自己的太太有没有分娩都不知道，还要别人写信来告诉他？想一想到底是谁的太太分娩了。"

（学生若有所思）

生："给他写信的那个人的太太。"

师："是啊，给他写信的那个人的太太分娩了。这个人有可能是他的亲戚或者朋友。（面对表演的学生）你现在应该清楚了，不是你的太太分娩了，是你朋友的太太分娩了！（学生大笑）再问你，你朋友，包括刚分娩的那个孩子，一共几个小孩？"

生："大概六个。"

师："前边五个都是——"

生："女孩。"

师："这回总算生了一个男孩，所以他特别开心。于是，他就写信把这个好消息告诉你，让你也分享喜悦。谁知，这份喜悦，大家都享受到了。这就是共有名字带来的——"

生："乐趣。"

师："但是，虞老师觉得他刚才那句'别念了，别念了，是我的信'喊得不太到位。谁来帮他喊一喊？"

生："别念了，别念了，是我的信。"

师："开心吗？还不够。怎样读才显得你很开心？"

（学生纷纷练习此句）

生："别念了，别念了，是我的信。"

师："不惜，这才像开心的样子。我们一起来念念。（学生齐念该句子）这就是共有名字给我们带来的乐趣。刚才大家表演得很不错。咱们为什么能够演得那么好啊？（学生茫然）课文中有一个标点帮了我们大忙，知道吗？哪一个标点？"

生：（恍然大悟）"破折号。"

师："为什么破折号帮了我们的忙？"

生："破折号前面写的是信的内容，后面写的是村民听信后的反应，很清晰。"

师："对！作者用破折号将'信的内容'和'村民的表现'对应起来写了，让我们一看就明白该怎么演。咱们以后在写作文的时候也可以试着这样去写，好吗？"

生："好！"

片段二：合作表演第 6 自然段，感悟"同情与关怀"

师："接下来，咱们一起来感受第 6 自然段。请把第 6 自然段自由地读一读。要特别关注哪个词，请加点。"

（学生自由读第 6 自然段）

师："这封信，虞老师已经带来了。（边说边在学生好奇的目光中拆信）老师还是来当邮递员，你们还是村民，谁来当这封信的主人？（指定信主）准备——我开始念信了：亲爱的阿卜杜拉。您好！"

生："好！"

师："我是你的叔叔，告诉你一个不幸的消息。"

（学生纷纷屏住呼吸）

师："你刚才这个样子就是——"

生："屏住呼吸。"

师："为什么要屏住呼吸呢？"

生："因为是不幸的消息，大家都很担心。"

师："担心什么？"

生："担心不幸的事降临到自己头上。"

师："仅仅担心这个吗？"

生："他们也担心不幸的事降临到其他人头上。"

生："他们也在祈祷，不幸的事能小一些，再小一些。"

师："说得真好！继续——最近，连续下暴雨，山里发大水了，我家的两间房子也被大水冲垮了。"

生：（带着悲伤）"别念了，别念了，是我的信。"

师："非常好。请大家学着他的样子，读读这句话，读出你的悲伤来！（学生齐读）同学们，作为村民，此时此刻，你们应该怎么样？"

生："哭。"

（好多学生都假装哭的样子）

师："唉，不要哭，哭是没有用的。他不需要你们陪他一起哭，他需要的是什么？"

生："安慰。"

师："对，他需要的是你们的同情与关怀。谁来表示一下你的同情与关怀呢？"

生："唉，别伤心了，伤心是没有用的。"

生："别伤心，房子冲垮还可以再建，只要你叔叔人没事就好了。"

生："留得青山在，不怕没柴烧。我们全村人都会帮你叔叔重建家园的。"

生："叫你叔叔住到我们村来吧。我们的家就是你叔叔的家。"

师："真好！这就是共有名字带给大家的彼此间的——"

生："同情与关怀。"

教学延伸

司空图在《诗品》中曾写道："生气远出，妙造自然。"苏轼也曾说过："无穷出清新"，"绚烂之极归于平淡"。随着新课程改革的不断深入，语文教学也渐渐掸去浮尘，揩去胭脂，直指语文之本色。华中师范大学杨再隋教授在《呼唤本色语文》一文中指出："语文课就是教师引导学生学习语文的课，是学生学习、理解和运用祖国语言文字的课，是学生听、说、读、写的综合实践课，是引导学生提高语文综合素养的课。说到底就是学生学习说语文、讲语文、读语文、写语文、用语文的课。"杨先生主张并提出，"平平淡淡教语文，简简单单教语文，扎扎实实教语文，轻轻松松学语文。"

　　杨先生的真知灼见，道明了语文教学改革的方向。我试从《共有名字》的两个教学片段入手，谈谈"轻轻松松学语文"策略之——课堂表演。不得不承认，课堂表演是让学生学得轻松的有效策略。但是，由于某些教师理念错位或者操作不当，许多课堂表演反而成了中看不中用的水中花、镜中月，或牵强附会，或画蛇添足，或本末倒置，或舍近求远。应该指出的是，轻轻松松学语文并非降低要求，放松训练。因此，只有想方设法落实语言文字的感悟和训练，以此凸显课堂表演的语文味，才能让学生在有限的时空中，愉快地学习，巧妙地学习，轻松地学习，高效率地学习。

　　《共有名字》是莫小米的作品，收录在现代版小学语文第8册。文章写的是发生在土耳其一个偏远小村庄里的故事。那个村里几十户人家的家长，全部取了同一个名字。因此，从外地发往该村的信件，信封上看起来完全一模一样。为了准确送达，尽职尽责的邮递员只好将全村人都召集到广场上，当众拆信念信，从而引发了种种有意思的场面。对此，文章第2～7自然段作了描述：

　　"亲爱的××：您好！"——"好！"全村人齐声应答。（第2自然段）

　　"好久不见了，很想念你们全家人。""哦。"又是一片响应。（第3自然段）

　　"告诉你一个好消息……"——大家都欢呼雀跃。（第4自然段）

　　"太太分娩了，这回是个男孩。"——有人喊："别念了，别念了，是我的信。"（第5自然段）

　　或者，"告诉你一个不幸的消息……"——大家都屏住了呼吸。（第6自然段）

　　或者，信写得非常有趣。尽管已知收信人，大家还是要求："念下去，念下去，谁是信主还没一定呢。"（第7自然段）

　　作者因此感叹：共有名字给村里人添了不少麻烦，但也增加了许多乐趣，还有彼此间的同情与关怀，因为一个人的事就像大家的事一样，一个人的喜事大家开心，一个人的不幸众人忧心。

　　作者的感叹是本文的中心段落，也是重点和难点。所以，我试图凭借师生合作表演，激发学生探究兴趣，发展学生语言，锤炼学生思维，从而准确理解文本，感悟共有名字所带来的乐趣、同情与关怀。

　　师生合作表演的过程，实际上是对语言文字理解、感悟、训练的过程。在上述教学片段中，学生凭借合作表演学得轻松、学得积极、学得有趣。

第一，表演不是目的，而是一种教学策略。

课堂教学中的表演，不是舞台上、荧屏中的表演，而是一种教学的策略，并非目的。但是，在实践中，表演仅是一种策略的意识有时会被淡化，甚至歪曲。具体表现在，课堂表演滞后——教师首先花大量精力引导学生理解、感悟文本，然后，再引导学生进行角色分工和表演。如此，表演无形之中成了目标，成了一个教学环节的终结。

因此，表演应该前置。在理解、感悟文本之前，教师就应该将表演作为任务驱动告知学生，以便使学生积极主动地探究文本。随着表演的不断深入，借助教师的引领、点拨，学生不断地思考、讨论，及时理解和感悟语言文字，达成预设的教学目标。比如《共有名字》的师生合作表演之前，我并未先引导学生感悟共有名字带给村民的乐趣以及彼此间的同情与关怀，而是在初读课文的基础上抛出表演的话题：想不想身临其境去感受这份乐趣，这份彼此间的同情与关怀？学生纷纷说好。可见，教师的语言已经激起了学生的兴趣。而后在"邮递员"与"村民"的表演和情境对话中，学生对于"乐趣、同情、关怀"的感悟自然水到渠成。

第二，在表演中强化语言文字的理解和感悟。

儿童对于感兴趣的事情总是表现得迫不及待、跃跃欲试。因此，在《共有名字》的两次表演之前，我特别注意引导学生关注文本——哪些词在演的时候需要特别关注，请在这些词下面加上点。如此，学生对文本的关键词、重点句会有一个初步的理解和感悟。然后，在合作表演的过程中，见机行事，对那些关键词句再次提醒，引导学生准确地理解和感悟。

比如，在第2~5自然段的表演中，当学生"欢呼"时，我及时打断——"你们为什么这样啊？"学生很自然地联系到"欢呼雀跃"一词。此举的目的依然是使学生关注文本，时时刻刻心中有文本，有语言文字，从而达成理解和感悟。因此，我抓住时机，进一步引导："哦，但我只看到了'欢呼'，并没有见到'雀跃'。"学生恍然大悟，纷纷做跳跃状。可见，凭借表演，学生已经理解了"欢呼雀跃"一词的意思。

再如，在第6自然段的合作表演中，当学生"屏住呼吸"时，我又一次叫停，引导学生感悟"屏住呼吸"文字背后隐藏的内涵——担心和祈祷，为自己，也为他人。

第三，在表演中落实朗读训练。

朗读训练是培养语感和语言感悟、积累的最有效途径。表演中的"说台词"和平常教学中的"朗读",存在着某些差异。比如,"说台词"是建立在角色分配基础上的,大多数情况下,属于个别训练,因此,不利于学生整体朗读水平的提升。而朗读则不然,既有个体训练也有群体训练。如何提升表演中"说台词"的功能和价值?这需要教师的及时强化和引领,化一为万,变个体为群体。

比如,在《共有名字》的两次表演过程中,对于"别念了,别念了,是我的信"一句的朗读,我进行了重点处理。同样一句话,因为在不同的语境中,情感基调也迥异——前者应该激动兴奋,后者则应当伤心悲痛。因此,我设计了这样的流程:导语过渡,指向朗读(但是,虞老师觉得他刚才那句"别念了,别念了,是我的信"喊得不太到位。谁来帮他喊一喊)——自由练习,朗读感悟(开心吗?还不够。怎样读才显得你很开心)——集体朗读,强化感悟(不错,这才像开心的样子。我们一起来念念)。如此,凭借点拨和比较,先让表演者读到位,然后,寻找机会,引导全体学生有感情朗读,从而落实朗读训练。

第四,在表演后渗透个性标点的启蒙教学。

《共有名字》第2~6自然段中,每个自然段都有一个破折号,使得这几个自然段在表达上极具个性和特色。跟平常的教学不同,我没有单独对破折号进行教学,而是在表演完毕之后,顺势抛出话题——刚才大家表演得很不错。咱们为什么能够演得那么好啊?学生开始有些茫然,但随着教师引领的深入,学生逐步明白了:演得好,是因为文章写得清楚,文章写得清楚是因为有了破折号,作者运用破折号将信的内容和村民的表现一一对应,让人一目了然。

了解了破折号的作用之后,我鼓励学生在以后的习作中尝试运用。虽然我不能保证孩子们都会去尝试,但至少会有部分孩子在偶然的时刻,想起那个破折号来,这就够了。毕竟,对于四年级的孩子来说,了解破折号的这一用法,不过是个启蒙罢了。

专家点评

小学语文课本中的大多数课文故事性强,描写生动形象,适合表演,而小学儿童又特别爱表现,这就决定了表演必然具有很高的教学价值。而事实也证明，课堂表演可以使课堂化枯燥为有趣，变乏味为生动。在这一堂课上，虞大明老师以他高超的课堂驾驭能力，让学生通过表演进入情境，从而立体地亲历了一个充满温情的场景，取得了理想的教学效果。在教学过程中，教者将表演作为一种引导学生研读课文的手段，从而使阅读和表演糅合在一起，成为有机的整体。学生边阅读边表演边感悟，随着表演的推进，他们对文本的理解逐渐深入，对村民彼此间的关怀和真爱的感受也随之深化。同时，在表演过程中教者注意引导学生全员参与，每一个学生都仿佛来到了这个偏远的小村庄，成了村里的一员，他们沉浸其中阅读、思考、感悟、表达。这就避免了课堂表演中常见的少数人参与，多数同学作陪的状况，使课堂成为全体学生发展的舞台。另外，我们看到教者设计的课堂表演都是即兴式的，这样的表演也许没有精心准备的那么完美，那么"好看"，但却特别真实，也正因为其"粗糙"，使其多了许多现场的"生成"。而教者敏感地抓住并恰到好处地利用这些课堂上随机生成的资源，引导学生深入理解，使课堂精彩纷呈，亮点频现。从这一堂课上我们不难看到，课堂表演具有很强的综合性，能带给学生全身心的感受，能使课堂变成真正鲜活的生活，成为师生心情之花盛开的地方。

（施建平）

爱大地，还需要一份敬畏

——特级教师周益民讲述阅读课《只有一个地球》

教学过程充满建构与生成。我们应该努力找到开启学生心扉的钥匙，丰富学生的内在心智，把课上到孩子的心里去，使课堂上的情感交流成为滋润师生一辈子的精神享受。

精彩实录

一、关注

师："周老师想考考咱们同学对社会的关注程度，有信心吗？"

生：（大声地）"有！"

师："不知道同学们是否听说过，美国有一家很有影响的杂志，叫《时代》周刊。《时代》周刊每年都要评选世界新闻人物。同学们，如果让你们来评，你想选谁呢？"

生："我选本·拉登。"（众笑）

生："我选倪萍。"

生："我选乔丹。"

生："我选布什。"

师："同学们说了这么多，看来对周围世界很关心。想知道《时代》周刊的评选结果吗？"

生：（齐声）"想！"

师："1998年，当选的全球头号新闻人物竟然是（故意停顿）——地球！

同学们，把地球作为一个人物来评选，你们觉得合适吗？"

生："我觉得不合适，地球不是人。"

师："是呀，地球是一个星球呀！"

生："我觉得合适，地球无私地哺育着我们人类，它就是我们的母亲。"

师："地球，母亲！说得多动情啊！我不由想起了一位诗人的话：'所有的儿童都是爸爸妈妈的孩子，所有的爸爸妈妈都是地球的孩子。'那这堂课，就让我们一起走近地球，走近母亲，好吗？"（学生点头）

二、聆听

师："请同学们拿出课文，轻声读读，用心体会，看看哪儿打动了自己，触动了咱们心底里的那根弦儿。"（学生认真阅读）

师："看得出，同学们读得都非常投入，非常专注。读书，其实就是同文字交流，同书中的人物对话。想想，读这篇课文，我们就是同谁交谈呢？"

生："地球母亲。"

师："是呀，文字后面是地球母亲的心跳，是地球母亲的呼吸。我们默默地读，静静地听，就能听见地球母亲在跟咱们诉说呢！我们先默读文章的第1、2自然段，听听地球母亲首先跟我们说什么。"

（学生认真阅读、"倾听"后交流）

生："我听见地球母亲在说：'我是那样的美丽壮观，和蔼可亲。'"

师："噢，你是从哪段文字听出来的？"（该生朗读第1自然段第1、2句话）

师："那我们一块儿来瞧一瞧吧。大家眯起眼睛，地球母亲正向我们走来，看看，她长什么样？身材？衣服？眼睛？头发？（教师感情朗读）'映入眼帘的是一个晶莹透亮的球体……和蔼可亲。'"

生："我看见地球母亲腰身粗壮，圆圆的脸庞漾着笑容。"

生："我看见的地球母亲身材很苗条，她秀发披肩，双眼水汪汪的。"

师："是个典型的东方女性。"

生："我看见地球母亲穿着白蓝两色的纱裙，走起路来那样轻盈。"

师："请班上的一位女同学来朗读写地球外形的句子，大家边听边想象。"（指名读）

师："地球母亲如此美丽，你想对她说什么呀？"

生："我想说，地球母亲，你真漂亮，我们爱你！"

生："我想说，地球母亲，我为你感到骄傲，你是我们心中的圣母！"

师："啊，圣母！多么圣洁，多么崇高！这一部分中你们还听到了什么？"

生："我听见地球母亲在说：'我很渺小，你们要爱我。'"

师："是的，如果我们把地球跟太阳作个比较，一个太阳抵得上 130 万个地球呢！（学生感叹）她就像汪洋中的一条小船。"（出示词卡：一叶扁舟）

生：（大声齐读）"一叶扁舟。"

师："不，那是大轮船！"

生：（轻声地）"一叶扁舟。"

师："同学们，刚才我们用心聆听，感受到了母亲的心声。接下来，就让我们仍像刚才那样，默默地读下面的部分，静静地听，听听地球母亲还在跟我们诉说什么。"

（学生默读、聆听，而后交流）

生："我听见地球母亲在说：'在宇宙空间，我是你们唯一的母亲。'"

师："还有谁也听见了这个意思？说说看。"

生："地球母亲告诉我们，我们不能指望在破坏了地球以后再移居到别的星球上去。因为至少在以地球为中心的 40 万亿公里的范围内，没有适合人类居住的第二个星球。"

师："40 万亿公里！太阳离地球够远了吧，坐飞机得 20 几年，但它距地球只不过 1.5 亿公里。40 万亿是 1.5 亿的差不多 30 万倍，算算，坐飞机得多少年？600 万年哪！谁去？"

生："地球母亲在说，建造移民基地的设想是不现实的，最多也只是极少数人的享受。"

生："我听到地球母亲在说，孩子们，我是你们唯一的妈妈呀，我是那么爱你们，你们怎么竟然在想方设法寻找后妈呢？"（掌声）

师："多么让人心酸啊！一开始，我们听到了地球母亲的笑声，现在又听到了她的乞求。你们还听到别的了吗？"

生："我还听到了她悲惨的哭声。"

师："哭声，母亲的哭声！令人揪心！这哭声来自课文何处？"

生："课文第 3 自然段告诉我们，地球有限的矿产资源正面临枯竭。"

生："第 4 自然段告诉我们，因为人们随意毁坏，滥用化学品，造成了一系列生态灾难。"

师："关于地球的现状，上一堂课我们各小组交流了不少收集的资料。现在，请每小组推荐一位同学用一两句话简单说说。"

生："长江是我们的母亲河，因为滥砍森林、滥垦坡地，她的秀色正被滔滔黄水代替。她在呐喊：'救救我吧，不要让我重蹈黄河的覆辙！'"

生："目前，我国土地沙化严重，沙化的速度相当于每年损失一个中等县的面积。"

生："因为大气污染形成了酸雨，使得植物枯死，湖水变质，建筑物严重损害，成了'石头的癌症'！"

师："是的，酸雨洒向人间都是怨。现状真是触目惊心！同学们，地球母亲又向我们走来了，现在的她又是什么样了呢？大家再眯起眼睛瞧瞧。"

生："我们的地球母亲已经面容憔悴，她身上的衣服破碎褴褛。"

生："母亲原先的笑容已经消失，满脸愁容，两眼泪汪汪。"

生："母亲原先健康的身体已经伤痕累累，满头的秀发已经脱落，先前明亮的眼睛已经暗淡无光。"

师："你们能用一个词语说说母亲的现状吗？"

生："伤痕累累。"

生："满面愁容。"

生："遍体鳞伤。"

师："受伤的母亲，苍老的母亲，青春不再的母亲！此刻，我们重温她昔日的美丽，心情还会如当初般轻松愉悦吗？"（学生摇头）

（仍请原先朗读地球外形的女生朗读，这回她的语调低沉忧伤）

师："看看现在，想想过去，我们不禁要质问，伤害母亲的罪魁祸首是谁？快速读第3、4自然段，找词语。"

生："'不加节制'、'随意毁坏'。"

生："还有'不顾后果地滥用'。"

师："读第3、4自然段，把这些罪魁祸首狠狠揪出来！（学生读，上面的词语重读）罪魁祸首果然就是这几个词语吗？"

生："其实是我们人类。"

生："是人类的贪婪。"

生："是人类的无知。"

师："说得对！刚才我们一起聆听了地球母亲的心声。她首先告诉我们她曾经的美丽，接着向我们诉说她是那么地爱我们，可是人类却在无情地伤害着她。最后她呼吁我们：'保护我吧，我是你们唯一的母亲！'这些话语中，最让我们沉重、心酸的是哪一点？"

生："是母亲的不幸遭遇。"

师："我想起了曾经看到过的一幅漫画作品。（出示漫画作品）齐读题目。"

生："百年后的语文课。"

师："看明白了吗？"

生："老师和同学都戴着氧气罩，老师正向同学提问：'再给你们五分钟，想想什么叫空气。'"

师："我们也花上 5 秒钟，静静地想一想。"（静场 5 秒钟）

师："我不由又想起了黎巴嫩著名诗人纪伯伦的文章——《田野里的哭声》。想听听吗？"（生点头）（教师感情诵读片段，同原文略有改动）

东方欲晓，晨曦初露，我坐在田野里，同大自然倾心交谈。

我听到溪水像失去儿子的母亲似的在号哭，于是我问道："甘美的溪水呀，你为什么哭泣？"它答道："因为人们鄙视我，用我去为他们洗涤污垢。不久，我这冰清玉洁的身体就会变成污泥浊水，我怎能不号哭？"

随后，我侧耳细听，又听到鸟儿仿佛号丧似的在唱一首悲歌，我就问道："漂亮的鸟儿呀！你们在为谁号丧唱挽歌？"一只小鸟走近我，站在枝头上说："人将带着一种该死的器具，像用镰刀割草似的把我们消灭掉。我们正在诀别，因为大家都不知道谁会幸免于难。我们走到哪里，死神就跟到哪里，我们怎能不号丧唱挽歌呢？"

诵读毕，满文军《懂你》（片段）的深情歌声响起："……一年一年风霜遮盖了笑颜，你寂寞的心有谁还能够体会。是不是春花秋月无情，春来秋去的你爱已无声？把爱全给了我，把世界给了我，从此不知你心中苦与乐。多想靠近你，告诉你我其实一直都懂你。多想告诉你，你的寂寞我的心痛在一起。"

歌声中出示：

昨天，我们的母亲（ ）；今天，我们的母亲（ ）。而伤害母亲的竟然是（ ），这才是最让母亲心痛的！

（歌声止，学生举手）

师："其实我们什么都不必说了。面对地球母亲哀伤的眼神，作为她的孩子又该如何应答呢？这是我们每一个地球人都应该直面的问题。大家静静地想一想，然后写下来吧。"

三、应答

（学生思考、写作，《热爱地球妈妈》的童声合唱轻轻响起。而后选取数位同学全班交流，具体略）

师："同学们，千言万语，汇成这一句话——（在"地球"前板书"只有一个"）地球的明天会如何，就在你我他，就在我们每一个人的手中。警示人们，大声读——"

生：（大声地）"只有一个地球。"

师："把这句话深深地镌刻在心底，字字千钧地——"

生：（低沉而有力地）"只有一个地球。"

教学延伸

曾经不止一次地教过或者听过《只有一个地球》一课，有琢磨表达重在语言训练的，有引导探究尝试研究性学习的，也有力在信息资料整理交流的，但每一次似乎都留下了一个共同的遗憾：孩子们的表现过于理智，他们发出的话语只不过是一种公共口号而已。

反复研读教材，"人类的母亲"这几个字眼紧紧地抓住了我。母爱是至真至美的情感，人不正是大地之子吗？由此生发，我设想将学生阅读文本的过程转换成同"地球母亲"交流的过程，从而赋予地球这一客观存在以情感、人格的因素。课程标准指出："阅读教学是学生、教师、文本之间对话的过程。"这样设计，阅读的过程亦即首先变成了"倾听"的过程，再辅之以相关文本与非语文材料（漫画、音乐）等课程资源的拓展强化，势必对学生内心形成猛烈的撞击，使其生成丰富的体验。顺着学生心理的发展，再转入"诉说应答"，必是有感而发、有情可抒的了。其间，我设想教师教学重在创造一种适宜的"对话"环境，或是情感诱导，或是方法指点，或是激励肯定，努力促成"对话"的不断生发与深入。

在这一动态生成的过程中，文本材料必将获得丰富的个体意义，"对话"也就成为一种精神交融、思维碰撞、心灵共振的过程。

专家点评

在现代教育和教学中，你想寻找某种富于诗意的慰藉并不容易。它深陷诗意荒芜之境，表现得太理性，太自尊，太矜持，太俏皮，太娇情（理性狡黠的种种面具），而这些无疑都是浅薄的表现。因为理性表面上深刻而实际上却是浅薄的。"理性一再成为胡闹。"（歌德语）当然，现代教育和教学似乎也关注情感，但它跟诗意的追求并无关系。因为它常常蜕变为一种赤裸裸的趋乐行为，缺乏真纯、谦卑、高贵和发自心底的颤动，因而多半只能用来充任理性的饰物和"婢女"，而落入比理性更加肤浅的境地。因此，周益民老师提出语文教育是诗意之旅，我是很赞同的。他执教的《只有一个地球》就让每个孩子都拥有了这样一次会留下恒久记忆的经历。

人是诗意地栖居在大地之上的，大地哺育了人，成为人的"无机的身体"。因之，人无论多么伟大、睿智，多么超凡入圣，都应该对大地感恩戴德，但事实并非如此。近代以来，人类在"主体性"的冲天号角和凯歌阵阵中，以前所未有的贪婪和凶残，疯狂地掠夺和踩躏大地。如果我们没有一份对大地的敬畏之心，而继续这种肆意妄为，大地就会陷入万劫不复的灾难。因此，我们太需要虔诚地面对大地，走近大地，在告慰她的同时寻求宽宥。周益民老师的课所寻求的正是这样一种努力。这是一次成功地与大地母亲发自内心的对话，但与一般意义上的对话的不同在于，面对大地，无论教师还是学生（至于他们之间的角色关系则不重要了），都不是任何意义上的什么"主体"，而只是一个谦卑的聆听者，一个准备接受灵魂拷问的反省者。如果我没有说错的话，周益民老师显然是要把课堂演变成一座小小的然而庄严神圣的心灵教堂。

（李庆明）

在春天的泗水河畔

——特级教师祝禧讲述阅读课《孔子游春》

文化是素养，是胸襟，是视野，是价值。语文是最具文化品位和精神感召力的。语文课程中蕴涵着丰富的文化内涵，我们应该在教学中引导孩子去感受，去揣摩，去挖掘，去吸取，从而使学生获得广博的文化浸染，丰富的文化积淀。

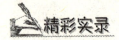 精彩实录

赏 景

师："孔子一向主张多读书，所谓'博学于文'。我们能想象弟子们走进典籍，掩卷沉思、书声琅琅的景象。但是，课文中展示的却是另外一种场景，那是怎样的呢？"

生："我仿佛看到这样的情景，春天回到了人间，万物复苏，大地一派生机勃勃，小草悄悄地钻出绿茸茸的小脑袋，原野一下子绿了。垂柳舒展着嫩绿的枝条，贪婪地吮吸着春天的乳汁，'不知细叶谁裁出，二月春风似剪刀'呀。"

生："我看见桃红柳绿，草色青青，泗水河边桃树枝头已开满了粉红色的桃花，花香引来了成群的蝴蝶翩翩起舞。一阵风轻轻吹过，几片花瓣便慢慢地落入水中，顺流而下。"

师："跟随着孔老夫子，置身于这样一种美景中，你最想做什么？"

生："我最想在草地上睡个觉，大大地吃一顿，然后再钓鱼。"

生："我想在草地上放风筝，风筝一定飞得很高。"

生："我想任春风吹拂，再跳个舞。"

师："孔子的弟子曾点想的和你们几乎是一样的，他是怎么说的？"（揭示："莫春者，春服既成；冠者五六人，童子六七人，浴乎沂，风乎舞雩，咏而归。"教师范读）

师："这句话是什么意思呢？同桌一起对照注释读一读，看能读懂多少。"

生："我对照注释能读懂'冠者五六人，童子六七人'，就是说五六个刚成人的小伙子，带着六七个小孩子，是不是说他们在洗澡呀？"

师："对！他们一起到沂水中痛痛快快地洗个澡，再在舞雩台上吹吹风，最后大家一路唱着歌高高兴兴回家去。"

生："'莫春者，春服既成'是暮春三月，春装已经做好了。"

师："对呀。听了曾点的话，夫子喟然叹曰：'吾与点也。'孔子由衷地发出慨叹：'我的想法同曾点的是一样的呀！你们同意曾点的话吗？'（生点头）让我们也一起说——（生齐）'吾与点也'。"

师："是呀，孔子把弟子带入了大自然，实现了弟子们的梦想。走出了书本，跟随老师嬉戏于广袤无垠的大自然中，你们是一种什么样的感受呢？"

生："非常开心，非常痛快！"

生："好像整个世界都是我们的。"

[反思：国学典籍作为中华民族文化的载体，其内涵深刻，意存高远。为了让今天的儿童在学习当代语言的同时了解它曾经的过去，我们应大胆地给文本增容，补充拓展文言文，找到文白语言的连接点，在共同的内容上感悟言说形式的差异。虽然文白言语表达迥异，但特定的情境，能让学生寻找到语言的归属感，寻求到自身心灵上的顿悟。]

论 水

师："当弟子们纵情于自然的美景时，我们的孔老夫子心情却不平静。据古书记载，孔子是遇水必观，他从波澜起伏，奔腾不息的泗水中看到了什么，想到了什么呢？让我们静下心来，默默地读一读，悟一悟，同桌之间再说说。"（学生静静地阅读第八自然段后交流）

生："我读懂了水有德行，它奔流不止，哺育一切生灵，滋润万物的生长，就像一位母亲，有着多么宽大的胸怀呀！"

生："水是真君子，是因为它有志向。它能穿山岩、凿石壁，胸怀志向，百折不挠，有着刚强的一面。我们以前学过《滴水穿石的启示》，水能滴穿石头，就是因为它有志向，朝着一个目标去努力。"

生："水能洗去万物的肮脏，让万物变得和原来一样洁净，就像一位老师，遇到一个坏孩子（师插话：不，是犯了错误的孩子），教育他认识自己的错误，经过老师的一番教化后，他改正了自己的错误。"

师："多好的理解，由水联想到人，这正是孔子的用意呀。那你们是怎么理解水的'有情义'的呢？"

生："水没有固定的形状，向下流去，池子是圆的它就是圆的，大江是长的，它就是长的，顺应环境的变化，所以说有情义。"

师："俗话说：'人非草木，孰能无情。'而水非人，却有情呀，有一个成语叫柔情似水，我想讲的就是这个道理吧。"（学生点头）

师："水有那么多让人钦佩的品格，你更喜欢水的什么品格呢？"

生："我喜欢水的'有志向'。俗话说：'胸无理想，枉活一世。'人没有了理想，就如没有了追求，活着就没有意思了。水穿山岩，凿石壁，不畏艰险，就好像人有了自己所追求的事物，用力去靠近，再靠近。"

生："我喜欢水的'善施教化'，我想做一个这样的人。"

生："我喜欢水的'有情义'。我也是一个重情义的人，所以我的朋友特别多。"

师："好，不同的性格，不同的爱好，不同的志向，会影响你们对自然的选择。正所谓'仁者乐山，智者乐水'呀，这也是孔子说的一句话。我们的古人常常把自己的感情、志向和理想寄托在山水自然之间，借物喻人，托物言志。这种方法在我国古代称之为'比兴'。比兴在文学、艺术中更是司空见惯，乃至于我们的日常生活中都有这样的审美趣味。它已经成为我国传统文化的一大特点了。同学们，在诗歌、绘画中你们知道一些借物喻人，托物言志的例子吗？"

生："鲁迅先生说过，'横眉冷对千夫指，俯首甘为孺子牛'，他还说过'牛吃进去的是草，挤出来的是奶'，这两句是不是借牛寄托了他为人民勤勤恳恳、奉献一生的志向呢？"

生："我想起了陈毅爷爷写过的一首诗：'大雪压青松，青松挺且直，要知松高洁，待到雪化时。'我体会到陈毅非常佩服青松的不屈不挠，面对困难从不低头的品质，这种品质也是陈毅爷爷的品质吧。"

师："是呀，这样的审美情趣，已经滋养了我们的精神，陶冶了我们的性情，成为我们文化生活中的一个组成部分了。由此看来借物喻人，托物言志的文化真是源远流长啊！让我们回过头来，再来回味孔子论水的这段话，感受就更深了。"

（师生一起朗读第八自然段）

[反思："仁者乐山，智者乐水。"面对如此经典之作，精辟之说，鼓励学生多元解读。在谈论自己对水的理解中去领悟孔子雅宜的志趣、深敏的情感、脱俗的精神、伟岸的灵魂。在此基础上，启发学生领会我国古代文化所独有的借物喻人、托物言志的"比兴"手法，寻找自身生活中习以为常的比兴现象，获得自我感悟的迸发。正因为拥有了一定的理性认识与感性支撑，孔子与弟子们面水沉思恍若就在眼前，才那样可亲。小小的课堂，跨越了时空，获得了一种心灵的融通。]

谈 志

师："相传孔子的弟子有三千，千秋百代后的我们都可以称做孔子的弟子。现在我们都在这样一个平等、民主、自由的气氛里，让我们也来直抒胸臆，向孔子畅谈自己的志向，说出自己真实的想法，好吗？先在小组中谈一谈，由一个同学扮演孔子。"（小组成员互相谈志）

师：（指名一学生扮演"孔子"）"现在你和弟子们谈志，看看你是怎样民主、平等地对待弟子们的发言的。（对全体同学）弟子们，你们说了志向后，孔子老师一样也会用赞许的眼光看着你们的。"

"孔子"："谁来谈谈你们的志向？"

生："我一直想去西部，开发大西北，让祖国西部也兴旺繁荣。"

"孔子"："你的性格像子路，非常豪爽。你胸怀大志呀！下面谁说？"

生："我想成为一个能为祖国出力的人，比如成为一个清洁工。"

"孔子"："你的志向很朴实。"

生："我希望自己成为联合国维和部队中的一员，用自己的行动来维护世界的和平。"

生："我想成为一个女作家，走进儿童的世界，贴近儿童的心灵去写作。"

……

师："弟子们，你们只顾向老师说自己的志向，你们可以问问老师的志向呀。"

生：（七嘴八舌）"老师，您的志向是什么？"

"孔子"："我的志向是做一位好老师。"

师："同学们，弟子子路确实问过孔子的志向。孔子是怎么说的？我们一起来看。"（揭示：子路曰："愿闻子之志。"子曰："老者安之，朋友信之，少者怀之。"）

师："读一读，用自己的话说说孔子的志向。"

生："希望老人们尊敬我，朋友们相信我，小孩子怀念我。"

生："我不这样认为。我课前读了一点《论语》，知道孔子讲的是一个'仁'字，所以我觉得应该是让老年人得到安抚，对待朋友要相信他们，对待小孩子要关心他们。"

师："你的理解更贴近孔子的想法。孔子说过'仁者爱人'，他把他的爱心投向了老人、同伴和孩子，投向了人的每一个时代。难怪被奉为圣人，确实有圣人博大的胸怀呀。像这样的对话，在论语中比比皆是，对我们处世、做人乃至做教育都是有启示的。"

[反思：通过"对话与交流"策略，在言语上与圣人晤谈，在心灵上与圣人沟通，在视野上与圣人融合。虽然这种追寻是浅尝辄止的，但孩子们一步步走近了孔老夫子，他是和蔼可亲、平易近人的；他是多才多艺、极富爱心的，他是学生的朋友、弟子的兄长。学生在这种零距离的交流中获得的是乐此不疲的兴趣，豁然顿悟的快意和悠然心会的体验。]

抒　怀

师："学完这个故事，我们一定有许多许多的感慨。看我们今天的教育，能看到孔子不朽的影响，看今天孩子们的学习，再想想孔子当年带着弟子们游春时的情景，或许也会有几分歉疚与遗憾。下面我们举行一个小论坛，老师给一个题目'遥想孔子当年——从《孔子游春》说起'，先准备一下，把自己想说的话草拟一个提纲，也可以写几个关键词，看到关键词就知道说什么。"

（学生准备）

师："下面论坛就要开始了，讲台自由，自己往前走，发表自己的感慨。"

生："在中国五千年的历史上，对华夏民族的性格、气质产生最大影响的人，应该算孔子了。一说起孔子，全世界的人都会翘起大拇指，遥想孔子当年，还是十分注重素质教育的，我们现在也是如此呀。不过，有的家长还是把分数看得比较重，我的妈妈就是这样。我认为成为一个品德高尚的人和成为一个学识渊博的人同样重要。"

师："说得真好，学生不仅要求真，还要求善求美呀。"

生："我希望今天的学校能给同学们带来一个轻松的学习氛围，能使同学们学得轻松，生活得愉快。我们现在的学习还是很紧张的，在紧张之余，希望老师能像孔子一样带我们走到大自然中去，我们不是学过《打开大自然绿色的课本》吗？正如小鸟要在蓝蓝的天空中飞翔一样，我们也要像小鸟一样，在大自然中快乐地笑，快乐地唱，快乐地学习。"

生："孔子当年能和弟子们在一起弹琴唱歌，多么浓厚的师生情谊呀。我希望我的老师也能够走进我们的心灵，懂得我们在想什么。有些时候我们不把心里话和老师讲，是因为我们觉得和老师之间还有距离，我们是不是也来一次零距离的亲密接触呢？让我们在毕业前的几个月里，和老师一起共同度过最美好的时光。"

师："谢谢你们坦率的发言。是的，我在准备这一课时，反反复复地读了好多遍课文，也读了《论语》，每读一遍，都会受到心灵的震颤，它告诉我怎样去做一个真正的好老师。"

[反思：设置"对话"机制，搭建"畅谈"平台，让学生在孔子思想的沐浴下，用率真与智慧激扬满腔豪情，绽放思辨花蕊。让孔老夫子的教育主张在今天的教育中得到彰显，让两千多年前的教育理念在今天宽松和谐的畅谈交流中，得到光大。在这样的课堂里，每一个学生都会在内心发出微笑的。]

教学延伸

《孔子游春》是苏教版12册中的一篇叙事文，讲述了孔子带领弟子们在泗水河边赏景、论水、谈志的故事。透过字里行间，孔子的形象音容可现。孔子不朽的言论与行动，不但孕育着过去与现代人的精神生命，而且对未来的发展都具有积极的、恒常的价值和意义。我的教学基点便是建立在这一特定的博大圆融的文化背景下的。力图通过文本引领学生倾听孔子的谆谆教诲，感受昔日圣贤的悠悠情怀和育人智慧，触摸影响中国两千多年文化的大圣人的思想脉搏，领略他至今魅力依旧的教育理念。在与传统典籍的阅读、对话和晤谈中，寻求自身在文化熏陶中心灵的顿悟，体验沉浸于传统文化中的心灵愉悦与震颤，培养更为宽阔敦厚的文化心灵。在追寻民族文化的回归之路上，感受母语的亲和、温馨，在文化的世界里，感受她的博大、精深，更加自由舒畅地吮吸她丰足的滋养，以此来成就自己对于伟大民族的文化情结！

专家点评

　　这一课的题目叫做《孔子游春》，课文描写孔子与弟子们在泗水河畔游春论志的情景。春景宜人，孔圣人与弟子们论志的情景更为动人。

　　我们知道，每一个存在的文本，固然已经具有某种内在的客观规约性，但还是给读者留存了广阔的解读空间——这使得阅读更有乐趣。因为阅读的过程就不仅仅表现为单纯地再现作者彼时彼景心境的过程，而更可以赋予读者主观的情怀与视野，获得一种再创造的快乐。每一个读者都是在这样的过程中逐渐发现并完善"自我"的。将视阈收回我们的语文课堂，我们的教师与学生其实就是读者，只不过他们的身份比较特殊，除却一般意义的阅读价值的寻求外，还有教育学层面的个性价值所指。但是，长期以来，我们的阅读教学过分囿于狭小的"教育"的空间，一味地寻求着道德教化与工具训练，反将阅读的本体忽略一旁，这就使得阅读教学难免异化变味，本应流淌其间的许多美好的因子被挥发筛滤。在这样的背景之下，祝老师提出"语文教学的文化追求"，我以为是颇具眼见与卓识的。每一个教学文本其实就是一个文化的载体，每一个阅读课堂其实就是一次文化跋涉的旅程，阅读学习的过程就是人的个体成长的历程。这样，我们的语文课堂才能跳出单纯"字词句篇、听说读写"的技能训练窠臼，迈向更为辽远的空间。

　　如果我没有领会错的话，祝老师教学《孔子游春》没有如一般教者那样，仅仅停留于文本字面所传递的信息，简单地带领学生阅读、体会泗水的美丽春景与孔子弟子的论志对话——这样处理显然是欠缺一定的思维与文化开掘的。她用心地走进又走出了文本，进行了颇具创意同时又很有效的重组与增容。

　　首先，我们可以感触到祝老师对于如何将中华母语渊源长河传递给当今儿童的拳拳之心。拥有数千年历史的汉语言在行进的路途上既一路蜕变又保持着自我，如何让今天的儿童在学习当代语言的同时了解它的过去，应该是我们语文教育者值得思考的一个命题。祝老师显然也在探索，力图通过文本找到文白语言的某种连接点，在共同的内容上感悟言说形式的差异。

课堂上祝老师补充的古文正是课文相应片段的描写，学生对照诵读，不难领会两种文字表达的异同。巧妙的是，祝老师对这一内容的设计非常妥帖地安置在课文整体的学习情境之中，"让我们也一起说——'吾与点也'"，似乎古老的语言在今天找到了知音，焕发了新的光彩。

其次，我们可以感受到祝老师对于文本中折射出的中华文化的适度开发。课文中，孔子有一段论述流水的宏论。"仁者乐山，智者乐水"，山、水都已经赋予了很多人文的因素，其本质是一种"人化的自然"。祝老师敏锐地意识到这一现象的文化内涵，在教学中，由课文的描写为引子，首先引导学生文白对照，体会孔子"从波澜起伏，奔腾不息的泗水中看到了什么，想到了什么"。在此基础上，启发学生领会我国古代文化所独有的借物喻人、托物言志的"比兴"手法。正因为拥有了一定的理性认识与感性支撑，两千多年前的先哲恍若已在眼前，他那背手面水沉思的样子竟然那样可亲。在课堂中我们跨越了时空，获得了一种心灵的融通。

再次，我们还应当感动于祝老师对于中国"文人"形象的理解与欣赏。《孔子游春》是一篇叙事文，并未突显人物形象的塑造。但是，文字间隙的孔子还是音容可现。祝老师精心引导学生将文本的相关片段进行组合，获得了关于孔子的立体形象。我以为祝老师如此操作，一方面是基于孔子这个人物在中国文化史上的意义，同时也是意欲通过对孔子这一人物的走近进而引发儿童对中国文化的关怀，哪怕是一种朦胧的脱盲性质的（针对儿童而言，其实现在的很多成人也是如此，这实在是教育的悲哀），这是最富意义的种子的埋植。

这样的课堂时时充盈着睿智，处处洋溢着温情。当孩子们的心头不断地被埋下一些种子时，他们心间的泥土也会不由自主地绽放思辨的花蕊。遗憾的是，很多教师有意无意地忽视甚至鄙视着这种儿童的哲学。祝老师把握住了这种火光，并将它们催发为可人的灵光。

学生在课堂论坛上的发言，指点江山的气魄，激扬语言的豪情，这是儿童才具有的率真与智慧，这也是孔子思想沐浴下的课堂才孕育的才情与胆识！

走出祝老师的课堂，心头萦绕着不泯的向往：语文课堂，请埋下一些种子吧！

（周益民）

在诗意的课堂徜徉

——特级教师王笑梅讲述阅读课《槐乡五月》

我们应该重建学生的学习生活，努力提高学生课堂生活的质量，让学习过程折射出七彩的光芒，使课堂成为他们体验人生的场所，梦想开始的地方。

精彩实录

师："同学们，上节课我们学习了课文《槐乡五月》，我们被课文描述的美好意境所深深陶醉。大家还记得课文最后一小节的内容吗？"

生："五月，是槐花飘香的季节，是槐乡孩子的季节。"

（板书：飘香的季节 孩子的季节）

师："为什么说'五月，是槐花飘香的季节，是槐乡孩子的季节'呢？这节课我们继续学习。"

师："大家去过槐乡吗？"

生："没有。"

师："那么，就让老师来向大家介绍一下槐乡的美景。"

"当五月姗姗而至，杨花柳絮从天空荡尽时，槐花就开放了。槐乡的山山洼洼，坡坡岗岗，似瑞雪初降，一片白茫茫，有的槐花抱在一起，近看像玉雕的圆球……整个槐乡都浸在香海中了。"

师："大家听得很入神。从老师的描述中，你看到了什么？"

生："我看到槐乡到处都是槐花，白茫茫的一片。"

生："槐花一条条挂在枝头，很漂亮。"

生："我看到孩子们跑来了，摘走了白生生的槐花。"

生："我看到小蜜蜂飞来了，采走了香的粉，酿出了甜的蜜。"

……

师："同学们听得很仔细，那么你们愿意自己来读一读这段优美的文字吗？好，请打开课本，轻轻读一读课文第一小节。"

（学生自由朗读课文第一小节）

师："读完了课文，让你感受最深的是槐花的什么特点？"（一个字描述）

生："槐花特别的香，而且很白很白。"

师："用一个字概括。"

生："香。"

生："美。"

生："白。"

生："甜。"

生："槐花一朵挨一朵。"

师："挨？"

生："不，应该是多。"

（相机板书：美 白 香 多）

师："每个人读书的感受会不一样，都有道理。"

师："你是从哪些句子中读出槐花多的特点，你和他又是从哪些词句中读出美和香的特点的？再细细地读课文，把课文中最能表现槐花这些特点的词句找出来，在下面圈圈画画，细细体味。"

师："汇报一下你们的阅读结果。你们是从哪些句子中读出来槐花的美的？"

生："'槐乡的山山洼洼……'这句话说明了槐花的多，连成一片，我仿佛看到如画一般的美景。"

生："'白茫茫'我感觉槐花特别白，也特别多，满眼都是。"

生："'抱'、'挤'都写出槐花的多，密密麻麻的感觉。"

生："我觉得'玉雕的圆球'很美，玉是晶莹剔透的。"

师："真会欣赏，那么谁能读出槐花的美呢？"

（一位学生读）

师："从他的朗读中感受到槐花的美了吗？"

生：（齐声）"感受到了。"

师："'一条一条'读慢一些，似乎在数，数也数不清；似乎在摸，摸也摸不够。"

师："像'玉雕的圆球'、像'维吾尔族姑娘的小辫儿'，这是作者眼中的槐花，你眼中的槐花是什么样的，像什么呢？你会说吗？"

（多媒体展示槐花开放的近远景画面）

生："槐花一串串洁白的花蕾，就像串串风铃在随风摇晃着。"

生："槐花的花瓣散落在地上，白白的一层，像下了一场小雪。"

生："走近看，树上一串串的槐花挂满了枝头，把槐树打扮成一个披着白色婚纱的新娘。"

生："槐花就像一串串白葡萄。"

生："摘下一朵槐花来看看，它就像一只只展翅飞翔的小白鸽。"

师："同学们眼中的槐花可真美呀！这么美的槐花把谁给吸引来了？"

（出示句子："嗡嗡嗡，小蜜蜂飞来了，采走了香的粉，酿出了甜的蜜。噼噼啪啪，孩子们跑来了，篮儿挎走白生生的槐花，心里装着喜盈盈的满足。"）

师："谁先读一读？"

（一位学生读）

师："其他同学喜欢读吗？说说为什么。"

生："因为我喜欢蜜蜂，所以我喜欢这句。"

生："很活泼，很优美。"

生："我读着就闻到香味了。"

生："我觉得这两个句子都是从声音开始，很整齐，很像诗。"

师："是啊，富有韵律美，富有节奏感，像诗一样的语言，不，其实就是一首诗。"

（分行显示）

"嗡嗡嗡……"

小蜜蜂飞来了，

采走了香的粉，

酿出了甜的蜜。

"噼噼啪啪……"

孩子们跑来了，

篮儿挎走白生生的槐花，

心里装着喜盈盈的满足。

……

师："改变了形式，还真的成了一首诗。我们一起再读一读，感受一下诗一样的韵味。"

（师生一起朗读）

师："还有谁也被槐花吸引来了？你也能像这样用诗一样的语言来描述吗？比比谁想得最独特，说得最美。咱们四人小组在下面讨论讨论，并记录下来。"

师："写完的小组派代表向大家汇报。"

生："沙沙沙，

小蝴蝶飞来啦，

在槐树上翩翩起舞呢！"

师："哟，老师的感觉还真像一首小诗，有点诗味儿。而且还学着课文里的格式，从声音开始。真不错！谁还愿意汇报？"

生："喳喳喳，

一群小鸟飞来了，

叼走了槐花花瓣，

垒成了槐花窝。"

师："多精彩的构思。"

生："蹦蹦蹦，

小蚂蚱跳来了，

跳到了槐花瓣上，

做了一个甜美的梦……"

师："连小蚂蚱都陶醉在槐花世界里，多有诗意呀！"

生："呼呼呼，

风阿姨吹来了，

摇着槐花的枝叶，

吹出阵阵槐花香。"

师："太好了，不写动物，想到了风儿，很有创意，老师都没有想到呢！"

生："滴滴滴，

小露珠滚来了，

亲吻着槐花的脸蛋，

滋润着槐花的花瓣。"

师："好美的意境啊！"

生："哈哈哈，

孩子们奔向槐花树，

唱着，跳着，

在树下尽情欢乐！"

师："多热闹啊，比课文里写得还有趣呢！看来你们都是天生的小诗人，每个人都能作诗。谢谢你们，可爱的小诗人！"

师："同学们，槐花的香你们又是从哪些词句中读出来的呢？"

生："整个槐乡都浸在香海中了，'浸'说明香气特别浓，村子都被香气浸没了。"

生："'香海'意思是香气无边无际，到处都是香味。"

师："四处的树，满眼的花，人浮在香气里，香气浸入到每一个人的心里去！真是'满树白花遮望眼，接天香气荡天来'。"

（板书：满树白花遮望眼，接天香气荡天来）

师："你们也想来夸一夸槐花吗？五月的槐乡真的是'飘香的季节'。槐花的美让我们陶醉，让我们齐读第一节，感受槐花飘香的美景。"

（师生齐读第一节）

师："'连风打的旋儿都香气扑鼻，整个槐乡都浸在香海中了'，这是怎样的一种美景啊，让我们一起走进槐乡，去欣赏槐花飘香的美景，去领略槐乡的风情。请大家接着读课文第2、3小节，读完后说说你看到了什么？感受到了什么？开始读吧！"

（学生齐读）

师："在槐乡你看到了什么？请选择一个最有意思的镜头。"

生："我看到小朋友被槐花的香气熏醉，卧在槐树下不想回家。"

生："我看到槐乡的孩子很热情，临走时送给客人蒸过晒干的槐花外加一小袋槐花新蜜。"

生："我看到做槐花饭的镜头。"

生："槐乡的小姑娘，头发上扎着槐花，手里拿的还是槐花。"

师："槐花让小姑娘更俊俏了。"

（板书：俊俏）

师："哪个同学也觉得这个镜头有意思？读一读。"

生："槐乡的小姑娘变得更俊俏了，她们的衣襟上别着槐花，发辫上戴着槐花，她们飘到哪里，哪里就会有一阵阵清香。"

师："作者写错了吧？人怎么会飘呢？"

生："小姑娘衣襟上别着槐花，发辫上戴着槐花，小姑娘一走，槐花跟着飘起来，小姑娘也跟着飘起来。"

生："小姑娘喜欢穿裙子，一跑，裙子掀起来，感觉在飘动。"

生："这里的'飘'指的是小姑娘人在走，身上槐花的香气在飘。"

生："小姑娘跑起来动作非常轻快，感觉像在飘。"

生："槐花飘香的季节，小姑娘特别兴奋，有一种飘飘然的感觉。"

生："在槐花世界里，小姑娘跑得很慢，飘飘欲仙。"

……

师："是啊，这里的'飘'是飘散的花香，是飘逸的体态，更是飘飞的心情，一个'飘'字用得多精彩呀！"

师："大大咧咧的小小子生吃槐花确实算得上槐乡的一道独特的风景线。你会欣赏吗？"

生："小小子动作大大咧咧的，不时往嘴里塞上一把。"

生："小小子手里的槐花很多，往嘴里塞，都塞不下，挂在了嘴边。"

生："甜津津、凉丝丝的花香一直渗进心底，风味独特，可真有口福呢！"

师："生吃槐花仅仅是槐乡馋嘴小小子们的专利吗？还有谁也有口福？"

（板书：口福）

师："槐花成了槐乡小姑娘独特的装饰品，槐花成了槐乡小小子解馋的食品，槐乡五月的确是孩子的季节。"

师："走进槐乡你感受到了什么？"

生："槐乡的孩子特别热情。"

生："我觉得槐乡的孩子很好客。"

（板书：好客）

师："从哪些句子读出来？"

师："不喜桃花三月艳，但爱五月遮天槐。槐花是我们槐乡孩子的宠物，它饱了我们的眼福，填了我们的肚皮，香了我们的村子，也甜了我们的生活。"

师："同学们，当我们走进槐乡，我们满眼看到的是槐花，空气中弥漫的是槐香，我们品尝的是香喷喷的槐花饭，孩子们玩的是槐花，临别赠送的还是槐花，真是名副其实的槐乡啊！槐花的美丽芬芳，槐乡孩子的热情好客，槐乡独特的乡村风情让我们陶醉，让我们产生了把槐乡介绍给更多的人的冲动。那么，就让我们和槐乡的孩子一起策划一个令人神往的槐花节吧！"

（展示画面）

师："写一份邀请书：五月请到槐乡来；

为槐花节形象大使槐花仙子设计服饰；

为槐花节提供一份槐花美食套餐；

设计欢迎标语；

为槐花节设计一条广告词；

布置设计槐花节一条街。"

……

师："现在我们一起来设计欢迎标语。'欢迎您到槐乡来'，这是最常见的一条标语，你有更新、更美、更让人心动的标语吗？分小组设计，各自写一写。"

师："写完了吗？把你们的创作成果向大家汇报一下。"

生："雪的世界，香的海洋，五月请到槐乡来。"

生："你想独享生吃槐花的野趣吗？你想体验醉卧槐树的仙境吗？那么，请到槐乡来作客。"

生："五月请到槐乡来，这里槐花满树开，槐花香，槐树美，槐乡人民喜开颜。"

生："赏槐花美景，感槐乡风情。"

……

师："心动不如行动，祝大家策划的槐花节获得圆满成功。课后请大家继续共同策划槐花节。"（点击作业画面）

教学延伸

《槐乡五月》是一篇文质兼美的散文。作者以优美形象的语言，生动地描绘了槐乡五月是槐花飘香的季节，是槐乡孩子的季节，表达了作者对美丽迷人的槐乡五月以及热情好客、淳朴可爱的槐乡孩子的喜爱。

课文的语言如同诗一样的美妙，对称句式的描绘、长句短句的错落、描述抒情的柔和，使全文呈现出鲜明的节奏感和深远的意境美。这是一首隽永的田园诗，是一幅恬适的风景画，是丰富学生的感受、增加学生的语言积累、培养学生的审美情趣的好教材。

本课的教学通过营造如诗的氛围，拨动学生心中诗的琴弦，让学生在诗意的课堂里赏景、悟情、启智。

一、个性阅读，理解"飘香的季节"，赏槐花之美，品语言之诗韵

阅读教学的过程，是每个学生潜心读书，获得个人体验和独特感受的过程；是学生、教师与文本对话、思维碰撞、情感交流的过程；是教师引导学生在阅读实践中不断实行自我建构、学习阅读促进表达的过程。对这样一篇诗一般的美文，不同的学生感受的方式各异，教学时引导学生选择最擅长的方式进行学习。

1. 自主品味悟诗韵

槐花的美让学生从不同的角度品味：一个"满"字，学生读出槐花的多；"抱"字读出了槐花的顽皮活泼；"浸"字，欣赏到文章诗的灵动。"一条一条"要读慢一些，似乎在数，数也数不清，似乎在摸，摸也摸不够；"清香，浓香，醇香"之间停顿时间要久一些，使人感觉到香气在向四周荡开……通过自主品读，读出了诗的凝练、诗的意境。

2. 个性想象萌诗兴

"像玉雕的圆球、像维吾尔族姑娘的小辫儿"这是"作者眼中的槐花"。其实每个学生的心目中都有"自己的槐花"，关键在于教师如何引导学生在阅读课文文字的基础上建构出"自己心中的槐花"，实现由阅读到创造的飞跃。教学时借助抒情的音乐、优美的媒体画面激发学生自主想象。

在孩子明净的双眸中，世界就是一首诗。孩子充满诗意的想象，是对槐花之美的再创造，是对课文文字的进一步理解和提升。

3. 个性创作表诗意

"小蜜蜂飞来了，采走了香的粉，酿出了甜的蜜。孩子们跑来了，篮儿挎走白生生的槐花，心里装着喜盈盈的满足……"学习第一小节时，大家都喜欢读描写小蜜蜂和孩子们的句子，句式整齐，字数对称，平仄相间，富有韵律美和节奏感。

童话的意境，诗一般的语言。苏霍姆林斯基说过："我千百次得到证实：缺

少了诗意的、美感的交流，孩子就不可能得到智力发展。儿童是天生的幻想家和诗人，教师的作用在于怎样营造良好的氛围，使孩子的天性挖掘、彰显出来。"

二、自主探索，领会"孩子的季节"，悟童真之趣，感乡村之诗情

以"走进槐乡，你看到了什么，感受到了什么?"统领第二个教学环节。教学时，让学生以游客的身份走进槐乡，去观察，去感受，学生读读想想，圈圈画画，说说议议，截取看到的最有意思的镜头进行汇报。这些有意思的镜头让学生真正体悟到"五月是槐乡孩子的季节"的含义。

在汇报时，大家对描写小姑娘的句子情有独钟——

"槐乡的小姑娘变得更俊俏了，她们的衣襟上别着槐花，发辫上戴着槐花，她们飘到哪里，哪里就会有一阵阵清香。"

教者抓住时机，把"飘"字当做"诗眼"来挖掘："小姑娘怎么会'飘'?作者用错了吗?"沉默片刻，孩子们眼前发亮，各抒己见，说出自己的理解。在孩子们富有童真与诗意的感悟后，教师作出富有诗意的小结。

水尝无华，相荡乃成涟漪;石本无火，相击而发灵光。在课堂中，教师通过荡水、击石，唤醒了学生心中沉睡的诗意，奏响他们心中诗的琴弦。从孩子们诗意的描述中，可以窥见学生对"五月乡村孩子之诗情画意"已经一览无余。

三、合作策划，凸显"游人的季节"，品文化之醇，感槐乡之诗境

第三个教学环节以引导学生集体策划槐花节的活动，让孩子深切感受悠远的槐乡文化和富有情趣的槐乡民俗风韵，进而把课堂推向高潮。

教师富有感染力的过渡语言让孩子们激情澎湃。伴随着热情欢快的背景音乐和跳动的"槐花节"字样的多媒体字幕，孩子们产生了把槐乡介绍给更多的人的冲动。教师趁热打铁，引导学生当场分小组自由选择感兴趣的内容讨论完成。所有创作都满含诗的凝练、诗的灵动、诗的意境、诗的韵味。

最终，一场遐想旅游让孩子们如诗般的创意得以实施，使"游人的季节"的主题得以凸显。

整堂课三个环节具有诗的节律，三大板块充满诗的情调，诗的韵味。由于教师营造了诗意的氛围，孩子们的思维求异、创新、清新、活泼、自由，充满诗的灵动，师生徜徉在诗一样美好的意境中，兴致勃勃，流连忘返。如诗的课堂深深地印刻在孩子们童年记忆的长河中。

专家点评

这节课上，王笑梅老师对教材进行了深度开发、适度延伸，从而在小课堂里创造出了大世界，创建了一个快乐而扎实的语文课堂。具体说来，这一课的特色主要表现在这样三个方面：

一、创设情境，努力使课堂富有磁性

在情境中学语文符合语言文字的学习规律，因为文章的作者总是在相关的情境中有了感触才写出这些文字的。所以，学习这些文字的最好方法自然就是将学生带回到作者所描述的情境中去。在课堂上王老师通过画面展现、音乐渲染等方法再现了槐乡五月的美景，并让学生在这样的情境中感受、体验，学习语言文字。我觉得，在情境中学的语文才会是活的语文，因为在情境中课本上的文字活了、师生的经验活了、智力活了、情感活了，精神和生命也活了。

二、突出自主，努力使课堂充满灵性

儿童智慧的生成需要足够的空间。我们应该给予儿童的心灵自由呼吸的空间，舒展生命的空间。在课堂上，王老师注意给学生尽可能大的自主空间，突出学生的主体地位，强化他们自主学习的意识。让学生仿照课文的句子放手作诗，最后由课文引申到槐花节，让学生自主选择写邀请书、设计槐花仙子、槐花美食套餐等。从学生课堂上的表现来看，学生体会到了学习的乐趣，成功的快乐。从本质上讲，教学活动带给学生的正应该是这样的心灵的解放。

三、亲近母语，努力使课堂彰显个性

语文新课标指出："语文是实践性很强的课程，应着重培养学生的语文实践能力，而培养这种能力的主要途径也应是语文实践。"学生听说读写、运用语言文字的能力，只能在相应的语言实践活动中形成。正如西方名言所说："只有打铁才能成为铁匠。"王老师在课堂上安排了大量的语言实践活动，让学生充分朗读、将文改成诗、品味"飘"字的意味等。文章的精华在词句中，我们应该向王老师那样带领学生在品读中感受语言的神韵，体会语言内在的可意会而难以言传的精神。

（施建平）

打破认知平衡　促发主动探究

——特级教师赵云峰讲述数学课《简单的统计》

教学需要情境，好的教学情境可使枯燥的、抽象的数学课堂教学变得生动、活泼、充满艺术性。教学情境的创设，要能打破学生的认知平衡，让他们的内心深处产生一种渴求，激起学生自己寻找恢复平衡的方法，从而产生主动探究的强烈欲望。

精彩实录

师："现在请大家认真观看小猴子背水果上山的课件，看完以后，回答问题：小猴子背了哪几种水果，各有多少个？"

（待学生观看完毕）

师："谁知道小猴背了哪几种水果，各有多少个？"

生1："小猴背了苹果、桃子、梨子三种水果，它们各有多少个，我没有看清楚。"

生2："赵老师，您放的课件太快了，再放慢一点，我们就能解决问题了。"

生：（异口同声）"对！将课件放慢一些。"

师："大家要求我将课件放慢一些，我尊重大家的意见，请大家再看一次。"

（教师再放一次，适当放慢播放速度，待播放完毕）

师："现在你们一定能回答刚才的问题了吧？谁来说一说？"

生："还是没有数清楚。"

师："为什么老师将课件放慢以后还不能说出正确结果呢？你们能不能想想办法，小组合作来解决这个问题呢？"

（接着小组合作讨论，待讨论完毕）

师："看来大家已找到解决问题的办法了，哪个小组先来说一说你们用的是什么办法？"

生1："我们小组认为，可以一个人统计，先画好苹果、梨子和桃子图，老师在播放时，看到掉下一个什么水果，就在哪个水果的下面做一个记号，这样就可以解决问题了。"

师："不写文字，用符号来表示，这是一种好方法！"

生2："苹果用字母中的P表示，梨子用L表示，桃子用T表示，这样掉下一个苹果就写一个P，掉下一个梨子用L表示，掉下一个桃子用T表示。"

师："这样表示也比较简捷。"

生3："我们小组合作完成，一个人记苹果个数，另一个人记梨子个数，还有记桃子的个数，再有一个人数水果的总个数。"

师："发挥集体的智慧，一定能解决这个问题！"

……

师："如果老师再让你们看一次课件，你能解决问题吗？"

生：（异口同声）现在我们有办法了！"

（接着老师重播课件，待课件播放完毕）

师："谁来说说小猴子背的苹果、梨子和桃子各有多少个？你们是怎样进行记录的？"（同时展示学生的记录单）

生：略。

师："现在我们来比较一下，谁来说说哪一种记录的方法比较适合你？为什么？如果让你再来记录一次，你会选用哪一种方法？"

生：略。

师："如果要请大家说出这些水果各有多少个，你们有办法吗？"

生："我有办法了，只要数一数相应水果下面做的记号就可以了。"

师："说得非常好！下面的表格你们能填吗？"（教师呈现如下表格让学生填表，表中的数据是老师根据学生回答后填写的）

水果名称	苹果	梨子	桃子	总数
个数	8	6	5	19

师："现在我们来仔细观察表格，谁来说一说表中的'8'表示什么？从哪儿来的？'6'和'5'呢？'19'表示什么？是怎样求出来的？"

生："这里的 8 表示小猴一共背了 8 个苹果，6 表示一共有 6 个梨子，5 表示一共有 5 个桃子，19 是这些水果的总个数，用 8 + 6 + 5 求出来的。"

教学延伸

《简单的统计》这一课我曾听过多次，听课后总觉得，有的执教老师创设的教学情境不能激发学生的学习兴趣，学生的活动不是内心的需要，带有老师强制性的被动学习。因此，我在备这节课时，思考着如何在尊重教材的前提下，重新构建学习内容，让学生在新的教学情境的诱导下，产生探索知识的学习欲望，从而促进学生的自主学习。为此，就有了"小猴背水果"的新的教学情境，从教学实践中发现，这样设计，符合学生的认知规律，也较好体现了新课程的理念。

1. 主动探究方法。新课程倡导让学生自主学习，但是在实际的教学中，我们看到的是，部分老师发出的指令性操作，是让学生依据老师的设计去活动，而不是发自学生内心需要的学习。而这节课一开始让学生观看课件，让学生从课件的观看中回答"有哪几种水果，各有多少个"的问题。由于教学情境是老师精心设计的，回答有几种水果容易，但是要回答各有几个却有一定的难度。为此，学生就有了"放慢一点，再看一次"的欲望，但是尽管放慢了一些，还是不能很快找到问题的答案，学生的认知平衡被打破，强烈的探究欲望随之而起。到此，让学生小组合作研究已成为学生的一种需要。

2. 经历统计过程。你做过的你记住了，你说过的你却忘记了！正如美国数学家哈尔莫斯指出的："学习数学的唯一方法就是做数学。""做数学"是这次数学课程改革的一个重要理念。它强调了学生学习数学是一个现实的体验、理解和反思的过程，强调了以学生为主体的学习活动对学生理解数学的重要性，认为学生的实践、探索与思考是学生理解数学的重要条件。这节课从上课开始，便让学生在解决问题的情境中，产生需要统计的意识并产生统计的策略，在收集信息、整理数据的过程中学到统计方法，利用统计后的数据作简单的分析、判断，让学生在经历统计的全过程中，养成初步的统计思想。

3. 张扬学生个性。学习是一种个性化的行为，所以我在上课时，注意尊重学生的独特感受和体验。学生在小组研究后，出现了多种记录数据的方法，但是，我没有要求学生用固定的一种方法去完成，而是让学生自己有选择地进行，从而让学生的个性得到充分体现。而在学生记录数据完毕，我让学生比较各人的记录方法，同时提出"哪一种记录的方法比较适合你？为什么？如果让你再来记录一次，你会选用哪一种方法？"的问题，让统计的策略得到优化，提升学生的思维质量。

专家点评

《简单的统计》是国标本苏教版教材一年级下册的内容，教材在学生的生活中选择了统计的题材。本节课的教学重点主要是让学生初步学会"边分类边计数"的方法进行统计。学生在一年级就开始学习统计，其核心目标是发展他们的"统计观念"，要使学生形成统计观念，最有效的方法是让他们真正投入到统计的过程中去思考有关问题。本节课较好地把握和体现了新课程标准中关于"统计观念"这一总体目标。具体体现在：

一、充分鼓励学生积极参与统计全过程

培养学生"统计观念"的首要方面是要培养学生有意识地从统计的角度去思考有关问题。本节课一开始在学生喜欢的"小猴子拉水果"的情境中采用"边分类边计数"的方法经历统计过程。教者在再次慢速播放课件时，同学们采用了小组合作学习的方式：有的小组的同学采用了在看到掉下一个什么水果，就在那个水果的下面做一个记号，采用这样的方法来亲身经历统计的全过程；也有的小组的同学采用合作完成，一个人数掉下的苹果个数，另一个人统计掉下的梨子的个数，还有一个人统计桃子的个数，还有一个人数水果的总个数，最后将前三个人数到的水果的个数合起来，与数到的水果总数比较，一样多的，就可以说明我们的统计是正确的。这样学生从统计的角度亲身经历收集、描述和分析数据的过程，并能根据数据作出合理的判断。本课让学生在讨论了解各种方法特点的基础上，让学生亲自收集、描述和分析数据，促使学生

在用统计解决实际问题的活动中逐步积累经验，并最终将经验转化为观念。

二、真正使学生成为数学学习的主人

新课程标准指出："学生是数学学习的主人，教师是数学学习的组织者、引导者和合作者。"本课设计较好地体现了这一师生角色的转变。这节课中教师引导学生经历"做数学"的过程，并在这个过程中与学生平等地交流和给以恰到好处的点拨。教师的作用，体现在营造了一个激励探索和理解的气氛，为学生提供了富有启发性的讨论模式，引导学生分享了彼此的思想和结果。

三、真实地把握并充分发挥合作学习的作用

合作学习，这种 20 世纪 70 年代在美国兴起，现如今被广泛应用的学习模式在本节课中得以充分应用。不仅有组内合作，还有组与组之间的合作，合作的范围广，效用高。在本课广泛、高效的合作学习中，学习者之间的交流、争议、意见综合有助于学习者构建起新的更高层次的理解；在合作学习的交流过程中，学习者的想法、解决问题的思路都被明确化和外显化了；在学习者为解决某个问题而进行的交流中达成对问题的共同的理解……

（丁锦华）

让冰冷的数学变得温和而美丽

——特级教师朱玉茹讲述数学新授课《分一分》

"学习是基于真实世界的体验"，创设情境，把抽象的数学知识寄托在丰富多彩的生活情境中，激趣、体验、促思。在这样的课堂里，冰冷的数学以一种温和的面孔亲近学生，变得美丽起来。

精彩实录

师："小朋友，小猴灵灵跟你们一样，也刚上一年级。有一天上数学课，大象老师让小朋友们拿出练习本做题。灵灵翻来覆去地在书包里找练习本，却怎么也找不出来，急得他满头大汗。你们猜猜是什么原因？"

生："可能他书包里的东西太多了，一时找不出来。"

生："灵灵一定很粗心，没认真找。"

师："老师把灵灵的书包也带来了，（出示灵灵的书包，并打开）大家看看，有什么感觉？"

生1："东西太乱了，怪不得他找不到练习本。"

生2："他把书啊、本子啊、铅笔、垫板啊都乱七八糟地放在一起，怎么能很快找到练习本呢？"

生3："应该把书包里的东西放整齐。"

师："那么，怎么才能把书包里的东西放整齐呢？"

生4："最好，把书与书放在一起，本子与本子放在一起，文具都放进文具盒中，那样，就好找了。"

师："也就是说，他应该把书包里的东西一类一类地整理好。像刚才××同学说的那样，把东西一类一类地整理好，这就叫做——分类。那大家能帮帮小猴灵灵，分类整理书包吗？"

（小朋友们跃跃欲试）

（教师请几个小朋友上台把灵灵书包里的东西分类整理，并说明分类的理由）

师："好！现在，我们每个小朋友也把自己的书包整理整理！整理好后，同桌交换，相互说说是怎样分类的？"

……

（录像画面呈现兴趣小组上课铃响时的情境：学生走进绘画班、书法班、足球班、舞蹈班等）

师："这些画面是我们学校的双休日活动。原本同一个班的小朋友，为什么会走到不同的教室里去？"

生1："因为他们有的喜欢画画，就去参加绘画班，有的喜欢足球，就去参加足球队了。"

生2："小朋友们喜欢什么就去参加什么班了。"

师："就是说，刚才小朋友们进教室的情况是根据小朋友们的'兴趣爱好'来分类的，对吗？"

（录像再现一组画面：书店、超市、电影院、家电商场）

师："看到这四幅画，你想跟大家说什么呀？"

生1："每个商店的东西不一样。"

生2："买书请到书店，买电视机请到家电商场。"

师："对，根据不同需要，各商店卖的东西不一样，这样的分类给人们带来了方便，这种分类方式在生活中有很多很多，能举些例子吗？"

生1："超市里吃的、穿的、用的商品是分开放的。"

生2："书店里大人的书和小孩的书是分开放的。"

生3："公共厕所也是分男生、女生的。"

……

师："分类时常出现在我们身边。现在，我们把每天用的铅笔也来分一分类。"（六人一组，把所有铅笔放在一起，自己定标准进行分类）

学生交流：

生1："我们是按颜色分的。"

生2："我们是按牌子分的。"

生3："我们是按有橡皮头和没有橡皮头分的。"

生4："我们是按 HB 和 2B 分的。"

师："小朋友积极动脑，同学间紧密合作，想出了这么多种给铅笔分类的方法，真棒！"

……

教学延伸

"数学科学是人类精神从外界借取的东西最少的创造物之一。"但儿童数学却是依赖外界东西最多的数学。思维的形成，必须从外在的可见活动开始，这既是人类数学经验的起源，也是个体智力发展的过程。于是，我们需要借助现实素材的情境创设，让学生在现实素材中，由蕴涵在经验中的非正规的数学知识，通过数学化思考，转化为抽象的概念，最终来到正规数学系统的门前。本课《分一分》的教学引发了我们对情境的创设和运用的许多思考。

1. 创造的情境要真正地贴近孩子们的生活

我们需要思考，一节数学课真正能够吸引孩子的是什么？我们所提供的情境，尤其是生活情境，是不是真正地贴近孩子们的生活？本课教材里直白地分门别类地摆放了各种商品，学生往往是依样进行分类，显示不出分类的背景和过程。而小猴灵灵的故事，是学生鲜活的生活，富有挑战性，能够打动和吸引学生。另外，情境的内容和形式要根据不同年段有所变化，对于低年级儿童，颜色、声音、动作有极大的吸引力，更多创设生动有趣的情境，如讲故事、做游戏、模拟表演、直观演示等；到了高年级，则要侧重于创设有助于学生自主学习、合作交流的情境，用数学本身的魅力去吸引学生，尽量让他们由内心的成功体验产生情感上的满足，成为推动后续学习的动力。

2. 创设情境必须目的明确，不能为情境而情境

比如本课创设灵灵急着找不到练习本，抖落书包让学生观察的情境，是为了让学会体验由于书包里东西很乱，没有分门别类整理好，从而产生分类整理的需要；接着创设让学生想法帮帮灵灵整理书包的情境，是为了使学生体验分

类的方法；最后安排的分类情境，则是培养学生分类的能力。

3. 在充分认识情境在教学中作用的同时，要防止认识上的片面性

《数学课程标准》中强调"要提供丰富的现实背景"。这个现实背景可以来源于生活，也可以来源于数学本身。情境的表现形式也应该是多种多样的，如问题情境、活动情境、虚拟的故事童话情境、竞争情境等。数学应与现实相联系，绝不是说所有数学知识都必须从生活中找素材，因为数学知识还有自身的规律让学生去掌握。

怎样把"分一分"的知识放到真实有趣的具体情境里呢？教材里，呈现的是商店里各种物品分门别类摆放有序的情境，直白地反映"分一分"以后的结果，没有分类的背景，学生不能经历分类的过程。我决定另外寻找鲜活的"分一分"的背景事实。一种现象引起了我的注意，那就是我发现一年级学生的书包大都是乱的，几乎每天上课都会有学生找不到学习用品，原因就是因为没有分类整理和有序安放学习用品。因此，我以童话故事形式模拟了小猴灵灵（因为随意乱放学习用品）在上课时找不到练习本做题的情境。灵灵在书包里翻来覆去找不到练习本，急得满头大汗的渲染是为了引起学生对原因的思考，"你们猜一猜是什么原因？"的发问，趁势引发学生把原因归结为"可能是他书包里的东西太乱了！"我把灵灵的书包拿出来打开让大家看，更推动学生把书包里的东西分类整理的愿望：

"他把书、练习本、铅笔、直尺、橡皮、垫板等都乱七八糟地放在一起，怎么能很快找到练习本呢？"

"应该把书包里的东西放整齐。"

"最好把所有课本都放在一起，本子与本子放在一起，铅笔、直尺、小刀都放进文具盒中。"

这里，分类的思想是学生自然生成的。我趁势提升学生的分类观念："也就是说，他应该把书包里的东西一类一类地整理好。像刚才××同学说的那样，把东西归一类一类地整理好，这就叫做——分类。"接着，我先组织大家帮小猴整理书包，然后再让每位小朋友整理自己的书包，这样让学生实践分类，从而掌握分类的方法。这一情境的创设，不仅使学生体验分类的意义，掌握分类的方法，而且能让学生知道分类是学习、工作、生活的需要。

在初识分类和掌握分类的方法后，我思考得更多的是如何培养学生"分一分"的能力，提高"分一分"的本领（也就是组织练习）。是按课本里练习题

的顺序一题题练呢，还是构建一个有联系的练习结构？是机械重复同一种单一的分类情境呢，还是由简单到复杂对知识适当拓展？我选择了后者，从儿童的生活经验出发，选择他们所熟悉的内容，创设了一个由简单到复杂的情境链，让学生练习分类。一群学生按兴趣小组走进活动室的情境，按商店性质分别购买商品的情境，都是学生熟知的生活。学生在其间进行分类实践，锻炼了分类的能力。最后，我创设了一个开放的学习情境，让学生把自己每天用的铅笔分类，要求六人一组，集中所有的铅笔按自己定的标准分类。这样，就为学生的个性、才能释放提供了自由的空间，每个学生都按自己的方式给铅笔分类。有按颜色分的，有按牌子分的，有按有橡皮头和没有橡皮头分的，还有按 HB 和2B 分的，学生创造的潜能得到了充分发挥。

专家点评

"数学教学是数学活动的教学"，学生的数学活动又总是在相宜的各种情境中进行的。由生活物质因素和数学因素构成的情境贯穿于活动的始终，作为载体，让学生在境、知、情的综合状态下感动、体验、思考，实现数学化，并得到充分发展。那么，创设怎样的情境呢？怎样创设情境呢？朱玉茹老师《分一分》教学中智慧的情境创设给我们许多有益的启示。

朱老师不仅善于创设各种"情趣盎然"的情境，更善于把学生的思维引到她所创设的情境中来。引导学生带着问题走向情境，同时在情境中挖掘数学本质，实现数学化。课本中分类摆放的商品固然一下子呈现了分类的"模型"，但这种直白的情境，激不起学生的思维。她慧眼捕捉住一年级学生书包普遍很乱的现象，巧妙地把"灵灵急找练习本"的情境呈现在课堂里。然后让学生思考"小猴灵灵为什么急得满头大汗找不到练习本？猜猜是什么原因？"并打开书包让学生看，诱发学生思考。因为书包里的东西放得很乱，没有分门别类整理好，从而产生分类整理的需要。朱老师一下子满足了孩子们的需要，让学生帮小猴灵灵一类一类地分类整理书包，并且让学生说说这样分类的依据，以此，让学生理解和掌握分类的方法。

"在人的心灵深处，都有一种根深蒂固的需要，这就是希望自己是一个发现者、研究者、探索者，而在儿童的精神世界中，这种需要特别强烈。"学生总是受他们自身原有知识经验、认知结构及情感性格特征的制约，在学习方式上表现出鲜明的独立性。朱老师创设了开放的学习情境，为儿童这种个性释放提供了自由的空间。开放的问题情境，开放的引导，让学生在开放的环境中体验自主、体验思考、体验成功。在学生进行按"商店分类"、"按兴趣小组"分类实践后，朱老师让学生说出在生活中许多分类的例子，特别是让学生自己定标准给每天所用的铅笔分类。这样，每个学生都可以按照自己的方式给铅笔分类，交流时，可以畅谈自己的理解、发现、体验、思考，每个人都可以发布只属于"我"的与众不同的观点、认识。在这里，结果是否正确已经并不重要，情境化赋予学生的是丰盈的过程体验。学生在老师创设的开放的情境中寻找到了个性、才能发展的独特领域和生长点，并获得成功的喜悦，这也正是朱老师创设情境的智慧所在。

朱老师追求"情境激趣，体验促思"的课堂教学，带领学生步入充满挑战、充满思考、充满情感的数学世界。在这样的课堂中，冰冷的数学以一种温和的性格亲近学生，并转化为学生的智力涵养和思维品质。学生的学习就不再是一种负担，而是一段愉快的生命历程。

（张兴华）

浸润着情感　充满着诗意

——特级教师陈萍讲述阅读课《但愿人长久》

　　"儿童的思维是艺术的、形象的，饱含着情感的思维。""没有一条富有诗意的、感情的和审美的清泉，就不可能有学生全面的智力发展。"语文教育应该是浸润着情感、充满着诗意的教育。语文课应隐化一点理性，显呈一点情感；少一点对教案的照本宣科，多一点灵感忽至时的情感释放。

精彩实录

　　师："现在我们学习课文的第二部分。"

　　生："陈老师，我有个问题，苏轼干吗要埋怨月亮呢？"

　　师："觉得挺没道理的是吗？等我们学完这一节你就明白了。轻声读读第四节，看看哪个词语给你留下了深刻的印象。"

　　生："'眼睁睁'一词给我留下了深刻的印象。"

　　生："我也是圈的'眼睁睁'这个词。"

　　师："知道这个词的意思吗？"

　　生："'眼睁睁'就是睁着眼睛，多形容发呆、没有办法或无动于衷。"

　　师："能用自己的话说说吗？"

　　生："'眼睁睁'就是只这么看着，毫无办法。"

　　师："对了，就是这个意思。同学们，中秋节快要到了，如果你的亲朋好友也远在他乡，你很思念他，会怎么做呢？"

　　生："我可以给他寄信。"

生："寄信太慢，可以发信息。"

生："也可以发 E-mail。"

生："那还不如打电话，还能听到他的声音。"

师："更加亲切对吗？"

生："如果要说很多的话还可以在网上聊天。"

生："如果想看看对方还可以进行视频聊天。"

……

师："而这些苏轼当时做得到吗？古人做得到吗？"

（学生纷纷摇头）

师："是呀，高速发展的现代科技拉近了人与人之间的距离，让我们与远在他乡甚至国外的亲人天涯咫尺；而在科技落后的古代，离开家乡后就很难与亲人联系上，往往一分别就是好多年，甚至有时分离便成了永远，所以苏轼只能眼睁睁地望着那圆圆的月亮。也正因为此，'思念家乡，思念亲人'才成了我国古典诗词中反复吟唱的主题……"

生："陈老师，我想起了一首思乡诗——'床前明月光，疑是地上霜，举头望明月，低头思故乡。'"

师："真不错，陈老师给你配上音乐，再背一遍。"

（学生不由自主地齐声背诵起《静夜思》来）

生："我想背《忆江南》……"

生："我想背《渡汉江》……"

生："我想背《泊船瓜洲》……"

生："我想背《九月九日忆山东兄弟》……"

……

师："学到这儿，你们能理解诗人的埋怨之情吗？"

生："我能理解，他是太思念弟弟才这样的。"

师："是呀，埋怨之情是苏轼思念之苦的自然流露，我们应该理解他。让我们一起有感情地读好第四自然段。"

（学生齐读第四自然段）

教学延伸

中秋节快到了，我带孩子们学习《但愿人长久》一文，这是我第二次教这篇课文，与前次相比，教学设计有了较大的改动。板书课题后，我没有以大段开场白解题、介绍出处，而是把话语权留给了学生："谁熟悉这个课题？知道它的出处吗？"孩子们举手挺踊跃的，有的说："我知道，这是一首词中的句子。"有的说："我知道这首词的名字叫《水调歌头》。"有的说："我知道，这首词是苏轼写的。"见他们懂得挺多的，我进一步追问："你们读过这首词吗？能背几句给大家听吗？"没想到要背的还真不少，有的背了最后两句，有的背了课文中引用的几句。正当我准备结束此话题时，平日就对古诗词颇感兴趣的吴添翼高高地举起了手："陈老师，我能背全文。""真的吗？"我为他的好学精神所感动，"太好了，快背给我们大家听听。""明月几时有，把酒问青天，……"虽然对词意不甚了解，感情还未能到位，吴添翼还是一字一句、煞有介事地背完了全词。我深知这样的学习积极性弥足珍贵，便牢牢抓住这一契机："是啊，古典诗词是中华文化的瑰宝，它们不仅语言优美，读来朗朗上口，而且意蕴深长，令人回味。我们一定要向吴添翼同学学习，多背一些优秀诗文，丰富自己的积累。"话中既有对吴添翼的褒奖，更寄托着我对其他同学的希冀。

初读课文，在同学们快速浏览、了解大意后，我没有习惯性地让他们分段、概括大意，而是提出了更符合孩子年龄特点及思维习惯的要求："请同学们再读一遍课文，这一回，陈老师要求你们用心去读，边读边想象，看看你的眼前出现了几幅画面？"我发现，面对这样的问题，平时不大爱发言的孩子也有了表达的愿望。在一阵阵热烈讨论的基础上，我在黑板上勾勒出三幅简笔画：第一幅，皓月当空，苏轼在院中低头踱步，思念着远方的弟弟；第二幅，渐渐西沉的月亮透过窗户射进屋来，苏轼躺在床上，望月思人；第三幅，月亮落山，晨星闪烁，苏轼挥毫写下《水调歌头》一词。见孩子们积极性挺高，我进一步提问："在这三幅图中，苏轼心情一样吗？你能从文中找出词语给这三幅图命名吗？"这回，孩子们情绪进一步高涨，一下子就找到了"思念"、"埋怨"、"宽慰"三个词，我随机板书在三幅图下。

精读课文的设计变动更大，我将以往教案中烦琐的讲解、大段的描述、浮于表面的朗读辅导一概摒弃。在学习第一、二两部分时，我让孩子们自己找感兴趣的词去研读、体会（他们圈的词集中在"心绪不宁"、"手足情深"、"形影不离"、"眼睁睁"上），并启发他们展开丰富的想象。由于这一设计从孩子的兴趣出发，调动了他们的生活经验，他们很快就走进了课文的情境中，自然而然地理解了苏轼的思念、埋怨之情。当我提及"思念亲人，思念故乡"一直是我国古典诗词中反复吟唱的主题，并准备接下去辅导感情朗读时，一向思维活跃的吴杰勋高高地举起了小手："老师，我想起了一首思乡诗——床前明月光，疑是地上霜……"虽然这不是我教案中预设的环节，我还是尊重了孩子的选择，并为他的朗诵配上了音乐（为后边范读《水调歌头》一词准备的）。"我想背！""我也想背！"顷刻间，仿佛一石激起千层浪般，孩子们潜在的诗情被激活，和着《春江花月夜》悠扬缠绵的曲调，他们一下子背诵了十几首思乡诗：《忆江南》、《渡汉江》、《泊船瓜洲》……一首接一首，争先恐后，一气呵成。这真让我吃惊不小，没想到，孩子们可以脱口而出这么多古典诗词，更没想到，语文教学原来可以如此诗意盎然！回忆了这么多思乡诗再回到课文中，我发现，孩子们的朗读更富有情感，对词人的思念之苦、埋怨之情的理解也更进了一层。

学习第三部分，在词文对照理解词意后，我怀着对浪漫主义词人苏轼的敬慕和对中国古典文学的一腔热情，一字一句地为孩子们吟诵了整首词："明月几时有，把酒问青天，不知天上宫阙，今夕是何年……"我发现，自己这声情并茂的朗读，产生了平时很难达到的直抵学生心灵的效果。他们凝神细听，似乎听懂了词人那殷切绵延的亲情思念，旷达睿智的人生理念；他们浮想联翩，仿佛随着作者进入了那月明风清、澄澈辽远的诗词境界。不知不觉中，孩子们跟着我一起吟诵起来："人有悲欢离合，月有阴晴圆缺，此事古难全。但愿人长久，千里共婵娟。"

最后，在讲完"苏轼悟出了人生的真谛，将思念之情深藏在心里，写下了'但愿人长久'的千古绝唱，表现出'千里共婵娟'的美好情怀"这一结束语后，我再次打破预设，向他们介绍了另一位积极奋发、豁达大度的诗人高适。在"莫愁前路无知己，天下谁人不识君"的感召下，孩子们又情不自禁地吟诵起"海内存知己，天涯若比邻"、"洛阳亲友如相问，一片冰心在玉壶"等脍炙人口的千古名句。至此，我和学生的感情完全融合在一起，产生了强烈的共鸣。我们甚至不知下课铃已响，只是久久地沉浸在我国古典诗词所营造的美妙境界中了。

课后，孩子们仍然热情不减，团团围住我问这问那，有的让我把《水调歌头》整首词抄给他，有的把课上想背又没有机会背的诗背给我听，有的则说出了自己的新发现：古代的许多思乡诗都与月亮有关。我为他们的钻研精神所感动，立即把《水调歌头》一词打印发放到每个孩子手中，并布置了这两项作业：1. 感情朗读、背诵《水调歌头》一词；2. 收集与月亮有关的思乡诗。

第二天，孩子们无一例外地背出了《水调歌头》全词，还带来了许多与月亮有关的古诗，除了《静夜思》、《泊船瓜洲》、《峨眉山月歌》等浅显的绝句，还有《月下独酌》、《把酒问月》等古体诗，有位同学甚至带来了张若虚的《春江花月夜》。对于这些诗词，不管孩子们能理解多少，单就他们对我国古典诗词的满腔热情，就足足让我感动许久……

我曾前后两次执教《但愿人长久》一文，第二次教学时，作了较大的改动，旨在更好地体现新课程的理念，取得更为理想的教学效果。具体说来，这次教学，我获得了以下三点启示：

一、课堂因自主而生动

《语文课程标准》指出："学生是学习和发展的主体"，语文教学应"充分激发学生的主动意识和进取精神"，倡导自主的学习方式。教师的角色，将由传授者转化为促进者，由管理者转化为引导者，由居高临下的权威转向"平等中的首席"。传统意义上的教师教和学生学将不断让位于师生互教互学，彼此将形成真正的"学习共同体"。导入部分，我让学生自主探究文题及出处，自我展示已有的积累；初读课文部分，用图文并茂的方式揭示课文大意及层次，更贴近儿童的思维习惯，便于自我意识的觉醒；精读课文部分更是如此，摒弃了以往一问一答的被动式教学方式，让学生自己寻找感兴趣的词语，想象词语所描绘的意境，使孩子们的学习积极性被大大激活，学习热情空前高涨，与诗人间的距离仿佛一下拉近了许多，对文本的理解也更加深入。只有让学生充分自主，才能营造出生动活泼的学习氛围，使教学的重心真正从"教"转移到"学"上来。

二、课堂因情意而和谐

什么是教学？过去我们曾认为，教学就是教学生学会知识和技能，而现在，这种仅仅停留于认知层面的教学已大大落后于新课程的要求。赞可夫说：

"教学法一旦触及学生的情感和意志领域，触及学生的精神需要，就能发挥高度有效的作用。"语文教育更是如此。正如袁振国先生在《理解文科教育》一文中所说的："在文科教育的过程中，教育者与受教育者之间的关系如同形和影的自然亲和，似声和响的关系相得益彰，言语对话的形式传递的是心灵交流的内容。"因此，语文课更要注重情意性。我对课前就下载、背诵《水调歌头》全词的吴添翼的褒奖，对孩子们所掌握的大量古诗词的惊叹，及对他们富有创意的答语的肯定，犹如催化剂，一次又一次地催生了学生的学习热情；而教者对《水调歌头》、《别董大》等诗词声情并茂的朗读，更是产生了直抵学生心灵的效果。虽然，这只是一堂普普通通的随堂课，由于师生情感的融入与沟通，营造了和谐统一、其乐融融的课堂学习氛围，促使孩子认知与情感的协调发展。

三、课堂因生成而精彩

教学过程是意义构建的过程，是师生对人生和世界的认识得以提升的过程，是情感的发展过程。这个过程具有多元性、不可预测性和不确定性，它强调学生的自主探究、愿望生成和合作发展，充满了生成和创造的色彩。因此，在课堂教学中，教师决不能机械地实施预定的教学设计，而要关注课堂的自主生成。根据学情，把新生成的问题作为重要的课程资源来开发，灵活地调整原有的教学设计。课中孩子们背诵思乡诗一段在教案中并未预设，大概是"'思念亲人，思念故乡'一直是我国古典诗词中反复吟唱的主题"一句触动了他们，当吴杰勋背诵《静夜思》后，我并未及时把孩子们的思维拉回文中，而是配上音乐让他再背一遍。也正是这一无形的肯定，引起了所有孩子的联想，点燃了他们的学习热情，在跃跃欲试中，他们一口气背诵了十几首思乡诗。课后思量，正是这一环节的插入，极大地激发了孩子们对中国古典诗词的热爱之情，对词人思念之苦、埋怨之情的理解也更进了一层。孩子们的学习热情也感染了我，在预设的结束语后，我又向他们介绍了另一位积极奋发、豁达大度的诗人高适及他的《别董大》，使他们对词人热爱生活、祝福人间的美好情怀的体味得到了升华。课堂教学是一个动态生成的过程，有了课堂教学中师生互动碰撞出的创造的火花，教学才会充满灵性和生命力，也才会出现这不曾预设的精彩。

专家点评

《但愿人长久》一文以故事的形式介绍了北宋大文学家苏轼词中的名篇《水调歌头》（"明月几时有"）的创作经过，叙述了苏轼由"埋怨"走向"宽慰"的心路历程。陈萍老师根据这篇课文的特点巧妙设计教学，将学习变成了充满文化气息的精神之旅。古典名诗词是我国文化宝库中的瑰宝。想象意境、感受作者的情感是古诗词教学的重点和难点。教者抓住这一关键，开始让学生根据词句想象画面，进入情境，初步体悟画面中蕴涵的款款深情。接着相机抓住研读词句过程中学生联想到的《静夜思》，引导学生回顾过去所学的其他与思念家乡、亲人相关的诗词，这些主题相近的诗词为学生理解这首词提供了广阔的背景，为学生深入体会词作者的情感作了铺垫，最后引导学生通过动情地诵读表达自己的理解和感受。课后，教者还将《水调歌头》整首词印发给学生，使教学获得进一步的拓展和延伸。在这堂课上，教者在教学中没有局限在课文提供的词句中，而是通过联系相关的诗词，拓宽教学的空间，给学生以文化的濡染。同时，在教学过程中尊重孩子生命的姿态，使学习过程成为师生共同建构的过程，使诗情、师生情融为了一体。

（施建平）

让美好的人性光辉温暖世界

——特级教师王爱华讲述阅读课《放弃射门》

在这缤纷的世界里，有一样东西，它比鲜花更灿烂，比阳光更温暖，比宝石更珍贵，那就是美好的人性！它能使冰冷的石头熔化为滚烫的热情，使坚硬的钢板锻造成柔软的抚慰，使陡峭的山路踏平成宽阔的大道。美好的人性不是抽象的，而是现实的、具体的。它定格在金杯闪耀的足球场上，在球星福勒竭尽全力冲破对方防守后而又放弃射门的那一瞬间。

精彩实录

师："福勒该不该放弃射门呢？请大家实话实说。"

生："我是名球迷，福勒不应该放弃射门。因为这场比赛的重要性不言而喻，此场的胜者将暂居联赛积分的第二名，有望在后面几轮比赛中争夺冠军。"

生："我是利物浦队老板，福勒不该放弃射门，如果这场球赛输了，我就亏了。"

生："我也是名球迷，福勒不该放弃射门，西曼在这场比赛中，为了球队的荣誉，能不顾自己的安危，拼命守门。为什么福勒要放弃射门呢？"

生："福勒放弃射门是对的。课文中告诉我们，福勒将球踢进球门，西曼肯定受伤。他让大家知道利物浦队不是只顾利益的球队。"

生："作为球员，福勒的职责就是全力出击，该为利物浦队的胜利而努力，带给球迷激动人心的享受，创下辉煌的佳绩。裁判判他罚点球是正确的，他不该放弃射门。"

生："我觉得福勒是应该放弃射门的，因为这是一种人性美。他不放弃射门，即使拿了冠军又怎样呢？他踢伤了西曼，又能得到什么样的光荣呢？如果因为他这一脚而结束了西曼的足球生涯，那么，福勒会受到良心的谴责，他会终身不安的。他为了对手的生命安全，放弃这一脚射门是崇高的。现在有些人冷酷无情，我们的社会需要像福勒这么有人性美的人，所以我们才更要珍惜这样的人性美。"（听课者报以热烈的掌声）

生："大家都知道前锋的职责就是进攻，射门，进球。福勒身为球队的前锋，他不进球，那从某种角度来说，是不是可以认为他失职呢？"

生："众所周知，足球运动是维护世界和平的运动，国际足联秘书长也说过这番话。的确，前锋的职责就是射门，但是这必须建立在对方球员不受危害的前提下，否则，即使射进球又能怎么样呢？他不是违背了组织足球运动的初衷吗？"（学生举手反驳）

生："我是利物浦队的老板，友谊第一，比赛第二。福勒作为一个职业球员，为了避免西曼受伤，放弃了这次绝佳的机会。作为老板，能买到这样的球员值得。"

生："我是《足球报》的记者。大家来讨论这个问题很有意义。如果福勒进球得分换来名利，那么便失去了人性美。有时放弃是一种崇高！福勒放弃射门是对的。"

生："我作为福勒的父亲，我想我儿子放弃射门，《足球报》的记者会给我儿子一个公平的评判。"

生："我是一个非常客观的球迷，我觉得福勒是应该放弃射门的，因为举行体育比赛就是为了取代战争维护和平。"

生："作为利物浦队的球迷，福勒的这种举动令我感到十分震撼。"

生："我是福勒的队友，我觉得他是应该放弃射门的，足球运动之所以成为国际性的比赛，能维持到现在不就是其中贯穿着人性美吗？如果福勒射门伤害了西曼不就破坏了人性美吗？"

生："福勒放弃射门让大家体会到人性美，使他俱乐部的老板更有钱赚。"

生："作为福勒的队友，我感到光荣，我从他身上感受到人性光辉的温暖。但我有个疑问，他第一次放弃射门，是为了避免西曼受伤；那他第二次放弃射门又是什么原因呢？总不会是为了自己吧。一个球员进一个球能得多少钞票呀！他进一个球可以提升自己在足球界的地位。他为什么不进这个点球呢？"

生:"刚才福勒的队友说足球运动能体现人性美。它能维持到今天是因为它有一种人性美。我记得在《足球论坛》节目中,其中人性美只占百分之五。足球其实根本不是为了人性美呀,有的球队为了赢球,甚至重金贿赂裁判,黑哨事件还少吗?"

生:"就因为人性美少了,我们才要更珍惜人性美,更加去珍惜这份情谊。"

……

教学延伸

《语文课程标准》指出:"学生是语文学习的主人,语文教学应激发学生的学习兴趣,注重培养学生自主学习的意识和习惯,为学生创设良好的自主学习情境……"《放弃射门》一课的教学实践适值新一轮课程改革的初期,我努力尝试体现"学生是语文学习的主人"这一思想。

首先是理解学生。课文的情节一波三折,扣人心弦,震撼人心。由于文本的主题十分明确,读来并不复杂,学生多读几遍就能了解事件梗概。但是对于福勒为了避免对手受伤而放弃射门这种善举所表现出来的人性美,多数学生难以理解也不能接受。学生现有的情感水平与文本倡导的价值观产生了矛盾,学生现有的情意态度必须顺应文本的情意目标,教学才是有效的,而这正是教学的重点和难点所在,也是教学过程必须揭示的、解决的核心内容。

其次是相信学生。课堂上什么最吸引学生?我以为是有价值的提问,因为可以说每一个学生都有探究未知世界的好奇心,这是作为人与生俱来的。只要教师创设适宜的教学情境,学生一定能够自己发现问题,探究问题,解决问题,而这才是真正意义上的学习。那时他们也一定是"在交流和讨论中,敢于提出自己的看法,作出自己的判断"的学习的主人,是"有思想有主见有感情的活泼好动的小主人"。教师巧妙的启发、恰到好处的引导是滋养学生发现问题的肥沃土壤。课堂上,我没有急于示范解说赛况,而是让学生自己发现同伴不是在解说而是在朗读的问题;也没有急于介绍解说的技巧,而是启发学生自己联系生活经验体会解说的方法。问题是学生自己发现的,也是学生相互讨论解决的,教师只不过起到了穿针引线的作用。同样,在讨论福勒该不该放弃射门时,学生在与文本、教师、同伴的对话中,渐渐产生了许多的问题,而且非常深刻，谁曾想到学生会提出那些问题？

再次是发展学生。学生不是知识的容器，不是文本的复读机和复印机，仅仅停留于积累、记忆层面的阅读教学是浅薄的，甚至是扼杀学生的创造力的。阅读教学的重点是培养学生具有感受、理解、欣赏和评价的能力。课堂上，我通过创设情境，激发学生说出自己的感受，暴露自己的情感；又通过研读讨论、角色体验等途径，提升学生的情感认识；再通过补充阅读，强化学生的情感认同，以此培养学生高尚的道德情操和健康的审美情趣，形成正确的价值观和积极的人生态度。整个教学过程不是教师一相情愿的道德说教，而是学生的自我修正，自我调整，自我顺应，这样，学生的知识、能力、态度及情感得到了和谐发展，语文课程的价值也得到了充分的体现。

由于学生的已有情感水平和文本表达的人物情操之间存在着必然的认知冲突，不是一会儿就能解决的。看得出，大多数学生能够理解并赞赏福勒第一次放弃射门的举动，但是有同学对他漫不经心地罚点球感到不可思议。我设计了这样的问题情境，假如你们是福勒：1. 当主裁判出示红牌要将西曼罚出场外，并判罚点球。你是怎么感动裁判修改成命的？2. 罚点球时，你踢了一个"温柔"的点球，当时是怎么想的？学生能够进行角色迁移，走进福勒的内心世界，体验人物的情感活动，理解了福勒坚持公平公正的体育道德，感受到了另一种美的人性。这时，教师顺势指导学生朗读足联秘书长的致信，并总结全课："福勒是一名真正的运动员，名副其实的世界级球星。他血肉中固有的人性美熠熠生辉。"

现代社会是信息化的社会，课堂上仅学习一篇课文是不能够满足学生的学习需要的。我补充了与文本相关的阅读材料奥林匹克之父顾拜旦的《体育颂》。在声情并茂的朗诵声中，我多想让"敬畏生命、坚持公正"这些人类美好精神的种子悄悄地钻进学生柔软而温暖的心房，和谐地生长成苍翠的生命之树，让美好的人性光辉温暖世界。

✍ 专家点评

基于新课程理念的课堂教学已由学科本位转向人的发展本位，课程实施更加关注学生的参与热情、情感体验与合作行为等，这就对我们曾经习以为常的教学方式和教学行为提出了有力的挑战。王老师跳出了原先意义的"预设"教学，给了学生更多的自主空间，努力追求对话生成的教学实施。

本课教学中，王老师着眼于学生对文本的整体把握，努力创设了激发学生主动学习的情境，以"模拟解说"诱导读书的热情，"解说"是形式，实质意在指导学生将课文读正确、流利。由于凭借了这么一个充满乐趣的手段，读书活动亦就充满了滋味，同时还了解了事件经过，初步感受了人物的美好形象，为随后的互动对话建立了厚实的基础。接着以"实话实说"情境为平台，带动起学生跟文本、同伴乃至自我的交流，在碰撞中获得启迪，引导学生结合文本和课前收集的有关资料，发表自己的观点，或赞同或否定，鼓励学生表达自己的真情实感。学生在自主而开放的学习情境中，个性化阅读文本，自由地表达独特的体验。在学生、教师、文本之间的不断互动的对话碰撞中，学习者产生了真切的角色认同，思维得以深化，语言得以砥砺，学生对"人性美"的内涵进行主动积极的深层思索，而这正是阅读教学所期待的教学境界。其间，教师表现出的对学生学习过程中独特体验的尊重也是很值得肯定的。"说服裁判"的问题情境，促进学生角色迁移，引导学生体验人物内心活动，通过学生、教师、文本之间的对话，学生在积极的思维和情感活动中，加深了对福勒放弃罚点球这一行为的深刻理解，获得了思想启迪。在学生充分表达各自独特体验和个性化理解，产生认知冲突时，当学生的思维与情感获得一定的累积后，作为教学组织者、引导者，教师发挥了价值引领作用，及时补充《美德书》、《体育颂》片段，让学生的认识获得升华，帮助学生形成正确的价值观和积极的人生态度，随即的话便成了不吐不快的"情动辞发"了。

可以看出，整课的教学都顺应了学生的心理规律，他们因而参与热情高涨，思维表现活跃，语言外化精彩就不足为奇了。

（周益民）

创建充满成长气息的课堂

——特级教师曹建忠讲述语文综合实践 活动课《我为竹乡绘蓝图》

活动是语文走向生活、走向社会的必由之路。活动可以提供表达机会，锻炼语文能力，生成智慧火花。语文教学一旦与生活结合，必将焕发出无限的生机和活力。

精彩实录

镜头一　走向竹乡都是宝

师：（导语）"上周末老师让同学们进行一次关于'家乡竹业发展'的小调查，相信大家一定很有收获吧！"

生："通过调查，我发现家乡的毛竹特别多、特别美，不愧为'中国竹子之乡'。"

生："我走访了万木林竹业有限公司，那里的竹产品可多啦！有笋罐头、竹器、竹工艺品……"

生："我上网查询了'建瓯竹子网站'，了解到有关竹子的许多知识，还下载了不少图片资料，真是大开眼界。"

生："在新区苗圃里还有许多值得观赏的竹子，有罗汉竹、观音竹、湘妃竹……"

生："我还特意到竹山去，向竹农了解了有关竹子的栽培开发与利用的知识。"

生："我到图书馆里借了不少关于毛竹的书，学到许多课本里学不到的知识。"

师："同学刚才交流的话题很广泛，主要集中在有关竹子的知识以及竹的开发、利用上，除此之外，还有别的什么？"

生："我爸爸还收藏了许多竹乐器，如竹笛子、竹快板、竹箫、竹笙……它们的声音可好听啦！"

师："可见竹子的用途很广泛，与我们的生活关系密切。"

生："我还知道少年宫和'竹艺馆'里有竹画、竹书、竹诗、竹屏等。"

师："同学们了解的知识可真多啊！听了你们的介绍，老师仿佛走进了一个绿色的宝库，感受到家乡竹子的无穷魅力与神奇……"

镜头二　风景这边独好

一、情境创设，随曲入境（激趣动情，以情激情）

"弯弯的小河、绵绵的山冈、青青的翠竹、宁静的村庄。它，就是我的故乡建瓯——中国竹子之乡……"悠扬的音乐，把学生带入了一个秀丽多姿的世界，学生边唱歌边打节拍，进入了学习的最佳状态。

二、思维链接，巧填表格（不分先后，自由选择）

"中国竹乡"宝库知多少

类别		内容或特点	用途或价值
竹子种类	天然竹	苦竹、毛竹、大节竹等	工、农、渔等行业广泛利用
	栽培竹	石竹、刚竹、酸竹等	日用竹制品、竹编家具、竹地板等
	观赏竹	罗汉竹、观音竹、湘妃竹等	竹制手工艺品、园艺用品等
竹子特性		亚热带常绿浅根树种，生长快，成材早，生命力强	调节气候、保持水土、维护生态
竹元素		氨基酸、微量元素纤维高、脂肪低	天然保健食品、防癌、减肥
竹经济		96万亩，竹种58种，竹企业188家	年产值2亿多元
竹文化		竹诗词、竹典故、竹乐器、画竹、书竹、生态游	陶冶性情，积蓄内涵

备注：任务驱动——教师可将表格先绘制好，将相关参考答案虚拟式地输入电脑中，再针对学生的发言，相机填空，以免模式化。同时，在课件制作中，力求做到图文并茂，声、色、形、像同步，便于形象感知。

镜头三　我为竹乡绘蓝图

一、根据自己的特长，围绕"我为竹乡绘蓝图"这一主题，不拘形式，自主选材，抒发情怀。

二、提供参考素材：画一幅竹乡未来的"梦"，写一则推销竹产品的广告词或解说词，介绍一种竹乐器，学编一个小竹篓，巧填一组有关竹子的成语，吟诵几句有关赞美竹的诗句，讲一段竹子的美丽传说，办一则描述竹乡巨变的小报，虚拟一个"小小竹乡博览会"，写一篇歌颂竹乡的美文（体裁不限：小诗歌、记叙文、说明文、小小说、小歌谣等）。

三、创设平台，互动交流。（片段节选）

生："我展示的是自己亲手绘的一幅画，题为《母子情深》，画面中一棵翠竹的身旁正破土长出一个春笋，风雨中它们相依为命，显得很亲近，预示着竹乡明天更美好。"

生："我手里拿着的是一座竹积木搭的竹房子，它是我心中理想的小屋，因为它是用天然的毛竹制成的，很有环保价值，住在这里四季如春，能延年益寿。"

师："你很有创意，能否给它取一个名字？"

生：（思考状）"快乐'城堡'、环保小屋。"

生："我设计了一则举办'中国竹乡博览会'的广告词，我想'全国第五届笋竹节'能在家乡举办该多好啊！因此，我把活动的主题定为'新世纪·新竹乡和我'。"

师："你为什么确定这样的主题？"

生："因为竹业是家乡的支柱产业，和早日实现小康社会有着密切的关系，举办博览会能把全国各地的商人吸引到家乡来，这样能促进家乡经济的发展。我长大了也要投身于建设竹乡新农村，为其作贡献。"

师："多么富有抱负的新一代！还有哪些同学要展示作品？"

生："我从《成语词典》、《辞海》和古诗词中找来了许多有关竹子的成语、名言佳句，请大家一同分享，并一起来完成词语串联、诗句接龙的游戏。"

学生上台，投影试题：（同学们纷纷举手，踊跃发言）

1. 巧填成语。

竹			
	竹		
		竹	
			竹

2. 趣对诗句。

(1) 山间竹笋，_____。（毛泽东）（嘴尖皮厚腹中空）

(2) _____，不可居无竹。（王安石）（宁可食无肉）

(3) 竹为树中君子，_____。（钱惟演）（鹤称食中高士）

(4) _____，古寺无人竹满轩。（苏轼）（海山兜率两茫然）

3. 填空。

(1) "岁寒三友"：_____

(2) 植物"四君子"：_____

（供选择答案：松、菊、竹、兰、梅）

4. 佳句欣赏。

(1) 酒浇胸次不能平，吐出苍竹岁峥嵘。

(2) 不随夭艳争春色，独守孤贞待岁寒。

(3) 竹海蕴财富，只待弄潮儿。

(4) 咬定青山不放松，立根原在破岩中。

　　千磨万击还坚劲，任尔东西南北风。

师："刚才同学们在轻松愉快的气氛中进行了学习交流，效果很好。可见，知识积累很重要。还有哪些同学也想来露一手？"

生："我绘了一幅儿童画，名为《巧摆竹笋宴》，这里有清水罐头、竹丝'挖底'、苦笋煲、竹荪、麻辣笋干……它们可都是天然的绿色食品，它们不仅美味可口，还可以降压、减肥，并含有许多氨基酸呢！"

师："听你这么一介绍，我还真想赴你的竹笋宴呢！"

生："我想当一名小导游，不仅让游客感受俺家乡'竹乡生态游'的乐趣，还希望通过我的介绍来宣传家乡、赞美家乡，让更多的商人到咱家乡投资开发，让家乡的致富路越走越宽。"

师："多么有思想的好孩子！来点掌声……"

附学生作品：

小快板

让我也来夸一夸

（合）竹板响，呱嗒嗒，

让我也来夸一夸。

（男）一夸竹碗竹花伞，

远销日本东南亚，

竹海弄潮顶呱呱。

（女）二夸竹垫和竹席，

可折可叠多方便，

透气散热凉身爽。

（男）三夸竹编工艺品，

竹根竹画竹文化，

人见人爱人人夸。

（女）四夸家乡竹食品，

竹荪竹笋竹罐头，

绿色食品它最佳。

（合）小康社会金光道，

携手共创早来到！

教学延伸

这节语文综合实践活动课有三个特点：

一、纵向延伸。在课前深入调查采访中，放手让学生走进竹山、竹林、竹园、竹企业、竹工艺厂、竹农的家，使学生在竹的世界里观察、实践、体验，获得学习语文的乐趣，感受一个全新的知识领域，体味竹子的经济资源、文化资源、生态资源的无穷魅力。这一环节，教师尽可能地尊重学生自主选择综合学习的内容、方式、方法和合作伙伴，使语文课程的学习不再局限于教科书，而是立足现实、就地取材，在自然、社会这一广阔的空间里，师生共同把"中国竹子之乡"这一鲜活的闽北地方活教材充实到语文的课程之中，使之成为一泓源远流长的"活水"。

二、横向拓展。语文是综合性、实践性很强的一门课程，而语文综合性学习是语文课程的重要组成部分，学习的过程与方法有更大的灵活性和自主性，这就为学生的交流提供了广阔的空间。教师正是遵循这一教学理念引导学生在独立思考获得知识的基础上，组织全班交流，使学生以我为主，自我组织、自我建构，重整他人信息，链接他人思维，形成适合自己学习语文的方式，进而达到资源共享、优势互补的目的。在交流中，学生不仅了解到竹的分布特征、品种、产量，还懂得了竹子的经营、使用价值，他们在知竹、议竹、赞竹中升华了对竹乡的热爱之情，进而萌发了誓为竹乡作贡献的美好志向。

三、灵活多变。这节课体现了语文综合课教法和学法灵活多变的特点，教师灵活地"教"，学生自主地"学"。教师不仅注重培养学生获得知识的能力，更关注他们体验学习语文全过程的态度和感情，并盘活各种信息资源解决面临的实际问题。通过观察、调查、收集、整理、思考、交流、重构，为我所用。我们从这节课不难发现，教师要始终以人为本，着眼于人的发展，把学习的主动权还给学生。从"观竹、说竹、夸竹"到"画竹、书竹、赏竹"，由个体的外部活动内化为学生的思维品质。小小画笔绘出了孩子们心中竹乡未来的蓝图，美丽的画面，让人赏心悦目："青青翠竹，形态万千，众多品种，各领风骚，幽深庭院……"好一派竹乡风光！

语文综合实践活动，不能简单地理解为获取知识或追求学习结果的呈现方式，而是打破传统的教学坐标，软化学科边缘，创设更大的思维空间，让学生能主动地进行探究性学习并注重情感的体验，凸显语文课程的实践性、学生学习的主动性、知识积累的丰富性、探索问题的多样性、教育评价的多元性，使课内与课外、校内与校外有机地结合起来，进而在综合性的学习实践中拓宽教学途径，才能使学生创新精神和个性得到和谐的发展。

专家点评

由纯粹理性向人的生活世界的回归是当今社会人类精神的一个重要发展趋向。同样，在教育教学中我们也应该引导学生走进生活世界去感受，去体验。语文是天然地与生活联系在一起的，通过语文教学建构学生与生活世界全面丰富、生动活泼的意义关系对学生的成长具有不同寻常的作用。曹建忠老师所上的《我为竹乡绘蓝图》这一课充分挖掘生活中的教学资源，选取家乡的特产——竹子作为教学内容深度开发。其实，在我们身边有许多宝贵的教育教学资源，这些资源，如果我们不去激活，它们就会始终处于一种"沉睡"状态，不能发挥应有的作用。而要发现并挖掘这些教育教学资源，则要求我们的教师具备一种重要的素质，那就是教师的职业敏感。尤其是像语文综合性学习这样一类以教师自主开发为主的课程，更需要教师在平时的生活中敏锐地发现那些可以转变为教学内容的"素材"。从本教例来看，教者不仅将竹确定为教学内容，而且还对其作了广泛而深入的了解。在课前，教者让学生自主进行"家乡竹业发展"的调查，这就将教学活动置于现实的生活背景之中，此时，他们获得的是有活力的知识。"风景这边独好"这一板块则在学生的交流中实现了知识的共享，使学生进一步了解竹子的价值以及对家乡经济的贡献，懂得了竹子与我们的生活是息息相关的。而"我为家乡绘蓝图"这一板块则为学生创造一个自由发挥的空间，学生用各种生活化的方式表达了自己对竹子、对家乡的深深爱意。本课教者让语文教学回归生活，从而实现了在生活中学语文，在语文学习中更好地生活的理想境界。我想，将来学生无论走到哪里，家乡那片翠绿的竹林一定会永远印刻在他们的心中。

（施建平）

让学生自己去探求

——特级教师周治平讲述阅读课《少年闰土》

教师应该尊重孩子生命的姿态，让学生自己去寻求，去揣摩，去发现，使他们成为课堂的主人、学习的主人，这样才能真正做到让"我"回归。

精彩实录

师："同学们，课前大家都预习了《少年闰土》这一课，你想对大家说点什么吗？"

生："我觉得闰土是个非常能干的孩子。"

生："我觉得闰土是个生活经验丰富的农村孩子。"

生："我知道闰土心中有无穷无尽的稀奇事。"

师："同学们真会读书，能从书中读懂儿时的闰土。那闰土都给'我'讲了哪些稀奇事呢？"

生："讲了四件趣事，有雪地捕鸟、海滩拾贝、看瓜刺猹、看跳鱼儿。"

师："啊，这么多有趣的事，想和作者一起去感受感受吗？好，选择你们最感兴趣的那件事读一读。"

（学生选择自己最感兴趣的内容进行有感情的朗读）

师："好，谁来说说你对哪件事最感兴趣？"

生："我对看瓜刺猹最感兴趣。"

师："好，对这段文字最感兴趣的同学请举手。（很多学生举手）难怪课文一开始就在读者的眼前呈现出一幅月夜看瓜刺猹的动人画面，让我们一起来欣赏一下这美丽的夜景吧！"

（课件出示，学生看画面，听老师配乐朗读）

师："同学们，作者只用几句话描述了画面的内容，给你们的印象怎样？"

生："很美。"

师："怎样的美呢？请同学们再读第一自然段，好好地体会体会，发挥想象，说一说闰土月下看瓜刺猹的情景。"

生："看瓜刺猹发生的时间是夜晚，当时夜空晴朗还挂着金黄的圆月。海边是一望无际的沙地，都种着碧绿的西瓜，少年闰土带着明晃晃的银项圈，举起钢叉，尽力刺猹。"

师："何等威武雄壮，英姿飒爽！简直把我们带进了一个神奇而美妙的世界。"

生："从颜色上看，有深蓝、金黄、碧绿、银色，作者抓住不同色彩来描绘，给人留下了神秘的印象。"

师："多么像一位得心应手的大画家，这些颜色在他的笔下，显得和谐柔美。"

生："这段话从天空写到地上，从海边写到瓜地，由景物写到人物，再写到动物，作者的笔是跟着观察顺序来写的。"

师："你能从描写的方位顺序来欣赏这一段，不仅学习了作者的写作技巧，而且从中体会到作者的用笔之妙。"

生："我觉得这段文字是作者为了最终突出少年闰土的勇敢而精心设计的。当我们听到'月亮底下，啦啦地响了，猹在咬瓜'时，无疑会毛骨悚然，不寒而栗，而闰土独自一人，面无惧色，勇敢刺猹，这就突出了他聪明能干、勇敢机智的形象。"

师："你的见解更高出一筹，有理有据。30 年后，'我'回忆起少年闰土来，少年英雄的形象还栩栩如生，历历在目，可见他们之间的友情是多么深厚、多么难忘。再读第四自然段，你发现了什么秘密？"

生：（读）"我发现第一自然段里只写了闰土'项带银圈'这一个外貌特征，而在厨房时管祭品的闰土是紫色的圆脸，头戴一顶小毡帽，项戴银圈，写了三个外貌特征。"

师："你会用比较法读书。这么一比，才明白作者笔下的闰土有三个特点。作者为什么不抓别的，什么乌黑的头发，黑葡萄般的眼睛等来写，而偏偏抓住这三个特点写闰土，其用意何在？谁告诉我？"

生："'紫色的圆脸'是因为闰土是一个农民的儿子，长期在户外劳动，太阳一晒，海风一吹，自然就成了紫色，紫色是肤色健康的标志。'小毡帽'据说是江浙一带人的习俗，一到冬天总是爱戴顶小毡帽。项套银圈是因为他父亲怕他死去，在神佛面前许下愿，用圈子将他套住。"

师："可见他父母非常爱他，真是可怜天下父母心！那么为什么第一自然段就只有'项带银圈'一个特征，小毡帽和紫色的圆脸跑到哪里去了呢？快把它找回来吧！"

生："也许是因为戴小毡帽会影响刺猹时动作的灵活性，所以作者避而不写。插图上也只画着一个光着头，留着长辫的清代末期的少年形象。"

师："有人说项戴银圈就妨碍刺猹，看来这样解释难以服人。"

生："没见'紫色的圆脸'，大概是因为闰土每夜都要看瓜守夜把人拖瘦了吧！"（众笑）

师："也许是吧，但也不全是。朱熹说过：'谈而不晓则思，思而不晓则读，人从书里乖。'再读第一和第四自然段，再用比较法，看月下看瓜刺猹的闰土和厨房里管祭器的闰土有什么不同？谁还能发现其中的秘密？"

生："我明白了，厨房里的闰土是冬季过年祭祖来管祭品的，当然会戴上小毡帽御寒防冻，而看瓜刺猹的闰土是在夏季，无疑头上不会戴上小毡帽。"

师："说得好。谁会在夏天里戴上一顶小毡帽呢？这有悖于情理。还有一个外貌特征跑到哪里去了？"

生："可能是作者疏忽，忘了写上'紫色的圆脸'了吧！"

师："不会吧，作者不至于这么粗心吧！"

（高声朗读）"深蓝的天空中挂着一轮金黄的圆月……"

生：（大悟）"我明白了，原来看瓜刺猹发生在夜晚，虽有圆月，但毕竟是夜晚，紫色的圆脸是难以看清的，只看得见月光下明晃晃发亮的银项圈了。"

师："这真是一语惊醒梦中人，看来不是作者粗心，只怪我们不细心。经过提示，大家都明白了为什么在第一自然段里三大特征只剩下一个的原因了吧！能不能在第一自然段里干脆连'项带银圈'也删去呢？试读一下。"

生："我用比较法读过，删去后不好。'项带银圈'是少年的专利权，如果没有这句，就看不出少年闰土的天真烂漫活泼可爱。再说月光下银项圈明晃晃更为夜色平添了几分神奇和美妙。"

师："今后读书就应该这样，不仅用口读，更要用心读，反复思考事物发生变化的方方面面的原因，特别是时令的更换和岁月的交替，往往容易影响人物外貌的变化，年年岁岁花相似，岁岁年年人不同。是啊，如果能读读原文《故乡》就会知道，无情的岁月可以改变一个人的外表，但永远改变不了'我'对闰土那颗思念的心。"

（学生点头）

师：（投影《月下刺猹图》，背诵第一自然段）"大家可曾想过，作者为什么舍得花笔墨来精心描写这一自然段，其良苦用心何在？"

生："我认为作者运用的是先声夺人的手法，像磁铁一样吸引读者非看下去不可。"

生："从中不难看出作品中的'我'与闰土之间的感情多么深厚，难怪30年后印象还是这么深刻。"

生："我认为写健康活泼的少年闰土是为了反衬那些关在四合院的少爷们。可以想象出他们是一群面黄肌瘦、四体不勤、五谷不分的书呆子。"

生："听大人说，写少年闰土是为了反衬30年后像木偶人似的闰土，用以揭露批判万恶的旧社会把人变成鬼的罪恶。可见鲁迅先生的文章是投向敌人心脏的匕首。"

师："多么精彩，你听谁说的？"

生："我爸爸，是他教我看过《故乡》的，《少年闰土》是从中节选出来的，所以我知道。"

师："你真是博学多闻，见多识广。课后大家都学他去找鲁迅的《故乡》看看，看30年后的闰土是怎样的一个人，是谁把他折磨成那个样子？看后，我们再谈谈读后感。我提议现在有感情地背诵这一自然段。"

师生："深蓝的天空中挂着一轮金黄的圆月……"

（此时此刻，师生仿佛沉浸在看瓜刺猹的月色之中）

教学延伸

朗读是理解课文的重要手段和最佳方法。在本课教学中，我充分发挥了"读"的作用，指导学生采用各种方式进行朗读，启迪学生思维，使学生仁者见仁，智者见智。并充分挖掘教材资源和内涵，发挥教材的作用，促使学生智力开发。在词句段教学过程中运用多媒体培养学生分析、综合、推理、判断的能力，而不是脱离课文，游离于课文之外另生枝节。我再三指导学生看图朗读，使学生成为"画中人"，进入角色，读出词句的意思，读出作者的思想感情，把朗读与语感培养以及课文的情境有效地联系在一起。老师带头背诵，学生跟着背，师生一起背，在背诵中教给了学生阅读和思考的方法。在处理闰土外貌的三个特征时，反复运用比较法，引导学生品味出其中的情感和含义。在此基础上促进学生语言的积累和内化。这一片段教学切实关注了学生学习中的知识与能力，过程与方法，情感、态度和价值观，这无疑是当前语文教学迫切需要解决的问题。

《少年闰土》这篇课文通过"我"对少年闰土的回忆，刻画了一个机智勇敢、聪明能干、知识丰富的农村少年形象，表达了"我"与闰土的友谊及对他的怀念之情。这篇课文先写"我"记忆中的闰土，接着写与闰土相识、相处的过程。重点写了闰土给"我"讲捕鸟、捡贝壳、看瓜刺猹和看跳鱼四件事，最后写两人的分别和友谊。在教学过程中，首先让学生谈谈自己预习课文后对闰土总的印象，并概括出课文中闰土的四件事，接着让学生自主选择感兴趣的事来朗读，并让他们对照画面学习、领悟、背诵，引导他们探寻画面、文字背后的东西，最后向学生推荐鲁迅的《故乡》。在教学过程中每一步都让学生自己去探求，自己去领悟，使课堂成为自主学习的沃土。

专家点评

《少年闰土》是小学语文教材中的传统名篇，在教学这一课时，周治平老师突破"传统"的教学程式，创新教学思路，取得了很好的教学效果。放手让学生自主学习是本课的突出特点。教者在教学中让学生自主交流预习感受，自行选择学习内容，自行探究所遇问题，使学生真正成了学习的主人。这样一片自由的天空，激发了学生飞翔的欲望，锤炼了他们飞翔的翅膀。强化认知冲突，点燃思维火花则是本课的又一特色。在教学过程中，教者让学生将第一、四两个自然段对照着读，引导学生发现作者描写闰土外貌时的异同之处，并适时点拨，让有价值的"火花""蔓延"，燃成烈火，从而将学生的思维引向深入，师生、生生在对话交流中完成了对文本的审美过程。另外，教者在本课教学中特别重视学习方法的渗透。课上，教者让学生学习运用画面想象、前后比较、边读边思、阅读原著等方法进行阅读，使学习过程变得活跃而有效。在这堂课上，教者真正将课堂还给了学生，学生在自主学习和互动分享中渐渐走近了闰土，认识了闰土，闰土的形象在学生心中鲜明地树立了起来。

（施建平）

永远住在童话里

——特级教师施建平讲述习作指导课《校园里的童话》

童年需要童话，童话属于童年。童话是儿童文学园地里的七色花，几乎每个孩子都爱童话。儿童对于童话具有天生的、不可更改的喜爱之情，其原因在于孩子们都拥有一颗无比纯真的童心。

精彩实录

（在学校的藤荫教室里，在沙沙的藤叶声中，学生间交流着各自的选材和构思）

师："同学们，刚才你们到校园里的各个地方去找童话，都找到童话了吗？"

生：（齐声）"找到了。"

师："那我们就在这藤荫教室里交流交流，说说你到校园的哪儿去找童话了？找到了什么童话素材？"

生："我在教学楼后面看到不少同学围着乒乓球台打比赛，我发现其中有个脸蛋红扑扑的小同学打得特别投入，但可能是因为学的时间还不长，老是把球打出界，他懊恼不已。看他着急的样子，我想要是有一只只赢不输的神拍就好了，所以，我想写一个关于神拍的故事。"

师："看来是你的同情心帮你找到了童话素材。"

生："桂花香把我引到了学校镜心楼前的小花园里，这里桂花开得正欢。桂花很特别，她金黄色的花朵虽然很小，但却发出浓郁的香味。于是我想，她的花朵为什么特别小，她的花香又为什么特别浓呢？我想写'桂花香的由来'。"

师："你是个爱提问的孩子，其实每个为什么的后面都藏着一个故事。"

生："学校的西围墙上长了一大片爬山虎。我记得过去施老师您带我们观察过，指导我们写过观察日记。今天，我又去细细地看了一下，我想根据它的特点，编个童话故事，讲讲爬山虎这名字是怎么来的。"

师："爬山虎这个名字特别形象，不能不让人产生丰富的联想和想象。"

生："我到学校的幼儿园去了。我在窗外看到小朋友们正各自玩自己喜欢的玩具，他们有的搭积木，有的玩汽车模型，更多的小朋友则拿着绒毛玩具……这时，正好有位家长来接孩子。那孩子拿的是一只绒毛长颈鹿。他听到爸爸喊他，便马上打开橱子，将长颈鹿塞了进去，用力关上橱门。正当这时，长颈鹿的脖子掉了出来，正好卡在了门里。这时，又传来小朋友爸爸的催促声，只见这个孩子犹豫了一下，离开了教室。看到这一幕，我想，今天晚上，长颈鹿的命运会怎样呢？玩具世界里将会发生一个怎样的故事呢？所以我想写这只长颈鹿的故事。"

师："我想，今晚学校幼儿园的玩具世界里一定会上演一出紧张而有趣的'玩具总动员'。"

生："我在学校的童话楼边找到了童话。童话楼前的水池里有一只大石龟。它的嘴里不停地喷着水。我在水池边盯着石龟看了好一会儿，渐渐地石龟仿佛活了。我想如果石龟真的活了在校园里到处跑，那会发生怎样的故事呢？"

师："石龟活了，真神奇。看来在想象世界里没有办不到的事。"

生："我们校园的花圃里开着各种各样的花，我想，如果每一朵花都是一个孩子，那么，他们会有什么故事发生呢？所以，我想编一个花孩子的故事。"

师："花孩子，多么美丽的名字，一定会是一个美妙的故事。"

生："刚才同学们在找童话素材时，我看到施老师一直在忙着启发大家，我突然想编关于施老师您的童话，我已经想好了题目，就叫《真假施老师》。"

师："好啊，我倒是很想见识见识那位假施老师。"

……

教学延伸

童话是最适合童年的一种文体。童话对于童年有着不同寻常的意义，它能使孩子保持纯真的情感、纯洁的心灵和纯美的微笑。校园是学生学习、生活的场所，看着同学们在校园中欢乐游戏的场面，听着他们欢快的笑声，我总想，要是孩子们能每天都生活在童话中那该多好啊！这一次的作文指导给我这样几点启示：

第一，教师要有职业敏感。作为语文教师，日常生活中要注意关注周围世界，并能从中敏锐地捕捉住与教学相关的事物，运用于教学。在童话节里，学校校门口放着童话节的吉祥物，100多米的甬道上画着各类童话人物，校园里到处洋溢着浓浓的童话氛围，于是，我便产生了指导学生写校园里的童话的想法。在平时的作文教学中，教师最大的烦恼就是缺乏写作素材，而其实在生活中，作文资源无处不在，关键是我们教师要善于捕捉。一旦我们具有了这样一种自觉地将看到的、听到的、想到的事物联系自己的教育教学工作的职业敏感，那么，我们不仅会获得取之不竭的作文素材，而且能获取大量的教育教学的契机。

第二，放飞学生的思绪。在作文教学的过程中，常常会遇到学生思路不畅等问题，作为教师我们要善于不断拓展教学空间，使学生能不断延伸思维的触角。在开始指导这篇习作时，由于学生身处教室，思维受到局限，所想的事物限于教室里见到的东西。在这样的情况下，我采纳了学生的提议，把他们带到操场上，使作文素材在一定程度上得到了拓展。当发现大部分同学的活动区域局限在教学和活动区时，我便让学生进一步扩大活动范围，到学校的各个角落里去寻找童话故事。随着空间的扩大，学生的素材愈来愈丰富，每个同学都找到了不同的童话素材。这使我感到，教师要善于根据教学情况即时修正自己的教学方案，以便使学生能获得尽可能大的自主空间。

第三，沟通孩子的现实世界和幻想世界。儿童文化是一种诗性文化，他们往往能在现实与幻想之间自由穿行。在生活中，他们会以自己的视角，根据自己的喜好，以童心看世界，将现实生活中的事物赋予童话色彩。在这一次学生编写的童话中，校园里的植物、雕塑、同学、老师都成了童话角色，造成了一种亦真亦幻的神奇色彩。在其间，孩子们的情感受到了陶冶，智慧得到启迪。

幻想是人类的一种珍贵的精神追求，童话是儿童美好的精神家园，幻想是人类的一种珍贵的精神追求，童话是儿童美好的精神家园，它可以带给学生心灵的解放。

在童话节里，同学们每天兴高采烈地戴着自己做的各种各样的头饰走进学校，而一走进学校的大门便踏上了一条百米长的已成为童话人物长廊的水泥甬道，甬道的一半路面已由学生用粉笔画上了著名的童话人物。每个教室也已成了童话的天地，窗户上、板报上贴着同学们的童话作品。看到整个校园已俨然成了童话世界，我想，今年的童话节何不让孩子们编编校园里的童话故事呢？于是，我决定本周的作文课就指导学生编"校园里的童话"。

"同学们，童话节里大家课上学童话、课外读童话，学校、教室也被同学们打扮成了一个童话世界。今天这一课我们学着编一个童话故事，编什么呢？我们就编'校园里的童话'。大家可以自由地选择材料，你们打算写什么呢？"在作文课上，我开门见山，揭示出本次作文的题目。"我写铅笔盒里的悄悄话。"张明看着桌上的铅笔盒说。"我写'教鞭奇遇'。"李琴看着我手里的教鞭说。"我写'课桌椅的诉说'。""我写'我有一本万能的书'。""我写'抽屉里的童话'。""我写'我有一支神奇的钢笔'。""我写'作业本的遭遇'。"……学生发言挺踊跃，但我总感觉到他们的思路不够开阔。于是我进一步启发："我们写'校园里的童话'，不要局限于教室里的东西，要想开去。我们还可以写些什么呢？""我写'墙壁的苦恼'。""我写'一只神奇的羽毛球'。"……学生又说了一些他们平时熟悉的事物。这时，我看到了平时上课十分踊跃的王军今天从看到题目开始就一直皱着眉头，我问："王军，你打算写什么？""施老师，能不能让我们到校园里去找找童话呢？"对呀，写校园里的童话为什么非得在教室里上呢？为什么不能让学生到校园里的各处去找一找童话素材呢？"王军的这个提议非常好。下面就让我们到校园里去找一找，可以一个人单独去找，也可以几个人组成一个小组去找。愿同学们都能找到属于自己的童话。"于是，我让学生走出教室到校园去找童话，要求他们10分钟后到学校的藤荫教室集中汇报找到的童话素材。开始，同学们集中在操场和教学楼附近找。所以，不一会儿便有同学来到了藤荫教室，有的同学从操场上同学们玩的丢沙包的游戏获得灵感，说是想写"沙包事件"，讲有一次同学们将沙包丢上去后，沙包竟然都没掉下来，原来它们很贪玩，去天宫里玩耍去了；有的同学看到一些同学正在操场上踢足球，说想写一只"不听话的足球"，无论大家怎么踢，它就是不肯进门；有的同学听到音乐教室里传来练唱的声音，说是想写个"小音符漫游记"，讲有个小音符觉得待在音乐书上不能动弹，太没意思了，便悄悄地从书上的五线谱上溜了下来，开始了它的漫游……显然，同学们的思路得到了拓展，所选的童话素材比在教室里新颖多了，但似乎仍然集中在与他们的学习和活动相关的事物上。于是，我让同学们扩大寻找童话素材的范围，启发他们可以到校园的各种场所、各个角落里去找寻素材。于是，同学们再一次分散到了校园各处。过了七八分钟，学生又一次陆陆续续来到藤荫教室，大家坐在藤荫下交流起自己找到的童话素材来。有的同学从学校的花圃和植物园里找到了童话故事，他们有的想写"桂花香的由来"，讲桂花为救其他的伙伴以自己的身躯挡住烈火，花瓣被烧掉了，但得到了花仙子赋予的浓香的故事；有的想写"坚强的腊梅"，讲腊梅花是怎样在严寒的冬天战胜寒风和飞雪的；有的想写"爬山虎的故事"，写爬山虎名字的由来……有的同学在学校的童话楼边找到了童话，他们有的看到楼前的大象和长颈鹿雕塑，说想写"童话楼保卫战"，讲在大象的带领下，童话楼里的动物居民们勇战想侵占童话楼的冒失国的狮子王保卫家园的故事；有的在童话楼旁的水池中找到了童话，说想写一个关于"丑蛙"的故事，讲一只相貌丑陋的青蛙通过自己辛勤的劳动改变了水池的面貌，也改变了自己的命运的故事……有的同学跑到了幼儿园，在幼儿园里找到了童话素材，有的同学说想写"神奇的六一之夜"，讲在六一节这一天我们全世界的儿童都过得非常开心，但幼儿园墙上画的孩子却不能过六一，他们很难过，于是在六一节的晚上，小天使来到了幼儿园，他拿星星棒一挥，墙上的孩子们都跳了下来，他们在幼儿园里各种玩具的陪伴下，度过了一个欢乐的六一之夜；有的同学从幼儿园的小朋友们玩的玩具中受到了启发，说是想写"一只来自美洲的犀牛"，写这一只小明爸爸从国外出差时带回来的玩具犀牛刚到幼儿园时老是欺负别的动物玩具，后来，动物玩具们联合起来终于战胜了犀牛……有的同学来到了学校的食堂，他们从食堂师傅为大家准备的饭菜中受到启发，说想写一个"大肉圆与小米粒"的故事；还有一位同学在其他同学汇报时只是看着我不说话，当同学们都汇报完后我问他时，他说想把我编进故事，写"真假施老师"的故事……在这一次作文指导过程中，全班 54 个同学每人都在校园里找到了属于他们自己的童话故事。

专家点评

　　童心是最金贵的，保护好孩子的灵性是我们在教学过程中应该十分注意的一个问题。怎样才能做到这一点呢？施老师的这堂课给了我们如下的启示：第一，顺学而导，尊重孩子的意愿。我们不能把尊重孩子只放在嘴上，而应落实到平时的教学过程中。在这堂习作指导课上，当学生提出要求去校园里找童话时，施老师没有抱住自己的教案不放，更没有对学生横加训斥，而是欣然答应，及时调整教学方案，让学生走出教室，来到校园里。其实，即使是编写童话这类虚幻的故事，同样需要从生活中获得灵感，更何况这一次让学生编写的是校园里的童话呢？施老师的顺学而导反映出他对学生的尊重，反映出平等亲和的师生关系。也正是对教学方案的即时调整，才拓展了学生的习作空间，调动了学生的写作热情，使这一次童话习作素材的多样性和个性化得到了保证。第二，走向自主，让孩子自己去找寻。现在成人世界对儿童进行的是一种近乎粗野的塑造。反映在作文教学中是给学生的写作设置了太多的条条框框。这就造成了许多学生不会在作文中说自己的话，更严重的是没有了自己的思想和情感，成了"空心人"。在这一堂课上，施老师让学生用自己的眼睛去观察，用自己的心灵去感受，用自己的大脑去思考。而教师只是在某些重要的"节点"上拓展学生的思维空间，或在学生遇到困难时给予必要的指点，这就形成了课堂上学生获取的素材越来越广、越来越奇的可喜局面。可以说正是因为给了学生充分的自主才有了这精彩纷呈的课堂。第三，变换视角，用孩子的眼睛看。从教学片段的实录来看，施老师在学生交流童话素材时，根据学生获得素材的不同经过，分别给予学生相应的肯定。从学生的交流中我们不难发现，孩子原本就是具有灵性的人，他们需要的不是被塑造，而是被唤醒、激发和升华。儿童有他们自己观察世界的视角，感受世界的方式及思考问题的方法，他们有自己的精神世界。作为教师，我们不能站在成人的角度来看待孩子的想法，我们应该用儿童的眼光来看儿童的作文。如果我们想让学生写出明澈而纯净、彰显灵性的作品，我们就必须保护好孩子的童真、童趣、童心，就需要我们在教学过程中小心翼翼地保护他们的灵性。我们应该爱护他们想说想写、敢说敢写的热情、冲动和愿望，这样，浪漫和诗意才会永远留存在他们的内心深处。

（唐铁生）

为理解而教

——特级教师蔡宏圣讲述数学课《平行》

　　恐怕没有人怀疑：只有理解，才能在数学学习中获得发展。理解的心理过程并不像我们想象的那么简单。学习的数学概念或原理，需要学习者能在心理上组织起适当的有效的认知结构，并使之成为个人内部知识网络的一部分，才会产生理解。这意味着，在学习数学概念或原理前，孩子们能在心理上组织起事理与数学本质相通的生活体验，或密切联系的相关旧知，并在相互作用中完成彼此间的沟通，形成融会贯通的整体。这些心理过程，显然不是孩子们自己所能全部独立完成的。由此，"教"也就有了充分的价值。

精彩实录

　　一、导入

　　师："孩子们，在我们的学习生活中经常遇到这样的情形（课件演示：两支铅笔从铅笔盒里掉在地上），发生了什么事情？"

　　生："铅笔掉了下来。"

　　师："请大家观察掉在地上的两支铅笔的位置，在今天的数学课上，老师相应地画成这样的两条直线（板书：两条直线），可以吗？"（课件出示相应位置的两条直线）。

　　生：（齐）"可以。"

　　师："那么两支铅笔掉在地上，还可能是什么样子呢？你也能像老师一样，把它们的位置关系画下来吗？动手之前，老师提几个要求：用水彩笔和直尺画在老师给大家的点子纸上；各种画法尽可能的不一样；在给定的时间里，比比谁的画法多。

二、交流

用实物展示台展示一个同学的画法如下（学生是在点子图中画这些直线的）：

师："我们以这个同学的画法为例，一起来分析一下。老师刚才提了要求，各种画法尽量的不一样。现在这几种画法中，真的就没有相同的画法吗？"

有的同学马上举起了手，有的同学直接喊了起来："不是。"

师："哪几种画法是相同的？为什么？"

生："第一种和第四种的画法是一样的，因为它们都有重合在一起的地方。"

师："行。老师懂你的意思，就是两条直线有一个点是重合在一起的。那也就是说，两条直线——"

生："交叉在一起。"

生："相交。"

师："很好。刚才有同学说了一个很好的词'相交'。"（板书：相交）

老师在黑板上画了"角"形状的两条直线，引导学生辨析它们是否相交。

师：（手指第三种画法）"那这两条直线相交吗？"

生："不相交。"（异口同声）

师：（板书：不相交）"我们的眼睛还没有看到相交那是肯定的，但不知把表示铅笔的线段所在的这两条直线画得长一些是什么结果？"

有的同学情不自禁地用手沿着那两条直线比画着。

生："画长一些，会相交的。"

师："从哪里看出来的？"

生："那条直线斜过来了。"

生："那条直线靠过来了。"

师："哦，老师懂大家的意思。原来两条直线之间有这么宽（指着第三组直线的下半部分），现在这条直线向这条直线靠过来了，两条直线间靠得越来越近了，按照这个趋势，它们肯定会相交。"

师："哪个同学上台，用测量数据把大家刚才观察的结果表示出来。"

一学生上台，用尺比画着直线，要测量两条直线的宽度，下面同学喊了起来。

师："哪个来帮他，大致测量一下这两条直线间的宽度有什么变化。"

又上来一个学生，顺利测量了两条直线间的宽度。

师："看上去不相交的两条直线，画长一些实际上是相交的。照这样看来，这第二组的两条直线也是相交的。"

生："不是。"（多数学生说）

师："怎么不是啊？哪个同学用测量的数据来说服我。"

学生上台测量两条直线间的宽度，并说明了：宽度没有变，两条直线一直隔着那么远，不会相交。

师："经过一番分析，看来画在点子纸上的两条直线或者相交，或者不相交。和你的同座说说，你刚才的各种画法中，哪几组直线是相交的，哪几组直线是不相交的。"

（同座间交流）

三、抽象

师："孩子们，数学与生活就是这样密不可分。刚才，我们借助掉在地的两支铅笔，了解了画在一张白纸上的两条直线间的关系，一种是相交，另种是不相交。数学上，我们把这样不相交的两条直线叫做相互平行。（板书：相互平行）。其中一条直线叫做另一条直线的平行线。"

师："我们周围的世界就是图形和线条的世界。你能从下面的图片中找出相互平行的直线吗？"

用课件出示图片：游泳池的隔离带，秋千的吊绳，地砖（两两平行四条直线）。利用"地砖图"，引导学生先找平行线，再找相交线。

师："加大难度。你能在运动前后的图形中找到相互平行的直线吗？"

课件出示：三角形的小旗。先让小旗绕着小旗尖旋转，让学生找旋转前后的小旗是否有相互平行的直线。

师："一个物体运动，除了旋转，还可以怎样？"

生："平移。"

顺着学生的回答，课件演示小旗"平移"。（课件演示：小旗晃动着移动）

生："那不是平移，平移要一动不动地移。"

师："哦，一动不动！也就是在移动过程中不能有晃动。那徒手让小旗'一动不动'地移动还真不容易。老师给要移动的小旗，像火车那么给它造一个轨道，那样移动就不会有晃动了。（课件演示：直尺靠上了小旗的旗杆，小旗沿着直尺移动）现在，你能从平移前后的图形中找到平行线吗？"

（学生边指边回答）

四、深究

师："我们是通过掉下的铅笔，认识了画在同一张白纸上两条直线之间的关系。让我们还是回到这个话题上吧，如果掉下的铅笔一支掉在地上，一支掉在凳子上，那两支铅笔所在的直线还相交吗？"（课件演示这样的情景）

生："不会。"

师："为什么？"

生："一支铅笔在上面，一支铅笔在下面。画长些，上面的还是在上面，下面的还是下面。"（一边说一边比画着）

师："嗯，真有想象力。有些同学可能还没明白，没关系。看到两支铅笔现在的位置关系，老师不由得想到了立交桥（课件出示一幅立交桥的图片），有些汽车在地面上行驶，有些汽车在立交桥面上行驶，这正如同一支铅笔掉在地上，一支掉在凳子上。好，我们现在做个模拟实验，用一个手指演示下面路面汽车的行驶路线，另一个手指演示上面路面汽车的行驶路线，从不同的方向开来，结果会怎样？"

（学生用手指演示）

师："现在要到交叉路口了，两辆汽车行驶的路线为什么不相交？"

生："一个在上面，一个在下面。"

生："它们不在一起。"

师："这样从数学的角度很自然地引出了一个话题，像这样的两条直线不相交（课件出示：上下交错的两个色块，每个色块中有一条直线，表示异面的直线），是因为什么？"

生："一条直线在上面，一条直线在下面。"

师："对，用数学上的说法，叫做'不在同一平面内'。"

师："那相互平行的两条直线不相交，难道也是因为不在同一平面内吗？"（课件出示前面几幅图片中的平行线，并用一个色块做背景）

生："不是。它们是在一起的。"

师："看来，判断两条直线是不是平行线，还有一个很重要的前提条件，那就是首先要判断两条直线是不是在'同一平面内'。"（板书）

（根据教室里的情况，引导学生判断异面的直线是否平行，并说说为什么）

五、操作

师："学到这里，大家对同一平面上两条直线之间的关系理解很透彻了。但学习数学不仅要会观察、善思考，如果还能动手做，那就更出色了。你们能画平行线吗？实际上，很多同学在课的一开始，就已经会画不相交的两条直线了，只不过那时还不知道那叫平行线。下面的操作，老师提高要求：一边画，一边总结画平行线你用了哪几步？"

（学生试画，绝大多数学生徒手移动直尺，有几个学生用两把尺比画着）

师："说说，你是怎样画一组平行线的？"

生："先画一条直线，然后再画一条。"

师（随学生回答，板书：画再画，手指板书）"那你在这两步之间就没有做什么吗？"

生："把尺这样。"（学生边说边把尺移动）

师："哪个同学帮助他表达？"

生："移动。"

生："平移。"

师（随学生回答，板书：平移）"哎，老师刚才听到有同学这样说：要平移！那非要平移吗？为什么？"

生："不平移的话，直线就会画斜的。"

师："那怎么才能保证直尺是平移？"

生："我会。"

（学生上台演示：先用直尺画了一条直线，然后用另一把直尺靠在这把尺的上面，并沿着直线延长的方向移动，最后沿着这把移动直尺的另一条边画了另一条直线）

师："第一个来尝试平移的，迈出了伟大的第一步。不过，对他的平移，你有什么想说的吗？"

（学生皱着眉，琢磨着）

生："他那个尺放在那里不动，靠着尺在上面画一条直线，再在下面画一条直线，也可以的。"

师："对，这个同学讲到点子上了。看来搞清移动那把直尺还是很重要的。大家看，画的第一条直线是横平的，那和它平行的另一条直线或者在它上面，或者在它下面，也就是说要把画直线的尺上下平移。哪个同学给这把直尺找到了平移的轨道了？"

（学生上台正确地演示）

师："很好，要在画直线的直尺移动的方向上造轨道。现在，大家能用这样的方法画平行线吗？"

（学生尝试，并交流还有什么为难之处，或者要注意的地方）

六、冲浪

师："本课最后一起来个'智力大冲浪'，敢不敢？"

随学生回答，出示并完成练习：

想想、摆摆、填填（也可以摆摆、画画、想想、填填）。

第1根小棒和第2根小棒平行，第3根小棒和第2根小棒平行，那第1根和第3根小棒（　　）。

第1根小棒和第2根小棒平行，第3根小棒和第2根小棒相交，那第1根和第3根小棒（　　）。

先摆一组平行线，再在不同方向上又摆一组平行线，可能会摆成（　　）图形。摆成的这些图形有什么共同之处？不能摆出哪些四边形？

教学延伸

几何知识中，点、线、面是最基本的要素。平行研究的是同一平面内两条直线间的关系，它是在学生已经认识了线段、射线、直线和角等概念的基础上学习的，也是进一步学习"空间与图形"领域知识的重要基础之一。认识了平行，学生也就能更好地把握各种平面图形的特征，更好地体会生活中线的位置关系。教材主要分成了两段，首先体会平行的特点，其次学习画平行线。两段教材各有不同的侧重点。第一段教材主要紧密结合具体的生活情境，让学生充分感知两条直线的平行关系。第二段教材，旨在让学生在丰富的操作活动中体验平行线的特点。

教学从"掉在地上的两支铅笔"入手，不仅仅想阐释数学来源于生活的理念，更重要的初衷是通过"掉在地上的两支铅笔还可能是什么样"的问题，调动起学生所有的经验储备，进而使他们体会到：两条直线的关系无非是相交和不相交（虽说也有"重合"，但在数学中，两条重合的直线，对于讨论两条直线间的关系毫无意义）。在此基础上，学生对"两条直线间的关系"以及"平行"间的种属关系，也就有了把握。在教学过程中，怎么处理"同一平面"我斟酌了几番。首先可以肯定的是，理解"同一平面"是绕不开的坎，不能不讲，但形式化的讲解，似乎并不能促进孩子们对此的理解。讲得过于深刻，也没有必要，有违于课改"学有价值的数学"的基本理念。因为在整个小学阶段，除"平行"外，其他数学概念或原理的学习，都无须特别强调"同一平面"。教学中对此的处理，重在让学生利用具体的生活事理支撑起抽象数学术语的理解。从学生学习的视角来看，数学术语、数学定义只是数学概念外在的表征形式，为人们交流和认识数学概念提供了工具和抓手，在孩子们的内心世界，他们是不大可能用这些词语、命题的方式来建构自己对于抽象概念的理解的。因而鲜活而又贴切的表象应该是其间最活跃的心理中介，所谓深入浅出的心理学意义也就在此，这样的做法显然更符合孩子们理解抽象概念的心理过程。

此段教学中，动了点"小手术"，引入了生活概念"两条直线之间的宽"。数学概念的学习，终究要走向判断和推理。两条直线间的宽度有一丝变化，就有靠得越来越近的趋势，两条直线就会相交。可见，引入了"宽度"的说法，学生的判断和推理就有了更好的依托。相比而言，仅仅依靠"平行"定义中"不相交"的属性进行判断和推理就有些苍白。公理化是数学的本质特征之一，《几何原本》的最终原点也是无须证明的世人公认的事实。因而，虽然"宽度"的说法并不科学，但并不妨碍孩子们以此为基础，进行富有逻辑的推理，这样，对"平行"的理解无疑更深入。

引入"两条直线间的宽度"，还有一个妙处是创造了数学操作技能的另一种境地。在很多时候，数学操作技能的教学似乎只有"讲解——示范——模仿——训练"，没有新的可能。这样的状况一方面缘于我们通常认为数学技能是纯粹的动作技能，而漠视了其中的智慧性。另一方面缘于知识的教学不能很好地为技能的展开提供有力的支持。例如，依据平行定义中揭示的"不相交"

的特征，学生就很难琢磨怎样画出"不相交的直线"。也正因为如此，我们引入了"两条直线间的宽度"，有了这个认识做基础，学生就能由此思考，用三角尺画平行线时，要保证两条直线间的宽度不变，三角尺就要平移，徒手平移就要有"轨道"。这样，画平行线的技能就转化为了怎样给移动的三角尺造"轨道"。为此，教学中专门作了铺垫，"在旋转、平移前后的图形中找平行线"，打通了"图形的平移"和"直线（线段）的平行"间的关系。知识间的关系不断被发现，就注定了学习的过程是理解的触角不断扩展的过程。因而，画平行线技能的习得就不再是模仿和机械训练的过程，而变得富有理解的乐趣。

教学的焦点凝聚于"理解"，练习设计的立意就凸显了怎样沟通学生的所学。不同的方向摆平行线，意图就在于引导学生从"平行"的视角整合已学的四边形知识。

全课的立意，如果不得不归结成一句话，那就是：技能和知识本是"同根"，有了知识的支撑，技能完全可能是学生心智生长的结晶，技能的学习过程完全可以富有生命成长的气息。

专家点评

平行的本质是"间距处处相等"或"方向相同"。在学习本课前，学生已经积累了与平行本质相关的生活经验，如何把学生头脑中的"生活数学"上升为"规范数学"是本节课的主要任务。从这个角度来认识，教者将本节课教学的焦点凝聚为"理解"二字是符合学生实际的。教者引入"宽度"这一学生容易理解的直观语词，帮助学生深入理解平行定义，是本课的一大亮点。对"交流"部分开头呈现的第三组画法，学生虽然没有看到交点，但是发现"那条直线斜过来了"、"那条直线靠过来了"，它们不符合"宽度处处相等"的规则，则由此作出了推断：只要把两线画得足够长，它们就一定会相交。对第二组画法，由"宽度处处相等"推出"不相交"。这样在一张纸上，"不相交的两条直线"就等同于"宽度处处相等的两条直线"，称这样的两条直线相互平行，与学生的生活经验完全一致。因此，新知识在学生原有认知结构中找到了固着点。在画平行线时，之所以要给移动尺造一个"轨道"，目的是使得它在移动过程中不会左右摇晃，以保证平行线"宽度处处相等"的要求。这样，画平行线，就不仅是一种纯粹的操作技能，而且是一种智慧含量较高的心智活动，知识和技能在这个过程中得到了融通。本节课借助"宽度"这个生活语词，使得生活与数学、平移与平行、知识与技能得到贯通、达到平衡，体现了教者提出的"和谐数学教育"理念。最后提两点建议：一是用测量法说明第三组画法中"两线间宽度有变化"难以操作，因为只有平行线之间的"宽度"才可具体测量，改用观察法处理可能更为可行。二是在用直观方法得出"不在同一平面内的两条不相交直线也不是平行线"的结论基础上，进一步用"宽度"说明，是因为它们不满足"宽度处处相等"的要求，这样结论的得出就有了推理的特征，因而更能使学生信服。

（孙国春）

在情境中感受民族音乐文化

——特级教师黄美华讲述音乐综合课《彝族风情》

音乐是人类社会生活中的文化根基，它既是一种艺术现象，也是一种文化现象。因此，音乐教育不仅是对音乐的学习，也是对文化的学习。在情境中感受、学习中国民族民间音乐，可以更好地激发学生主动参与音乐活动的愿望，引导学生在精心创设的充满文化韵味的情境中进入美的境界，创造美的果实。

精彩实录

师："老师暑假去了一趟彝族人聚居的山区，这里到处都是绿油油的大山，（出示幻灯）真美啊！正当我出神欣赏的时候，突然听到有一群彝族小孩对着对面山头的小伙伴唱歌，他们是用彝族语唱的，你们来听一听，他们唱了些什么？（老师唱）阿西里西，阿西里西，丘都者那的丘都者。丘都拉迪嗡啊嗡啊，哎呀，丘都者马翁阿吱翁。"

师："听懂了吗?"

生："没有。"

师："同学们不太熟悉彝族语，老师再唱一遍。（夹杂汉语唱）阿西里西，阿西里西，大家快来做游戏。丘都拉迪嗡啊嗡啊，哎呀，大家快来做游戏。是一首什么样的歌曲？"

生："是呼唤同伴一起来做游戏的民歌。"

生："里面还用了一些民歌的衬词。"

师："你觉得哪些是它的衬词?"

生："像'丘都拉迪……'就是它的衬词。"

师："你说得很好。（唱）'丘都拉迪嗡啊嗡啊'就是彝族民歌中表现欢乐情绪的衬词。还有什么不明白的地方？"

生："'阿西里西'是什么意思？"

师："'阿西里西'不是衬词。联系歌曲内容猜一猜，是什么意思呢？"

生："我觉得应该是'伙伴们啊'的意思。"

师："八九不离十了。"

生："向小伙伴问好的意思。"

师："'阿西里西'的意思是'我们是好朋友'。现在我们学一学彝族小朋友向对面山头上的小伙伴发出邀请——（拉长声音唱）阿西里西！阿西里西！大家快来做游戏……"

生：（齐唱）"阿西里西！阿西里西！大家快来做游戏……"

师："彝族人住在山区，从这座山到那座山有很远的距离。我们怎样唱，才能让远处的小伙伴听到呢？"

生："将手变成这样。"（两手在嘴前做喇叭状）

师："加一个扩音器把我们的声音放大。"

生："声音要唱得高传得远！"

师："在操场上，我们要呼唤远处的一个同学，应该怎么喊？"

生："嘴巴张得圆圆的，将声音拖得长长的。哎——"

师："我们一起来学一学！注意观察老师的面部表情，用了哪些器官帮助声音传得很远？"

生："眉毛上扬。"

生："眼睛亮亮的。"

师："和老师一起用歌声呼唤小伙伴。（慢唱）阿西里西——"

生：（齐唱）"阿西里西——"

师："大家知道，山上有一些大树，虽然周围泥土很少，它依然长得很稳固，这是因为它的根——"

生："扎得很深。"

师："要想唱得好，我们应该学习大树，把气送得深一点。我们再来唱一唱。"

生：（唱）"阿西里西！阿西里西！大家快来做游戏……"

师："彝族人居住的山区空灵悠远，我们站在山头向远处呼唤，大山里就传来了美妙的——"

生："回声。"

师："现在老师面前就是空灵悠远的山谷，我唱《阿西里西》，你们做我的回声。"

（师生练习）

师："你们觉得回声和原来的声音有什么区别？"

生："小一些。"

师："应该用一个什么词？"

生："弱。"

师："要弱一些。因为声音经过了这么长的路，会有一些消耗。"

（师生练习，生生练习）

师："山谷中的回声是此起彼伏的，并不是等一句唱完后，回声才传过来的。你们觉得应该怎样表现呢？"

生："我们唱到一半的时候，他们就开始唱。"

师："具体说说。"

生："在'西'字上加进来。"

师："也就是比高声部慢一个小节。"

生："也可以在一句唱完之后，另外一个声部加入。"

（学生练习）

师："彝族人热情好客，能歌善舞。晚上，月亮升起，银色的光辉洒满大地，彝族人聚集在篝火周围，邀请老师一起参加他们的'跳月舞'会。（出示幻灯）你们见过彝族人'跳月'吗？"

生："没有。"

师："猜一猜他们会怎么跳？"

生："手拉手围在一起跳。"

师："今天黄老师带来了一首《阿细跳月》，阿细是彝族人对自己的称呼。我们可以从乐曲中细细体味舞蹈的美以及人们舞蹈时的欢乐心情。"（播放音乐）

生："非常欢快。"

生："音乐有的地方比较缓慢抒情，就像人们经过激烈舞蹈之后要休息一下。"

生："前面比较激烈的部分让我觉得像彝族的小伙子在跳，后面比较柔和舒缓的部分应该是彝族的姑娘们在跳。"

师："你能来学一学吗？"

生："小伙子很有劲，应该这样跳（学生学跳），姑娘们的动作比较柔软。（学生学跳）。最后音乐越来越热烈欢腾，就好像小伙子们和姑娘们一起跳。"

生："很多乐器一起演奏，让我感觉有很多人在一起跳。"

生："音乐中加入了很多打击乐器，就好像有很多人拿着乐器在为舞蹈伴奏。"

师："我们一起来参加彝族人的跳月舞会。跳月舞有一个特定的步伐——跑三步，停两拍，原地钩脚，蹬两下。一二三四五——我们来学学！"

（学生学跳）

师："大人喜欢跳月，孩子们也喜欢。这首《撒尼少年跳月来》就是用童声合唱的形式表现了孩子们跳月的场面（撒尼是彝族的一个支系）。请大家仔细欣赏，当你听到表现跳月舞特有的五拍子节奏时，就加入他们的队伍随着歌曲跳一跳。然后再想一想，我们怎样将《阿西里西》加以变化来表现彝族人跳舞的场面。"（学生和着音乐跳舞）

生："改变节拍，将《阿西里西》变为五拍子。"

生："用轮唱形式。"

生："速度加快。"

生："加衬词伴唱。"

生："在句尾加上跺脚和拍手。"

（学生边说，教师边指导练习）

师："彝族最隆重的节日是火把节，一般在 7 月 8—9 日左右举行。每逢节日，各地的彝族人都要身穿节日盛装，举着火把边唱边跳，一条条长长的火龙，把村村寨寨映得通红。"

（学生欣赏教师用《阿西里西》的旋律改编的《火把节之夜》）

生："阿西里西。"

师："有没有听到熟悉的旋律？"

生："有点像《阿西里西》的音乐。"

师："有点像？能确定吗？现在请大家听到《阿西里西》的主题就跟着唱

一唱。注意听音乐中的变化，一共变了几次？"

生："一共变了三次。"

生："速度比较快。"

生："节奏改变了。"

生："音乐越来越热烈，速度越来越快了。"

师："在音乐中我们听到了很多熟悉的音乐元素。彝族人参加火把节狂欢时，不仅边舞边唱，而且还加上跺脚和高声呼叫，情绪激越。我们应该在第几遍音乐中加入'嘿嘿'，使气氛达到高潮。"

生："第二遍和第三遍都加。"

生："第三遍。"

师："两种都试一试。"

（通过演唱比较，发现在第三遍的乐句末加上"嘿嘿"和跺脚，更能表现火把节的热烈气氛。师生一起表现）

师："现在我们一起走进彝族村寨和那里的人们过一个欢乐的火把节。天渐渐地黑了，圆圆的月亮像一个大银盘挂在天上，皎洁的月光洒满大地——"

（音乐起，教师指挥学生三声部合唱：圆圆的月亮出来了！出来了！出来了！）

师："呦哦——"（师生一起完成三遍变奏，表现快乐的火把节）

师："夜深了，人们带着满足和喜悦向家里走去，周围渐渐安静下来，只有《阿西里西》的歌声还在山谷间轻轻地回荡。"（老师指挥慢速唱"阿西里西——"）

教学延伸

音乐是人类文化的重要载体，她凝聚了人类的智慧、才能、天赋、人格、情感等。音乐又是最情感的艺术，她在表达人类心声，抒发人们情感等方面具有不可替代的作用。作为音乐文化宝库中的瑰宝——民歌，却一直得不到现代孩子的青睐，他们不喜欢听，更不喜欢唱，他们认为这些歌曲和现代生活有一定的距离，代表的是过去，一点儿也不时尚。在本课中，我选择了一首彝族民歌，期望通过情境的创设与优化，让学生感受了解独特的民族风情，尊重不同民族的习俗，进而喜欢祖国的民歌，爱唱祖国的民歌。

一、在情境中感受民歌的起源

鲁迅先生说，原始人劳动时发出的"哼唷哼唷"声音就是最早的民歌。可见，民歌的起源与人类的发展紧密联系。每一首民歌的诞生都是人类智慧的结晶，是人类文化的积淀，每一首民歌的流传，都经过了时间和历史的考验。《阿西里西》是一首彝族小伙伴邀请对方做游戏的歌曲。我利用自己暑假旅游去过彝族山区的有利条件，用生动的语言和可感的画面创设了彝族大山的情境，然后用彝族语言模仿彝族小孩对着对面山头的小伙伴唱歌，请学生猜一猜唱了什么。很多孩子都摇头表示不懂。但是置身于情境中的孩子，眼神里充满了渴求，教师抓住机会又夹杂汉语唱了一遍，孩子边听边猜，很快弄懂了"阿西里西"、"丘都拉迪嗡啊嗡啊"等彝语的含义。在老师语言和眼前画面的协同作用下，他们仿佛变成了彝族的孩子，把双手放在嘴边做喇叭状，对着对面山头的小伙伴唱歌，用高位置、拖得长长的声音向对方发出邀请——来做游戏，在情境中感悟了歌曲的情感，理解了民歌的起源，为进一步唱好歌曲作了铺垫。

二、在情境中感受歌舞文化

彝族音乐丰富多彩，歌曲、舞蹈、器乐更是优美动人，具有鲜明独特的艺术风格。但是彝族的歌舞种类繁多，内容丰富，如何在一节课中，让学生初步了解富有特色的彝族歌舞呢？我通过查阅资料，反复比较，选择了富有特色的彝族"跳月舞"，这个舞蹈的节拍是特殊的5/4拍，它历史悠久，具有代表性。在1954年，该舞蹈曾作为我国优秀的民间舞蹈到波兰华沙参加第三届世界青年联欢节，引起轰动。

音乐情境更多的源自音乐本身，或者说，音乐本身就具有情境性，音乐以其独特的词汇即音乐的运动营造了一种能激活人浮想联翩的情境。因此，我选择了民乐合奏《阿细跳月》，引导学生在乐曲音色、调性、速度的变化中感受舞蹈的变化。创设情境参加彝族人的篝火晚会，在最后两拍上蹬脚、拍手，感受彝族的歌舞文化。为了及时了解孩子对"跳月舞"的掌握，我又选择了一首童声合唱《撒尼少年跳月来》让学生欣赏。撒尼是彝族的一个支系，我创设了和撒尼少年跳舞的情境：当听到五拍子的音乐时，就站起来和撒尼族孩子一起跳"跳月舞"。看到孩子们"闻乐起舞"，我不禁想起一位教育家曾经说过："没有学生自己感官的多次活动，知识是不可能转化为能力的。"在情境中学习，学生的各种感官交叉活动，神经中枢始终处于兴奋状态，对知识的理解和掌握也就深刻了。

三、在情境中感受民族节日文化

彝族是一个火的民族，彝族最隆重的节日就是火把节。"火把节"期间的彝族地区是一块被火把烧红的土地。如何让学生在音乐中感受节日的欢腾和人们的激情。我将《阿西里西》的音乐进行了改编，选取了主要的音乐元素，运用5/4拍，在MIDI上制作了一段"火把节之夜"的音乐。欢快的节奏、跳跃的音符、激荡的旋律，一下子抓住了孩子们的心，他们在音乐中寻找熟悉的音乐元素"阿西里西"演唱，在五拍子的音乐中跳舞、踩脚、呼喊，尽情体验着彝族人在火把节中的激越与奔放。创设情境，即教师充分调动学生的主观能动性，帮助学生感受音乐，身心俱在地投入音乐活动，促使他们主动积极地学习。同时也要努力地借助各种手段形成一个广阔的心理场作用于儿童心理，让他们在充分感受音乐意境的基础上，创造性地想象，创造性地用语言、动作、歌唱等方式表达自己对音乐的感受，提升创造表现能力。

四、教师要有"大文化"的胸怀

"弘扬民族音乐，理解多元文化"是音乐教育的重要价值观之一。《音乐课程标准》指出："世界的和平与发展有赖于对不同民族文化的理解和尊重。在强调弘扬民族音乐的同时，还应以开阔的视野，学习、理解和尊重世界其他国家和民族的音乐文化，通过音乐教学使学生树立平等的多元文化价值观，以利于我们共享人类文明的一切优秀成果。"我们正处在一个多元的世界，作为音乐文化使者的音乐教师，应该有"大文化"的胸怀，广泛地吸收世界上优秀音乐文化，开阔我们的音乐教育视野，丰富音乐教育的内涵，和我们的孩子一起共享人类音乐文明的优秀成果，为孩子终身喜欢音乐、学习音乐、享受音乐奠定基础。

专家点评

传统的音乐教学往往侧重于知识的传授、技能的训练。经过这种音乐训练的孩子往往只是学会了唱几支歌，而对音乐本身缺乏兴趣，缺少"感觉"。黄美华老师在这堂音乐课上，努力突破传统的音乐教学模式，让学生在情境中立体地感受音乐，从而使音乐课焕发出了无穷的活力，使教室成了充满魅力的音乐殿堂。兴趣是最好的老师，是学习的动力，也是学生能否真正享受音乐，用音乐丰富人生的前提。上课伊始，教者就创设了一个小伙伴们对歌的情境，师生间以山谷中的回声来呼应。在课堂上，学生还学起了少数民族的"跳月舞"，这就使原本普通而简单的歌曲和舞蹈拥有了生命，学生被深深地吸引到作品所特定的背景情境之中。整堂课上学生学得兴致勃勃，趣味盎然，课堂成了流淌着欢快精神的小溪。而教者没有将学习的快乐停留在表层，而是将其引向学生的内心，让学生用心灵去感受，引导学生在情境中充分体验音乐，这种体验有想象性的，也有互动性的……在这节课上，教者把课上到了学生的心里，学生获得了审美的愉悦。其实，音乐作为人类的第二语言，与人的心是相通的，它能进入人的内心，触及人的灵魂。在黄老师的这堂课上，学生在情境中尽情地感受、体验、表现音乐，真正地走进了音乐世界，我们也仿佛听到孩子们的心儿在歌唱。

（施建平）

引导学生用心灵感受美

——青年名师李伟忠讲述阅读课《鼎湖山听泉》

美在语文中。语文用美的语言描绘美的场景，塑造美的形象，表达美的情感。让我们将学生带入美的情境中，获取美的感受，接受美的洗礼，踏上美的旅程。

精彩实录

一、导入

师："同学们，今天我们来学习一篇新课文，一起读课题。"

（学生齐读课题）

师："注意，这儿的'鼎'是后鼻音 ding，一起再来读一遍。"

（学生再次齐读课题）

二、浏览全文，理清文章脉络

师："大家已经预习了课文，文中哪些段落具体描写了'听泉'呢？"（教师在课题的"听泉"二字下画上两个小圆）

生："第二、第四自然段。"

师："是的，这两个段落都是描写'听泉'，但'听泉'的地点和方法是不一样的。大家浏览浏览这两段内容，看看有什么不一样。"

生："第二自然段描写的是作者白天在路上听泉、看泉。"

生："第四自然段描写了作者入夜后睡在床上听泉。"

师："课文的第一、三、五自然段又分别描写了什么？快速默读这些内容。"

（学生回答，略）

师："这是一篇游记，作者按照游览的顺序，描写了游鼎湖山时的所见、所——（闻）、所——（感）。让我们先来领略一下鼎湖山的风光吧。"

三、品词析句，感受山泉特色

（多媒体展示鼎湖山的美景，因音响故障，没有声音）

师："尽管没有声音，但大家还是看得特别认真。这景色美不美？"

生：（齐答）"美！"

师："那么作者又是用怎样的妙笔将这种'美'呈现给我们的呢？我们先来看看课文的第二自然段，先自由地读读，再圈画出直接描写泉水的词语。"

（学生读课文，圈词语。然后交流画出的词语：淙淙、清亮、不绝于耳、清纯悦耳、交错流泻、遮断路面、欢快活泼、时隐实现。教师圈画出学生报到的词语）

师："如果把这些词语分成两类，该怎么分？"

生："可以按成语来分，把成语分一类，其他的一类。"

师："有道理。还可以按什么来分？"

生："可以把描写声音的词语放在一类，其他的词语放在另一类。"

师："这样，我们把这些词语分成两类，第一组是作者在路上听到的，我们称它为'入耳'（板书：入耳）；第二组是作者看到的，我们可以称它为——入目（板书：入目）。谁来读读这些词语，其他同学注意听，看看通过这些词语你能感受到什么？"

（指两生读这些词语）

生："我从'清纯悦耳'感受到泉声的动听。"

师："'悦耳'是指声音——"

生："好听、动听。"

师："声音好听我们称之为——（悦耳），'好看'我们可以说是——"

生："悦目。"

师："由此我们想到一个成语——"

生：（齐答）"赏心悦目。"

师："让我们带着愉悦的感受一起来读读第一组词语。"

（学生齐读）

师："泉水又有什么特点呢？你是从哪儿看出来的？"

生："我发现泉水很清，我从'清亮'中看出。"

生："我从'交错流泻'和'遮断路面'中看出泉水很多。"

师："是的，通过这些词语，让我们充分感受到了鼎湖山泉声是那么的动听优美，泉水是那样的清澈丰盈。我们一块儿来读好这些词语。"

（教师引读这些词语）

师：（指板书）"作者听的时候，在看；看的时候，在听。写的时候将两者——融合在一起。让我们跟随作者的脚步，一路听泉，一路赏景吧！"

（学生齐读课文第二自然段）

四、精读品味，鉴赏夜泉之美

师："就这样，我们听着泉鸣，踏着泉水，循着钟声，来到了半山腰的——庆云寺。"（音乐起，师朗读第四自然段的一、二句话）

师：（板书：聆听）"聆听，是怎样地听？"

生："用心听。"

生："用耳细细地听。"

生："静静地听。"

师："让我们也来用心、静静地、细细地听听泉水的声音吧！"

（播放多种泉水的声音）

师："同学们听得真仔细！肯定辨识（板书：辨识）出不少的泉声。把你听到的泉声美美地说给你的同桌听一听！"

（学生相互练说）

师："把你听到的泉声和大家分享分享。谁先来说说？"

生："我听到荡气回肠的大提琴的声音。"

生："我听到滴答滴答的滴水的声音。"

生："我听到像狮吼一样的声音，那声音好像是瀑布的声音。"

……

师："我们来看看作者是如何描写他听到的泉声的。"

（出示第四自然段的第三句话，学生齐读）

师："如果用一个字来表达你读了这段话的感受，你会选择哪个字？"

生："美。"

生："妙。"

师："究竟美在何处，妙在哪里呢？让我们仔细地读读这些句子，去发现美，去感受感受美。"

（学生自由读课文后全班交流）

生："我发现泉水的声音非常美。"

生："我觉得泉水的声音是很丰富的。"

师："你最喜欢哪一种泉声？把你喜欢的泉声读给大家听一听。"

（学生读第一句后播放小提琴演奏声）

师："课前听到的小提琴声又在我们耳边响起，这声音有什么特点？"

生："低沉的。"

生："悲哀的。"

生："厚重的声音。"

师："谁再来读读这句话，老师帮你配上音乐，注意读出小溪流水的清与柔。"

（指名两生读）

师："还有什么泉声还回想在你的耳畔？"

生："大提琴的声音还回想在我们的耳畔。"

师："读给大家听听！"

（学生读）

师："我们聆听这种声音像什么？"

生："像大提琴在演奏。"

师："仔细辨识这声音原来是什么？有什么特点？"

生："是无数道细流汇聚于空谷的声音，厚重回响。"

师："通过你的读让我们感受一下泉声的'厚重'。"

（学生感情朗读）

师："还有哪个小朋友想读其他的内容？"

……

师："如果在晚上只听见一种泉声，那会是怎样的感觉？"

生："那肯定很单调。"

生："我觉得有些孤单。"

师："我们已经品味出了泉声的美（板书：品味），那作者又是怎样写出泉声的美的呢？我们再来品味品味这些文字，你肯定有新的发现！"

（学生再读这四句话，教师巡视）

生："我发现作者用了排比的手法。这四句话都用了'那像……一样……'的句式，句式是一样的。"

师："我们一块儿来读一读，感受感受排比的特点。请女生读前半句，男生读后半句。"

（分男女生读）

师："你还有什么发现？具体说说。"

生："作者都是把泉声比作一种动听的声音。第一句中作者将在草丛中流淌的小溪的声音比作小提琴演奏的声音。"

师："其他的三种又是把什么比作什么呢？说给你的邻座听听。"

（同桌练说）

师："让我们通过自己的朗读，把这诗一般的语言，化作汩汩清泉吧！"

（学生自己练读后请一生读）

师："读得很流利，大家都忘记把掌声送给你了。（学生鼓掌）如果再注意些什么，就可能读得更好？谁来提提建议？"

师："这么多人想帮你，你自己选一位吧！"

生："就请×××吧。"

生："我觉得清脆的声音读脆就更好了。"

师："'读脆'！你能不能'放个样'？"

（学生读）

师：（对另一学生）"你觉得他的建议怎么样？"

（另一学生点了点头）

师："请你再来读一读吧！"

（学生再读，学生鼓掌）

师："想不想听听老师的建议？"

生："想。"

师："这是在什么时候听泉？"

生：（齐答）"晚上。"

师："周围没有一点儿声音，书上有一个词——"

生："万籁俱寂。"

师："所以我们可以怎么读?"

生："静静地、轻轻地。"

师："请你再来试一试。"

(一位学生再读,学生鼓掌)

师："还有哪些同学想读的? 这样吧,我们请女生读一、二句,男生读三、四句。"

(男女生分读)

师："鼎湖山仿佛是一只神奇的手,在匠心独运地调弄着泉声,还有的泉声更美妙。大家读读最后一句话,在书上文字的旁边写下你的感受,你也可以根据老师提供给你的句式来写。"(显示:此刻,我眼前的山泉……)

(学生练写,教师巡视)

师："老师刚才悄悄看了大家所写的感受,都很有道理,现在我们一块儿来分享分享。"

生："我感受到泉声的变化很多。"

生："我感受到泉声非常动听,仿佛是一首歌曲。"

生："此刻,我眼前的山泉就是一群欢快调皮的孩子。"

生："此刻,我眼前的山泉仿佛是小精灵。"

生："我还体会到泉水的多,因为最后有个省略号。"

……

师："让我们通过朗读,把这种感受表现出来。"

(学生齐读)

五、总结

师："看来,这汩汩的泉水,已经流进了我们的心中。(板书:入心)同学们,今天我们走进鼎湖山,用耳、用心去听泉,欣赏了一曲大自然的交响乐。下一节课,我们将深入探讨泉水与鼎湖山万物之间的关系。最后,老师想借用作家谢大光的一段话来结束今天的鼎湖山之旅。"

(师生激情朗读谢大光的一段话)

师："这堂课就上到这儿,下课。"

教学延伸

这堂课是教学的第一课时，主要教学环节为：浏览全文，理清文章脉络；品词析句，感受山泉特色；精读品味，鉴赏夜泉之美。本课的教学重点是：通过斟酌词句，品味课文第四自然段的表达特色；通过多种形式的朗读，体会泉声的美妙与神奇。教学难点为：凭借语言材料想象泉声的变化，体会泉声的特点。

设计教案时我力争体现如下理念：重视朗读，在多样的训练中培养与提高学生的语感；有机融合听、说、读、写，扎实进行双基训练；在研读中借鉴作者的表达方式，注重工具性与人文性的和谐统一；创设良好的学习氛围和审美情境，培养学生的审美情趣。

为了更好地凸显课堂的"学语习文"的功能，教学时注重整体感知，把握住关键问题。第一环节让学生通过浏览与快速默读来了解文章大意。学习第二自然段时围绕"作者听的时候在看，看的时候在听，写的时候将两者融合在一起"展开。学习第四自然段围绕一个"美"字展开，让学生去发现"泉声的美"，去品味作者怎样写出泉声的美。

我在这堂课上较为顺利地完成了教学任务，学生学习主动，兴致浓厚，沉浸在鼎湖山的美景之中，徜徉在作者优美的语言文字之中。然而，课中仍有美中不足：第二自然段的教学尽管安排学生通过"圈画有关直接描写泉水的词语"来感悟泉水与泉声的特点，但因时间仓促，学生悟得不够充分。第四自然段中比喻与排比句式都极具表现特色，如果安排学生进行仿说或仿写训练则更能体现语文教学的工具性功能。

这篇游记是我国著名散文家谢大光的作品，作者以独特的视角和优美的笔触着重描写了在游鼎湖山时的白日林中赏泉和夜宿山寺听泉，表达了对鼎湖山泉水特别的喜爱之情。作者记叙了游览鼎湖山时的所见、所闻、所感，重点介绍了鼎湖山奇妙的泉声和听泉时的美妙感受。文章语言优美、比喻确切、结构工整、韵味十足。

1. 重视朗读，在多样的训练中培养与提高学生的语感

教学的各个环节安排学生的多样化朗读，从开始的读课题到最后的读作者的感受。采用的读的方式有：自由读、默读、快速浏览、个别读、互相读、男

女分角色读、教师引读、全班齐读等。

2.有机融合听、说、读、写，扎实进行双基训练

"听"：文章的题目是《鼎湖山听泉》，因而"听"既是学习的重要内容也是学习的一种有效方法。通过让学生听歌、听乐曲、听泉声、听他人的建议、听老师的朗读等方式，叫醒自己的耳朵，从而培养学生倾听的习惯。"说"：让学生说出自己听到的泉声，说出自己听后的感受，说出泉声究竟美在何处。"读"：朗读融入了整堂课的教学。"写"：让学生自己写读后的感受。

3.在研读中借鉴作者的表达方式，注重工具性与人文性的和谐统一

根据文本的特点，正确理解与把握本课的语言特色，教学中让学生去领悟、去品读、去鉴赏。学习第二自然段时，围绕"作者听的时候在看，看的时候在听，写的时候将两者融合在一起"这句话展开。学习第四自然段围绕"美"字展开，让学生去发现"泉声的美"，去品味作者怎样写出泉声的美。较好地凸显语文的工具性，体现语文课堂的"学语习文"的功能。

4.创设良好的学习氛围和审美情境，培养学生的审美情趣

课文本身就具有许多美的元素：泉声的美轮美奂，泉水的清亮丰盈等。教学时通过美丽的画面、美妙的音乐、优美的导语为学生创设良好的审美情境，让学生感受"美"，品味"美"，鉴赏"美"。

专家点评

李伟忠老师设计执教的苏教版五年级上册教材《鼎湖山听泉》，上得质朴、实在、用心。虽是公开竞赛，呈现的却是常态的语文课堂。学生思维活跃、情趣浓烈，学得主动积极，语文综合能力得到了切实的训练，这节课确是一节体现《语文课程标准》精神的好课。

在课堂教学中，李老师在学生与文本之间架起了一座平台，让学生带着自己的经验与知识、期待与思考主动走进文本，潜心读书，品词学句，受到情感熏陶，享受审美乐趣，促进语文素养的发展。在这过程中，李老师根据文本的特点，正确理解和把握课文的语言特色，首先突出了"读"：两次读课题，注意课题中"鼎"字的读音。学习课文的每一段，课堂教学的各个环节，他都安排了"读"，有浏览、默读、自由读、快速读、个别读、互相读、男女生分角

色读、教师引读、全班齐读等，要求不同、方法有别，读得充分，指导得法，努力发挥"读"在语文教学中无与伦比的作用。

他把"读"与"思"紧密结合起来，着力引导学生边读边思考、感悟。譬如，课文第二、四自然段都是描写"听泉"的，但"听泉的地点、方法是不一样的"，初读时，他要求学生边浏览边思考："有什么不一样"；对第一、三、五段，则让学生通过快速默读弄清各段分别描写了什么；在深入学习第四自然段第三句话的时候，他要求学生通过"仔细读读这些句子"去"发现"、"感受"泉声的美，并尊重学生的意愿，让学生"把自己最喜欢的泉声读给大家听"；在学生感受"泉声"美的基础上，他又引导学生再读文本品味文字，领悟作者是怎样写出泉声的美的，从而认识排比句的特点，体悟语言的魅力。

李伟忠老师非常重视朗读训练，他不但把朗读融入整堂课的教学，而且着力把"读"与"听"与"评"紧密地联系起来。他一方面要求学生在读词语、读句子时，努力读出自己的感受，同时，又注意引导学生"用心"注意倾听别人的朗读，想想从中"感受到什么"，并进行评价"提提建议"："再注意些什么，就可以读得更好。"不仅如此，李老师还通过让学生听音乐、听泉声、听同学建议和老师范读等方式，引导学生多方获得信息，吸取营养，不断丰富自己对文本的感受和理解。

此外，在"读"、"思"、"听"的学习过程中，李老师不止一次地安排学生进行"说"和"写"的语文实践。譬如，同座互相说说听录音后对泉声的感受："自己听到什么样的泉声，美在何处"；互相谈谈各自对比喻句的理解："其他的三种泉声是把什么比作什么的"。课文学完后，写写自己读后的感受："此刻，我眼前的山泉……"正因为李老师努力把读与思、理解与表达、自主与合作有效地整合在这一课的教学过程中，较好地体现了要求学生课入理解、感悟文章意思与朗读能力的提高、倾听习惯的养成等方面的和谐统一，所以取得了喜人的教学效果。

（袁　浩）

掬生活清泉　润魅力课堂

——青年名师许卫兵讲述数学新授课《确定位置》

现实世界是数学的丰富源泉。只要我们将抽象数学内容的教学附着在现实的背景中，与儿童丰富多彩的生活有机链接和有效融合，学生的数学学习就会焕发出巨大的生命活力，数学的课堂就会是充满着魅力、绽放着精彩的课堂。

精彩实录

师："小朋友们对自己在教室里的位置确定已经很熟悉了。下面，许老师和大家一起坐着汽车游览，去找一找在生活中还有哪些与'确定位置'有关的生活现象或问题，好吗？"

生：（非常兴奋地齐叫）"好！"

（课件显示一辆准备出发的客车，停靠在风景如画的马路边。随着"嘟嘟嘟——"几声喇叭响，汽车开动了。沿路的美丽风景一幕一幕从眼前闪过，整个画面具有很强的动感，令学生个个眼睛发亮。几秒钟后，汽车停靠在"光明小学"校门口）

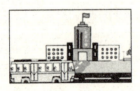 

师："孩子们，我们到哪儿啦？"

生："光明小学。"

师："光明小学里正在发生着与'确定位置'有关的事呢？我们下车看一看吧。"

（电脑显示一幅师生拍摄集体照片的情境图）

生："是小朋友们正在拍照片呢！"

师："是啊，他们已经排好了座位正在拍照片呢。（点击最后一排第一个同学，屏幕显示'我站在最后1排第1个'的话音）根据这个小朋友的提示，你能找到另外两个人的位置吗？"（投影图片右边显示两个问题）

（学生一一确定位置，讲述自己的观察思考后，屏幕画面返回到汽车停靠在"光明小学"校门口的图像）

师："看完了光明小学的小朋友拍照片，我们继续上车行走好吗？"

生：（齐）"好！"

（"嘟嘟嘟——"汽车又行一程后停在"东方商场"门前）

师："孩子们，我们游览到哪儿啦？"

生："东方商场。"

师："商场里有什么与'确定位置'有关的呢？我们快下车进去看一看吧。"

（屏幕显示生肖玩具图）

师："呀，柜台里有什么商品？"

生："十二生肖玩具。"

师："依次数一数（鼠、牛、虎、兔……）。小明一下子就看出了他的生肖玩具放在哪儿？"（显示："我属猴，猴在第1层第1个"）

师："小朋友，你属什么呢，你的生肖玩具放在什么位置？除了你自己，你还知道谁的不同生肖玩具摆放在什么位置？"

（学生畅所欲言，讲述了自己的以及爸爸、妈妈、爷爷、奶奶等家人的生肖玩具在图中第几层第几个。老师一一给予表扬后，屏幕画面返回到"东方商场"外、汽车准备继续行走的图像）

（"嘟嘟嘟——"汽车又行一程后在"邮政局"门前停下）

师："孩子们，我们现在来到哪儿啦？"

生："邮政局。"

师："邮政局发生什么与'确定位置'有关的事儿呢？原来呀，邮递员老熊正有一批邮递快件要送到这幢楼上的几家住户。大家能帮帮老熊的忙吗？"（学生积极性非常高，一个个跃跃欲试）

师："大家都很乐于助人，不过，送信可不是儿戏，一旦送错门可就误事了。同桌的小朋友们先研究一下，然后再向大家汇报你们的研究结果吧。"

……

（完成了上述练习后，最后汽车行驶到了电影院，电影院里正在放电影）

师："电影院正在放什么电影呢？小朋友们一定很想知道吧。你们看，屏幕上有16个方格，只有4个方格有了画面，还有12个方格里的画面，在老师发给你们的贴画纸上。每一个小贴画的旁边都有'位置提示'，只要你按照'位置提示'将每张贴画都准确贴到图上的适当位置，放什么电影就能看出来了。大家愿意尝试吗？"

生：（齐声）"愿意！"

（同桌学生合作贴画，最后拼成"齐天大圣"的画面。老师表扬学生都像孙悟空一样本领大）

师："老师和小朋友们坐车在临街公路中转悠了一大圈，你有什么感受呀？"

生："我发现生活中处处有'确定位置'的实例。"

生："今天学得真轻松，学了'确定位置'可以帮助我们在生活中做好多事呢。"

师："是啊，只要我们动脑想，用眼看，生活中处处有数学。今天我们只是学习了简单的'确定位置'，到了高年级，甚至于将来上了初中、高中、大学，我们还要学习更为复杂的确定位置的数学知识呢！"

教学延伸

小学生的数学学习与生活是紧密相连的，他们的学习过程是一个经验激活、利用、调整、积累、提升的过程，是"自己对生活中的数学现象的解读"（周玉仁语），是"建立在经验基础之上的一个主动建构的过程"。学生在生活中有意或无意间所接触、所感受的数学事实，无不是他们数学学习的基础和重要资源，并深刻地影响着其数学学习的质量和水平。而这种基于"经验之上"的数学学习，很大程度上要依靠有效的情境来激活、展开。本节《确定位置》一课情境的创设与有效运用，对我们把握数学教学中的情境创设标准引发了许多的启示。

第一，情境的贴切性。数学教学中的情境可以分为真实情境和虚拟情境。就《确定位置》的教学而言，利用教室里学生的具体座位（第几排第几个，第几层第几个）来组织教学，就是一种真实情境学习；而本课后段老师带领学生乘车游览，去发现和解决一系列数学问题，可谓是虚拟的情境学习。不管是真实情境还是虚拟情境，都是为教学服务的，都要贴近生活实际，尤其要贴近儿童数学学习的实际。对于二年级学生来说，拍照片、购物、当邮递员、看电影都是他们特别喜爱的活动，也是比较熟悉、具备生活经验基础的，再辅之以"乘车游览"的活泼链接，教学情境恰到好处，学生的参与热情和学习主动性被充分激发，使课堂情趣盎然、生气勃勃。由此可见，情境的贴切性是其教学功效得以充分实现的前提和基础。

第二，情境的高效性。一个真正意义上的教学情境不仅要能激发学生乐于参与、关注活动之"情"，更要引导学生浸润于探索、思维和发现之"境"。它固然需要以具体的场景做背景与载体，然而，场景的呈现能否有效唤起学生的认识不平衡感、问题意识以及激发认知冲突，能否吸引学生主动投身于问题的探究思索应该成为衡量情境创设的价值之魂。对于二年级的学生来说，第一次学习用"第几（ ）第几个"的数学语言来描述一个物体的位置，教者是要把握分寸的。因为在现实生活中对一个物体位置的描述有时还是比较复杂的，比如，在教室里要准确表达一个座位，如果不是众所周知或约定俗成，往往还要再加上一定的"限制语"——"从左往右数"第几排、"从前往后数"第几个。因此，在创设练习情境时，每一情境给出一定的"提示语"说明（每一练习题中最先明确的一个"位置"），来暗含某种"约定的"观察角度是很有必要的。这样的"提示语"一方面给学生的思考提供了依据、方向，另一方面也给问题解决减缓了坡度，搭建了平台。此外，串联起来的几个环节看似很随意，其实它们的要求和难度是由低及高逐步提升的。由拍照片时人员的前后排列，到十二生肖玩具动物的上下排列，再到邮政局、电影院从"行"、"列"两个方面来综合练习，都在一定程度上体现了教者对数学知识运用深度的有效控制与有序推进，可以这样说，情境的高效性是教学有序、高效的动力和保障。

第三，情境的简约性。情境在儿童数学学习中的作用是无可争议的，但是，在有限的教学时空中，情境设置和安排的"量"很值得讲究。过多过花的情境场景很容易给人以繁杂、凌乱的感觉，给学生带来抵消兴趣的消极影响。相反，如果将一个个相关联的生活情境场景有机串连成连续的"情境链"，不仅可以创生教学活动整体的协调感，加强情境的真实性，还可以在结构的、流动的、层递的教学中给学生以美的享受和心灵的震撼。尤其是练习时间较长的新授课、纯粹的练习或复习课中，编结"情境链"可以寓丰富于简单之中，让课堂多个环节变得简约而不简单。因此，情境的简约性是魅力课堂的艺术追求。

总的说来，给儿童设置的数学学习活动应当是一个生动、活泼、主动和富有个性的过程，也是一个与生活、与自我、与他人真切对话的过程。在这个过程中，以情境为起点，以情感为纽带，以思维为核心，以现实世界为源泉，将数学知识内容融入到广阔的生活背景下，让数学学习精彩布置到孩子们生命成长的舞台里，就一定会让数学课堂的魅力花朵绽放在每一次教学活动的枝干之中。

数学教学改革的重要策略之一，就是要遵循学生数学学习的心理规律，"从学生的生活经验和已有的知识背景出发"，把数学与学生原有的经验密切结合起来，使他们体会到数学就在身边，体会到数学的价值。增进学生对数学知识的理解和应用数学的信心，从而使之对数学学习倍感生动、亲切、真实。这一点，对于处在以形象思维为主，以兴趣、情趣学习为主的小学低年级儿童的数学学习显得尤为重要。

在教学二年级《确定位置》这一内容时，我考虑到孩子们在日常生活中或多或少对位置概念已有一定的感知。比如，安排座位是老师在组织教学和常规管理中经常进行的；孩子们去电影院看电影，依循电影票上的座位号寻觅座位对号入座也是有所经历的；对按照一定方法编排楼房的门牌号码儿童也并不陌生，特别是城镇儿童，这方面的生活感受更为充分……在考虑本课教学预案时，我尽可能将教学附着在学生的现实背景中，充分利用他们已有的经验基础来组织教学，让生活的清泉来滋润小学数学课堂，从而激发课堂的无穷魅力。

十分巧合的是，在本课教学前一个双休日，学校召开家长会。为了做好铺垫，我在班上提出家长来到教室后，就坐在自己孩子的位置上，要求班上每个学生在传达家长会通知时，要给父母讲清楚自己的座位。当时我问学生："小朋友们，这样传达家长会通知有困难吗？"孩子们一个个拍胸脯表示没有问题。可想而知，对于每天生活、学习的教室环境，他们是很熟悉的。虽然不一定能用准确的数学语言来表述自己的座位位置，但是，向家长介绍自己的座位位置显然不是什么难事。而且，在布置任务时，我不断渲染这一"光荣"使命的完成，将会证明哪些人是"了不起"、"特别棒"的小朋友。家长来班参会的实际效果显示，每个学生都准确地叙述了各自在班级中的座位位置。

当然，这样的安排仅仅是为本课教学打造一个生活链接的真实开始。我思考得更多的是本课练习巩固环节的设计。因为从本课新授教学主体内容来看，让学生掌握用"第几排第几个"或"第几层第几个"，来表述一个物体的空间位置并不是很难的，用20分钟教学足以完成新授任务了。需要精心考虑的倒是20多分钟的后半节课该怎样组织，是随机式地做几道题，还是构建一个有联系的练习整体？是不断机械地重复训练着同一知识点，还是拾级而上对知识适当拓展和提升？再说，二年级孩子很容易出现后半堂课"坐不住"的现象，对此如果不好好进行规划，势必会使学生感到单调、乏味，出现参与热情减退的教学窘境。

鉴于此，我选择了从学生的生活实际出发，精选二年级孩子所常见的、与"确定位置"有关的生活素材充实课堂。比如，拍照片时的座位，商品在商场陈列区的位置，住宅楼上与住户位置相联系的门牌号，套圈游戏时套中哪些位置上的玩具，电影院里的座位等。如何将这些数学资源素材有机整合在教学活动之中呢？经过深入思考，我设计了以"坐汽车游览"的方式，将若干个不同的生活素材，编织成一个有机的"情境链"。老师带着学生一路乘车，边走，边看，边玩，边思，边练，在生动、有趣、连贯的练习中，加深学生对方位确定知识的感悟、理解、巩固和强化。

玩是孩子的天性，借助游玩学习数学符合小学低年级学生的年龄特点。从教学实施的过程来看，小朋友们听到坐车游览，兴致浓厚，非常投入；加之多媒体课件所造成的动感场景，丰富的素材，多彩的画面，使得当时课堂气氛热烈，教学效果甚佳。

专家点评

海安县实验小学副校长、南通市小学数学学科带头人、中学高级教师许卫兵老师，在1500余人参与的大型教研会上成功执教的一节二年级数学新授课——《确定位置》，给每位与会观摩的同行，都留下了极其难忘的印象。他在这一课的备课设计中，遵从课改理念和低年级儿童数学学习的规律，精心设计并采取了许多有效的改进措施，把确定位置的数学教学内容与教学情境的创设十分完美地结合在一起，给学生以清新、自然、快乐、有趣的数学学习体验，使得该课的教学参与度调谐旋钮被转到极大值。课堂中亢奋、激动、沉思、欢呼之情态时相复合，学生的新奇、游历、联想、美妙的体验不断交织，课堂教学流光溢彩，即时氛围与长久掌握均获理想效果。

天道酬勤。本课观摩教学的成功，是教者许卫兵自觉坚持数学教学理念、勤于研修、积极实践的结果。他十分信服地认为："现实世界是数学的丰富源泉"，小学数学教学必须"将抽象数学内容的教学附着在现实的背景中，与儿童丰富多姿的生活有机链接和有效融合"。他苦心孤诣地寻觅，选择了与"确定位置"有关的生活素材——拍照片时排座位，商品在商场货架中陈列，楼户位置门牌号码编排，套圈游戏中对奖品玩具确定位置时的瞄准，电影院里座位的找寻，电影片名的藏画猜谜等……举凡学生生活中可能出现过的与确定位置有关的现象和事件都被他搜罗过来，用以充实课堂。尤其值得一提的是，许老师备课中着重思考了如何将这许多看似毫不相干的数学资源素材进行有机整合的问题。他创造性地设计了"乘汽车游览"的方式，将若干个不同的生活场景素材，编织成一个有机的"情境链"。师生一路乘车游玩，一路思考练习，加深学生对方位确定知识的感悟、理解、巩固和强化，实现了"寓丰富于简单之中"，让课堂多个环节变得流畅、连贯，给人以"简约而不简单"的强烈感受。课堂终于朝着预设的方向焕发出巨大的生命活力，充满着魅力，绽放着精彩。

在他成功执教的苏教版课标本二数新授"确定位置"一课的实践中，我们可以清晰地看到许老师难能的业务品格——清醒、自觉地追求成功，把握教学情境创设标准。为此，对考量教学情境的创设，他提出了贴切性、高效性和简约性的指标。这是他结合《确定位置》一课教学，对小学数学课堂教学中创设教学情境理论的丰富与发展。

教学理论的坚持，教学理论的自觉、教学理论的创新是许卫兵老师该课观摩成功给我们的最大业务启示。

（陈今晨）

让个性之花欢乐地绽放

——青年名师董一红讲述口语交际课《谈谈姓名》

常言道："笑一笑，十年少。"欢乐能让人信心百倍，欢乐能让人充满活力，欢乐让人激发智慧，欢乐让人产生灵感……轻松的课堂，是孩子学习的幸福天堂；轻松的课堂，让个性之花自由地绽放。

精彩实录

师："今年三月份，我表妹生了个白白胖胖的儿子，今天我把照片带来了，（出示宝宝照片，照片上一个几个月大的男孩穿着小肚兜正冲大家笑呢）。宝宝到今天还没有取名字，表妹把这个任务交给了我，董老师想请你们帮帮忙，你们愿意吗？"

生："他爸爸姓什么呀？"（学生迫不及待）

师："爸爸姓宋，是跟奶奶的；爷爷姓金；宝宝妈妈姓万，宝宝的外公姓成。宝宝跟谁姓呢，都可以。"

生："叫宋成金吧。宋是跟爸爸姓，成金呢，就是像金子一样发出光辉，象征着成功。"

师："嗯，是金子就会发光。"

生："我给他取名为万世翔。希望他能像刘翔那样有志气，做一个爱国的人。"

生："我给他取名叫宋欣，是祝福他每天很开心，没有什么烦恼，做个阳光男孩儿。"

生："我给他取名宋万成，希望他万事都能成功。"

生："我给他取名宋朗，让他长大有开朗的性格。"

生："我给他取名宋金月，金色的人生，像圆月一样美满；希望他有金色的人生，超越每一个人。"

生："我给他取的名字是宋平江，平平安安如一江春水。"

生："宋一帆，代表一帆风顺，'一'也代表有很大的成就。"

生："我给他取名为成浩，希望他长大后浩气长存。"

生："我给他取的名字中每个字都是长辈的姓，金万成，万事都成功的意思，在他的名字中凝聚着长辈对他的爱。"

生："我想给他取名宋万金，希望他有很多的财富，给世界上贫困的人送去物质上的帮助。"

师："也许二十年之后，有个世界首富，名叫宋万金，而且这名字还是你给取的。"（笑）

生："我觉得应该叫他宋小荷。'小荷才露尖尖角，早有蜻蜓立上头。'"

师："你取的名字富有诗情画意呢。"

师："还有同学取了很多名字，请写在字条上给我，好吗，我相信我表妹一定能从中选一个满意的名字。"

"不知同学们注意了没有，今天现场有来自无锡、上海、南京、南通等各地的老师，他们的姓名一定丰富多彩。这个机会咱们不能错过，咱们去采访一下他们，敢吗？咱们现在先准备一下。我在采访时要注意些什么呢？要了解他们的姓名，你可以提些什么问题呢？问了问题后，我们自己要思考些什么呀？"

生："要注意有礼貌。一般用您来称呼，而且采访完了后要说谢谢。"

生："问他们叫什么名字？名字中有什么意思？"

生："可以想想他的名字还有他们没有想到的含义。"

生："可以问他们来自哪里。"

生："可以问一问他是什么时候出生的？"

师："那么就让我们出发，采访两位老师，采访完了赶紧回来。"

（三分钟后）

师："孩子们有收获吗？"

生："有。"

师："谁愿意让大家分享你的成果呀？"

生："我采访了两位老师，其中一位是沈晨曦老师，他父母希望他事业有成，像东方刚露出鱼肚白的时候一样。（众笑）我觉得这名字取得很美，让我看到了晨曦初露的早晨，一切生机勃勃的画面。"

生："我采访了两位老师，其中一位是费水根老师，这是因为他出生时村里缺水，而且四处都不供应水，他父母寄希望费水根老师的出生能从根本上解决水荒的问题。我觉得这个名字取得很好，他提醒我们现在地球水源短缺，要节约水资源。"（众笑）

师："因为时间关系我们就交流到这里，课后，同学们可以继续交流。同学们，今天我们谈论了姓名这个话题，每个人的名字都有自己的个性特点，今天同学们的想法也很独到。在以后的学习生活中，我们要像今天这样学会独立思考，要有自己的想法，做个有个性的人。"

教学延伸

一、明确目标催生合适的策略

"口语交际教学是一种训练思维的教学活动，除了对学生成功地进行日常的口语交际训练，对思维的全面训练以及充分整合大脑的两个半球的思维活动也许是口语交际的一个隐含的但却是最终的目的之一。"（——王志凯、王荣生主编的《口语交际教例剖析与教案研制》）新课程标准对第二学段口语交际提出了这样的要求："在交谈中能认真倾听，就不同的意见与人商讨，能清楚明白地讲述自己的见闻，并说出自己的感受和想法。"中央教科所研究员潘自由教授说，作文（包括口语交际）的个性化培养有两个层面：第一个层面是在需要的情境下，用语言文字真挚地说出自己要说的话；第二个层面是，有新意，有根据，有创新，那是高水平的个性化。基于这样的认识，我把"在交谈中能认真倾听，能说出自己的感受和想法"作为本课训练的目标，发展学生的思维和个性。有了明确的目标，才有了"谈谈姓名"这个话题的选择。因为姓名本身就是体现个性的一项内容，不同的姓名自有它不同的"典故"，不同的人对名字含义的理解是富有个性的。围绕姓名可以研究的内容是丰富的。正因为有了这样的目标，在教学设计的时候，才会突出"说说你觉得他的名字还有什么意思，要敢想，可以从不同的角度去想，要有自己的想法"这样的要求。

二、生活情境激发表达的灵感

有关研究表明，语言的表达是与其心理素质及环境紧密联系的。口语交际是在特定的环境里产生的言语活动。这种言语交际活动离开了"特定的环境"，就无法进行。一定的环境是激发思维与口语表达的环境条件和动力源泉。根据孩子喜欢猜谜这个特点，上课伊始，我首先通过让孩子们"猜猜我的爸爸妈妈为什么会给我取'一红'这个名字"，让学生置身于"猜一猜"这个情境，拉近师生距离，打开孩子的话匣子，激发了学生的交际兴趣和表达的欲望、灵感。

随后又通过创设"给宝宝取名"的情境，使学生兴致勃勃给老师帮忙，给宝宝取名；创设"采访现场老师"的情境，使学生当上了能干的小记者。这样的情境，变被动交际为"自我需要"，在快乐的交际活动中，培养了学生语言表达、独立思考、与人交往等综合能力。态度决定一切，学生在投入的口语交际训练中，能力才能得到提高。因此，口语交际应精心创设符合生活实际的交际情境，唯有如此，才容易使学生有一种身临其境、似曾相识的感觉，情绪也会因此变得高涨起来，参与互动的主动性才会被激发出来，他们才会自由地、无拘无束地参与。学生的个性与创造思维能力、口语交际能力才能得到充分的发展，从而提高教学效率，达到口语交际训练的要求。

三、和谐氛围保证交际的成功

要创设良好的课堂气氛，教师就要尊重学生，多肯定学生，给学生以成功感，建立平等、信任、和谐的师生关系。但是单有这一方面是不够的，还要让学生与学生间建立平等、友爱、和谐的关系，营造一个轻松积极的班级口语交际环境。学生之间的相互作用是不可忽视的教育因素。在这节课上，教者及时的肯定和鼓励，伙伴们友善的欢笑声……营造了轻松的课堂气氛，形成了和谐的课堂氛围，学生的越来越投入就不足为怪了。试想，如果一个学生在表达时，老师冷冷地否定，同伴冷眼旁观，甚至冷嘲热讽，那么，有几个学生能轻松、顺利地完成语言交际呢？又有几个学生愿意一再受打击呢？可能连最后一点勇气都要消失。让融洽、合作、关怀的阳光普照每个学生的心灵，这是口语交际得以进行的关键。

猜谜是儿童喜爱的游戏，于是，一上课，我就让孩子们来猜一猜：我的爸爸妈妈为什么给我取名为"一红"呢？

孩子们喜爱猜谜，而且渴望更多地了解老师，他们兴致勃勃地说开了：
"你的爸爸妈妈希望你成一个大红人。"天真的话语惹得大家咯咯地笑了，课堂
上一下子轻松了起来。更多的小手举起来："你的爸爸妈妈希望你脸色红润，
长得美丽。""我猜，你的爸爸妈妈希望你能一炮走红。""哈哈哈！"同学们一
个个笑得前仰后合，亏他想得出！"'满园春色关不住，一枝红杏出墙来'，你
的爸爸妈妈希望你长得漂亮一些。"嘀，孩子居然会用诗句来诠释我的名字，
而且偏偏是用了这样含义丰富的一句诗。这一下，坐在后面听课的老师也忍俊
不禁了。我及时鼓励说："你能用上诗句来表达你的想法，真不错。"同学们更
来劲了，有的说："红色表示爱国，你的爸爸妈妈希望你做个爱国的人。"有的
说："可能是你的爸爸妈妈希望你一生平平安安，红红火火。"……

我总结道："同学们说得都有道理。小时候，爸爸妈妈告诉我，红色代表
革命，代表胜利，代表成功。爸爸妈妈希望我学业、事业有成。'万绿丛中一
点红'，我挺喜欢这个名字的，所以，这个名字就一直用到今天。听了同学们
的发言，我才知道，原来我名字中有这么丰富的含义。还真得谢谢同学们，谢
谢大家！"

"不用谢！"孩子们脱口而出。

同学们的话匣子打开了，思路拓宽了，于是我趁势提出要求，指导方法：
"同学们，咱们思考问题，就要像刚才那样，敢想，可以从不同的角度去想，
要有自己的想法。记住了吗？好，下面该轮到你们了。你们的名字有点什么意
思？昨天，向爸爸妈妈了解了吗？"孩子们异口同声地告诉我："了解了。"

于是，我进一步提出"先说给小组同学听听，小组同学想想他的名字里还
有没有别的什么意思，给他补充"这一要求。同学们迫不及待地在小组内交
流。随后我组织孩子们在全班交流。

"谁来说给大家听听？你的名字当中含有什么意思？其他同学想一想，他
的名字里还有别的什么意思，看谁能想得到。"一石激起千层浪，孩子们可想
说了。"我的名字叫朱曦。父母给我取这个名字是因为'曦'代表清晨的阳光，
他们希望我成为一个健康有活力的阳光男孩。我自己理解，'朱曦'的谐音就
是'主席'。"话音未落，大家已经被他逗笑了。他接着说："我要施展才华，
为国家效力，做国家的栋梁之才。我还觉得，'曦'把'日'去掉就是王羲之
的'羲'，再加上'日'字旁，就代表比王羲之更上一层楼。"大家不由得向他
投去佩服的目光。

他想法独特，敢想敢说，我不禁由衷赞叹："真是一个有思想的阳光男孩！"这时有同学补充说："有个诗人叫朱熹，我会背他写的《春日》：'胜日寻芳泗水滨，无边光景一时新，等闲识得东风面，万紫千红总是春。'父母希望他像诗人那样有才华。"

同学们迫不及待地介绍自己的名字："我叫张兆，是下雪天出生的，俗话说'瑞雪兆丰年'，他们希望我的出生能预示美好生活的开始。"话音刚落，大家争着想为他补充："我有一个想法。把他的名字倒过来读，兆张——照章，就是父母希望他能照章办事。"哈哈哈，他的回答多有趣呀，大家笑得前仰后合。他把"张兆"的名字倒过来读的，亏他想得出！

这时有个孩子早已把手举得高高，恨不得能站到椅子上，我请他回答。他说："我的名字叫薛子臻。'子'是老鼠的意思，我属老鼠。父母希望我像老鼠一样聪明伶俐。'臻'代表的是达到完美的境界。他们希望我在生活中达到完美的境界。""嗯，老师，从他的名字当中也可以看出出生的时间是鼠年。""把他的名字倒过来，就是榛子薛，榛子是一种很好吃的食物，'薛'的谐音是'学'，希望他的学习像榛子一样好。"呵呵呵，孩子们天真而又富有个性的说法，让大家笑个不停。

"'臻'的谐音是'蒸'，就是'蒸蒸日上'，他的父母希望他蒸蒸日上。""从'子'这个字，可以看出他是子时生的。"是吗？这也能看出来？我将信将疑。"你能看出他是子时生的？""嗯！""那我们来问问薛子臻，你是子时生的吗？""是的！"没想到，薛子臻肯定地回答。我不由得对孩子们刮目相看。

"我叫金一铜。我跑得特别快，父母希望我在奥运会上争取得金牌，至少拿铜牌。"他的回答又一次把大家逗笑了。同学们有的说："'铜'和'桐'同音，希望他是一棵苍天大树，'一'代表最好，希望他是第一名。"有的说："你的名字中寄托着父母对你深深的祝福，凝聚着父母对你的爱。"有的说："按照美国人说法，先说名字，后说姓，一铜金，希望他能拥有自己的一桶金。"有的说："'铜'和'桐'同音，希望他像梧桐树那样挺拔坚强。"……

在欢乐的气氛中孩子们畅所欲言，短短的二十多分钟，几乎每个孩子都得到了锻炼。

专家点评

　　语文是百科之母，智慧之源，其突出的功能就在于交际。这种交际功能主要体现在书面交际和口语交际两个方面。长期以来，语文教学往往只重视书面语的训练，对口语交际的训练则重视不够，也缺少行之有效的方法。董一红老师《谈谈姓名》一课对口语交际训练做了有益的尝试。本课的教学特色主要体现在以下三个方面：一是选材的生活化。口语交际源于生活，运用于生活。教者本次选定的话题是"姓名"。每个人都有姓名，每个姓名都寄托着父母的祝愿和期待。因此，这个话题每个同学都有话可说，这就为全体同学参与其中奠定了基础；二是问题的情境性。无论是猜猜老师为什么取名"一红"，还是帮老师表妹"取名"等，这样的问题情境具有一定的"现实性"，这就使言语表达成了生活中的一种需要，不仅大大激发了学生参与的积极性，而且使学生在"帮助"老师解决问题的过程中获得了成功的愉悦和满足；三是学生表达的个性化。在教学过程中，教者十分尊重学生多样化的表达，从而营造出一种和谐宽松的交际氛围。正因为有了这样一个被尊重和激励的支持性的环境，学生的表达才会这样百花齐放、精彩纷呈。在这节课上学生的真言、真情、天性、灵性得到了最大限度地释放。总之，董老师的这一堂口语交际课折射出了口语交际教学的一般策略和规律，在如何提高口语交际课的实效方面给了我们许多启示。

（施建平）

遥远的蟋蟀曲　浓浓的故乡情

——青年名师袁卫星讲述诗歌教学《就是那一只蟋蟀》

　　诗是心灵的歌，情感的火。我们应该引导学生用心去体会，用情去感受，让诗在他们的心里"过"上几遍。这样才能使学生真正"触摸"到诗人的心灵世界，获得心的启迪，情的熏陶，这时学生"唱"出的才会是真正的心底的歌。

精彩实录

（投影演示"语文课堂三提倡"）

一、提倡活跃与创新；二、提倡自主与质疑；三、提倡合作与交流。

（建议学生交换座位，自由组合，以便于课堂合作与交流）

［听唱歌曲《乡愁四韵》（余光中诗，罗大佑作曲并演唱），只放前两韵。］

> 给我一瓢长江水啊长江水
>
> 那酒一样的长江水
>
> 那醉酒的滋味是乡愁的滋味
>
> 给我一瓢长江水啊长江水
>
> 给我一掌海棠红啊海棠红
>
> 那血一样的海棠红
>
> 那沸血的烧痛是乡愁的烧痛
>
> 给我一掌海棠红啊海棠红
>
> ……

（让学生推荐一同学上黑板板书课题及作者）

（上课铃响）

师："上课！（师生问好）同学们，对于背井离乡的人们来说，剪不断、理还乱的，无疑是那悠悠的乡思和绵绵的乡愁。唐代诗人李白的《静夜思》，不着一个'愁'字，却道出了写不尽的乡愁；台湾诗人余光中以'乡愁'为题，反复咏唱，直抒胸臆，也还是那化不开的两个字：乡愁。这两首诗，一首我们以前学过，一首课前已印在学案中给大家。我们一起来把它们背一背、诵一诵，如何？"

（师生齐背《静夜思》、齐诵《乡愁》）

师："面对乡愁者的倾诉，我们这些安居家乡的人该以怎样的心态来理解，来接受，来思考，来慰藉呢？现在，让我们打开课本，从大陆诗人流沙河的《就是那一只蟋蟀》中，去寻找答案！"

师："请一位同学来把诗歌第一小节给读一遍。刘勇同学，请你来读。"

（学生读第一小节）

师："读得很好。现在请你回答，这里的'你'指谁？"

生："Y先生。（稍一停顿）台湾诗人余光中。"

师："你是怎么知道的？"

生："通过小序和下面的注释知道的。"

师："读书很仔细，好，请坐。通过小序和注释，我们知道，第一小节实际上是起兴，它不仅交代了诗人的吟哦。那么，小小的蟋蟀为什么会有这么大的魔力呢？请同学们从蟋蟀的自身形象和生活习性这些方面来考虑一下。我知道在座的同学有不少家在农村，见过蟋蟀的举手！（不少学生举手）那谁来给大家描绘一下蟋蟀的模样和习性？（有学生举手）好，你来说！"

生："蟋蟀个子不大，两条腿很粗（教师修正：后腿粗壮），前面有长长的胡须（教师修正：是触须），后面也有（教师补充：叫尾须），喜欢在阴暗的地方叫。"

师："怎么个叫法，你能描摹一下吗？"

生：（拟声）"嚯——嚯。"（众生哄堂笑）

师："请用语言来描绘。"

生："声音不大，时断时续，隐隐约约。"

师："观察很仔细。不过，每只蟋蟀都这样叫吗？"

生：（举手）"雄的才叫。两翅摩擦发出声音。"

师：（惊喜地）"你是怎么知道的？能告诉大家吗？"

生："我查了词典。"（众生再次哄堂笑）

师："借助工具书是善学的标志。我记得《劝学》中说过，'君子生非异也，善假于物也'。他的这种方法值得大家借鉴，我们给他掌声鼓励！"（师生热烈鼓掌）

师："不过我们还得回答刚才的那个问题。蟋蟀时断时续、隐隐约约的叫声和人的什么比较合拍？"

生："思绪。"

师："而且蟋蟀叫声很小，人只有静下来才能听到。独自静处的人常常会想起天真烂漫的童年，想起生我养我的家园，想起伟大慈祥的母亲。对于这一点，诗中有没有写到？在哪小节？"

生：（找）"有。在第四小节。"

师："请一位同学来把第四小节给朗诵一遍。钱赛微同学，请你来读。"

（学生读第四小节）

师："读得很好。请问，这一小节最有人情味的，你认为是哪一句？"

生："'想起妈妈唤我们回去加衣裳'这一句。"

师："你为什么认为是这一句？请你结合自己的经历谈谈自己的感受。"

生："我想起妈妈天冷的时候也会给我送衣服来，还有棉被。"（学生自发鼓掌）

师："你是住校生吗？"

生：（点头）

师："所以你和作者有同样的感受，对吧？我想，我们在座的每一位享受着母爱的同学都有这样的感受。现在，我们一起来把这一句有感情地读一遍！"

（师生齐读）

师："读出感情来了。现在请同学们想一想，'想起妈妈唤我们回去加衣裳'这一句，属于'童年的惊喜'还是'中年的寂寞'？"

生："童年的惊喜。"

生："中年的寂寞。"

师："仔细想想，你小的时候，拿着竹雕的笼子，在篱笆边捉蟋蟀的时候，妈妈唤你回去加衣裳，你说你要玩呢！"

生：（笑）"应当是中年的寂寞。"

师："是啊，人往往在拥有的时候不知道拥有，失去了之后才知道失去，这里属'中年的寂寞'的有哪几句，大家一起把它给读一读。"

生：（读）"想起故园飞黄叶/想起野塘剩残荷/想起雁南飞/想起田间一堆堆的草垛/想起妈妈唤我们回去加衣裳/想起岁月偷偷流去许多许多。"

师："'想起故园飞黄叶/想起野塘剩残荷'，我把它改成'想起故园铺绿叶/想起野塘满碧荷'好不好？"

生："不好。"

师："为什么？"

生："意境不对。一个是哀景，一个是乐景。"

师："很好。那我换成'想起故园的黄叶/想起野塘的残荷'好不好？"

生："也不好。"

师："又为什么？"

生："一个'飞'，一个'剩'，把静景写活了！"

师："好极了。不仅知其然，而且知其所以然！现在，请同学们一起来把这一小节给读一遍，读出味道来。"

（学生齐读第四小节）

师："现在请同学用自己的话把这一小节中的意境给描绘一下。注意诗歌给出的时间、地点、环境以及人物的活动，在此基础上，可以想象创造。请同学们动笔，时间5分钟。"

（学生动笔。师播放音乐：古筝演奏的《白发亲娘》）

师："请同学们依次来读自己的作品。——这一排同学请读！"

生：（读）"中秋的夜晚，桂花飘香，圆圆的月亮挂在天上，一群小朋友提着灯笼在篱笆边捉蟋蟀，他们玩得很开心，忘记了回家。"

师："这是'童年的惊喜'吧！符合文意，可惜——旁边的同学给他打打分，评价评价。"

生："70分。我觉得他没有想象，描写少了些。"

师：（对众生）"同意不同意这位同学的评价？"

生：（齐）"同意。"

师："接下去，后面的同学！"

生："一个秋风送爽的夜晚，我和小伙伴们打着纸糊的灯笼，蹦蹦跳跳地来到后院。秋虫的呢喃仿佛是母亲在摇篮边哼的眠歌，星光的闪烁好像是幼儿仰起小脸眨巴的眼睛。那浓郁的桂花味儿，又好似一粘上就会香三天三夜。我们在石缝间寻找蟋蟀，蹑着脚，循着声，数着稚嫩的心跳，'快，别让它跑了！'一声惊呼，总能引来一阵骚动。左堵右截，一不小心，头和头碰在了一起，却忘了说疼……"

（掌声自发响起）

师："这个我看不要打分了，掌声已说明一切。"

生："我写得不好，不及格。"

师："不要紧，先读一读，课后再作修改，好吗？"

生："深秋的夜晚，我独自一人徘徊在院子里，望着明月，想念家乡，家乡的园子里应当是黄叶满地，野塘里应当是荷花凋落了吧？想到这里，我禁不住掉下眼泪。"

师："很好，很能入境，把自己也放进去了，不过描写是少了些，课后作补充。——一只小小的蟋蟀引起了台湾诗人的想念，引来了大陆诗人的吟哦。那么，他们到底在想些什么，吟些什么呢？请同学们齐读第六小节，看能不能找到答案。"

（学生齐读第六小节）

师："有没有直接的答案？"

生："没有。只有'你该猜到我在吟些什么/我会猜到你在想些什么'两句。"

师："诗人'吟些什么'、'想些什么'，我们能猜到吗？"

生："能。台湾诗人想念家乡，大陆诗人盼望统一。"

师："好！你已经领悟这首诗的内涵了。不过，你能告诉我，作者为什么不直接说出吗？这样写，有什么好处？"

生："这样写含蓄隽永，耐人寻味。"

师："好！你又品味到诗歌——也许应当说是中国诗歌的语言特色了。作者就不怕我们猜不到吗？"

生："不怕，因为，'中国人有中国人的心态/中国人有中国人的耳朵'。"

师："好，你可抓住诗眼了。是啊，中国人有同样的祖先、同样的血脉、同样的传统、同样的文化、同样的背景、同样的感情。当然，也就会有同样的共鸣。——现在，请齐读第一、四、六节。"

（学生齐读第一、四、六节）

师："读得不错，可大家一读，我就有了一个问题：剩下的几节不要也可以成一首诗嘛！那么，剩下的第二、三、五节存在的价值又在哪里？现在请大家轻声地把第二、三、五节给读一遍，读完之后思考并且讨论这个问题。"

（学生轻声读第二、三、五节，前后左右讨论）

生："第二小节是从纵的方面来讲的，说明咏蟋蟀历史悠久。"

师："第二小节中有两个字很难写，要注意。一个是'豳'，一个是'夔'。"

生："第三小节是从横的方面来讲的，说明蟋蟀的活动空间很大，把灾难的中国人都连在一起了。"

师："孤客，伤兵，苦难的见证人。"

生："第五小节侧重于海峡两岸，把'蟋蟀唱'扩大到了'每个中国人脚迹所到之处'。"

师："这一小节我正有问题呢！'比最单调的东西更单调，比最谐和的音响更谐和'，'单调'和'谐和'，不是矛盾的吗？"

生："不矛盾，'单调'是客观存在，'谐和'是主观感受。蟋蟀单调的叫声和乡愁者的思绪一合拍，就再谐和不过了。"

师："我还有问题呢！这里为什么要把蟋蟀比作露珠、萤火、鹧鸪？"

生："因为它们都能使乡愁者触景生情。"

师："哦，这就对了。可见蟋蟀只是一个借体，是古人情思、今人胸怀的寄托，本诗是托物言志。我们完全可以写另外的诗来唱乡愁，比如《就是那一滴露珠》、《就是那一闪萤火》、《就是那一声鹧鸪》（众笑）这三个小节，扩大了诗歌的内涵！"（学生点头）

师："现在，请大家合上书本，闭上眼睛，来听一遍录音，听完后谈谈感受。"

（学生闭目听配乐诗朗诵）

生："我有一种想家的感觉。尽管我现在离家不远，但我想到我以后会考上大学，如果有可能的话，还会出国留学。那时候，我一定会想家的；那时候，再读这首诗，我一定会有更深的理解，我也许会写一首《就是那一声鹧鸪》来寄托我的思念之情。"

师："无论走到哪里，家都是一个温暖的所在。但是，有没有人想到更大的家呢？今年对于我们国家来说是一个特殊的年份……"

生："今年 12 月 20 日澳门回归，我想到了前年香港回归时的欣喜，想到了今后宝岛台湾的回归。"

师："是啊，想家事小，统一事大。在香港、澳门相继回归的日子里，我们期盼着台湾能早日回归母亲的怀抱。这不仅是内地人民的心愿，也是台湾人民的心愿。从'乡愁诗人'余光中的笔下，我们不难找到见证。现在，让我们一起来把《乡愁四韵》给读一读。"

（演示投影，学生齐读）

师："名为'乡愁四韵'，这里只给出两韵，还有两韵，请同学们补上。最关键的是要找到好的意象，可以从课文中去找，同时要注意句式的一致。我给大家配上音乐。"

（教师轻放《乡愁四韵》歌，学生写）

师："请同学们上来交流！"

生："给我一杯黑咖啡啊黑咖啡/那药一样的黑咖啡/那苦药的滋味是乡愁的滋味/给我一杯黑咖啡啊黑咖啡//给我一根白丝带啊白丝带/那梦一样的白丝带/那梦里的向往是乡愁的向往/给我一根白丝带啊白丝带。"

师："'黑咖啡'改成'浓咖啡'好不好？"

生："给我一块圆月饼啊圆月饼/那月一样的圆月饼/那月亮的皎洁是乡愁的皎洁/给我一块圆月饼啊圆月饼//给我一只竹枝鸢啊竹枝鸢/那云一样的竹枝鸢/那白云的抚摸是乡愁的抚摸/给我一只竹枝鸢啊竹枝鸢。"

师："'抚摸'一词用得好！"

生："给我一张枯黄叶啊枯黄叶/那纸一样的枯黄叶/那白纸的空白是乡愁的空白/给我一张枯黄叶啊枯黄叶//给我一枝桂花香啊桂花香/那心一样的桂花香/那心香的芬芳是乡愁的芬芳/给我一枝桂花香啊桂花香。"

（学生自发鼓掌）

师："时间关系，我们只能在课后再作交流了。你看，每个人写上两韵，我们合起来就是一百多韵。是的，乡愁是写不尽的。我们期盼着祖国的统一，我们期盼着民族的团圆，我们期盼着亲情早日把乡愁替代！今天下午，我将要去虹桥机场接从台北转道澳门飞来上海，离开家乡已有 50 年的叔叔。我的叔叔已经 70 岁了，他说他今生最大的心愿是叶落归根。我告诉他，他的心愿，是能够实现的！"

师:"我现在把《乡愁四韵》从头到尾放一遍,前两韵我们跟着罗大佑唱余光中的词的后两韵,各人唱各人写的,好吗?"

(教师放录音,师生同唱)

(下课铃响,师生道别)

教学延伸

诗歌是各民族文学最初的和最基本的一种文学形式。它的艺术价值、它的美、它的感染力,决定了它被人喜欢。本诗是高中语文课本仅有的两首中国当代诗歌中的一首,是中学生阅读中国当代新诗的一个示范、一把钥匙。全诗既生动活泼,流畅自然,又含蓄隽永,耐人寻味。在构思、意境、语言、手法方面均堪称中国当代新诗之典范。——是谓教材分析。青春是诗,十六七岁的中学生正处在诗意盎然的年龄,他们照例应当喜欢读诗,应当尝试写诗,用青春的笔表露心中跳动着的情感,和亲密的朋友交换从心灵深处流泻出来的吟唱。然而,由于长期以来语文教学中"诗意的放逐",学生阅读诗歌和写作诗歌的基础极为薄弱。——是谓学情分析。于是教法设定为:创造气氛,交流情感;巧妙点拨,启发想象;联类比照,开展讨论;以诗教诗,拓宽学路。学法指导的重点是:感知诗歌形象,领悟诗歌内涵,品味诗歌特色。教学步骤则分为:导入定向(师生关系定向、感情基调定向、教学目标定向),鉴别欣赏,领悟内涵,品味特色,固本提高。

专家点评

听了袁卫星老师的《就是那一只蟋蟀》一课,我最大的感受就是我们目前的中学语文需要诗歌教学。因为我们的学生需要诗,他们正值十五六岁的花季,他们本身就是诗。他们渴望用诗的甘泉来浇灌荒芜的心田,渴望用诗的色彩来丰富苍白的情感,渴望用诗的旋律来激荡单调的思绪,而我们呆板僵化的语文教学却使他们远离了诗。今天这一堂课,我从学生睁大的双眼、兴奋的表情、忘我的投入中感到了他们正从文字的表层不断走进文字的内里,去咀嚼和体会诗的语言美、形象美、意境美;感到了学生潜在的诗情在涌动;感到了他们思绪翻飞的力度;更感到了他们生命的活力在蹦跳。整个课堂里都充满了诗，学生感情神态上的种种变化真的令人怦然心动。我想，这正是我们语文教师苦苦寻觅，用尽心思要达到的课堂教学境界，也正是我们语文教学所期盼的教学效果。

这堂课的教案设计贴近学生实际。教学目标有三点：1.认知目标；2.能力目标；3.情意目标。教案分析了学情和教材，设计了教法和学法指导。所有方法的设计都紧紧围绕现有学情下的目标的实现来设定。整个教学过程步骤清晰，重点突出，一气呵成。执教者较好地完成了目标要求，课堂教学体现了他的教学个性和创新精神，也体现了他的教学思想，那就是以学生为主体，尊重学生，爱护学生每一点好奇心，发掘学生潜在的能力，培养他们的思维。教师当好了向导、顾问，乃至伙伴的角色，这是符合时代精神，符合新时期语文教学改革的趋势的。

具体地说，本课有以下特点：

一、抓住教眼，创设情境，实现"五入"

诗有诗眼，文有文眼，教眼是从诗眼、文眼而来，教学的重点就是教眼。这首诗的诗眼是什么？一只蟋蟀从古唱到今，它的吟唱，劳人听过，思妇听过，孤客听过，伤兵听过，牵动了无数人的心肠，现在又是它引发出两岸诗人的无限神思。小小蟋蟀竟有如此魔力，果真是它的叫声最能惹人愁绪？这只是表面现象，咏蟋蟀不仅仅是诗人借物寄托情思，不仅仅是个人的感慨，而是我们的民族从古到今特有的表达感情的一种方式。蟋蟀不仅是客观自然中的物体，更深的寓意是反映我们民族共同的心理心态，反映我们中国人共同的血缘和共同的文化，因此才有了海峡两岸诗人的"心有灵犀一点通"。诗的结尾点出"中国人有中国人的心态，中国人有中国人的耳朵"，这就是这首诗的诗眼，也是整个教学的教眼。

袁卫星老师抓住教眼，在教学中步步创设情境。课前活动，听唱《乡愁四韵》，营造情感氛围。导入课文，诵读李白的《静夜思》和余光中的《乡愁》，开启学生思考：这是入情；进入课文，让学生在诵读中感知教材，获得真切、深刻的印象：这是入诗；配乐朗读，让学生闭起眼睛来与作者心灵沟通，并运用联想和想象，神游于诗的人、事、物中，去体验、感悟诗篇：这是入境；巧设疑问，学生由此神会了全诗的精髓"中国人有中国人的心态，中国人有中国人的耳朵"：这是入神；最后，用《乡愁四韵》这一同类题材，宜于学生仿写的诗歌，调动起学生写诗的兴味，让学生运用习得的知识，当堂反馈，进行续写：这是入化。这"五入"——入情、入诗、入境、入神、入化，环环相扣，步步深入，学生学诗、读诗、写诗的情绪始终处在亢奋状态之中，课堂教学始终处在生动、主动状态之中。

二、抓住物象，联类比照，培养思维

思维是智力的核心。培养智力、发展思维是课堂教学的主要任务。这首诗的特点是运用丰富的联想展开内容。而联想是想象的基础，没有联想思维的能力，就不可能具备想象的创造性思维。袁老师正是从诗中的物象入手，紧紧抓住联想特点，引起学生的联类比照，促进了学生思维的发展，为学生想象思维的生成发展打下了基础。蟋蟀这一物象和思乡有什么内在联系呢？老师不直说，而是让学生描摹蟋蟀的模样、习性，尤其是叫声的时断时续、时隐时现。他启发学生根据叫声去思考，原来蟋蟀叫和人的思绪合拍，思绪也是断断续续的，并且，只有静听才能听到，人在独处时容易想心事，这就使学生找到了两者之间的联系。再启发学生进一步联想，想到天真烂漫的童年，想到养育自己的家园，想到博大慈祥的母亲，然后在诗中找到对应的句子。教师还把诗中冷色调的词换上暖色调的词，让学生进行对比联想，学生感到冷色调的词更能衬托出作者凄凉、孤独的心境。在听完这首诗的配乐朗诵后，老师启发学生，由想家小事，想到统一大事，学生自然联想到祖国团圆，香港、澳门乃至台湾的回归。这种联想不仅使思维得到有效的训练，也使人的思想感情得到一种提炼和升华。课堂联想丰富了学生对诗的憧憬，也训练了学生的多种思维。

三、让学生掌握学习的主动权，成为课堂的主人

学生的课堂参与率应该作为衡量一堂课成功与否的标准之一。这堂课可以说是学生全员参与、全程参与，他们不仅在学，在读，在想，在说，还在实践，在老师的引导下开展多种多样的活动。在交流写作中，他们的思想在碰撞，闪出智慧的火花：他们兴奋，思维的机器在急速运转；他们表达，思想的溪流在自然流淌。

课堂是人类智慧的诞生地之一，是学生生命的构成部分。让学生说，让学生动，按照他们的需求和愿望开展教学，这叫人道。一言堂，填鸭式，压抑个性，摧残学生，这叫不人道。袁老师深知这一点，课堂上尽可能地采用多种方法，调动学生兴趣，尊重他们想法，指导他们活动，使课堂成了学生掌握知识、交流思想、产生智慧的所在。

我常想，课堂的空间有多大？这是很难估量的。它可以是实的，也可以是虚的。实的是具体的一篇篇课文，而虚的是由实的内容在学生心中拓展开的无法衡量的知识、情感、智慧的再生体，它是无限的。这首诗让学生得到了学诗、读诗、写诗的一些方法，但更多的是使学生对诗产生了浓厚的兴趣。一位学生在课堂上说："我有一种想家的感觉。尽管我现在离家不远，但我想到我以后会考上大学，如果有可能的话，还会出国留学，那时候，我一定会想家的；那时候，再读这首诗，我一定会有更深的理解，我也许会写一首《就是那一声鹧鸪》来寄托我的思念之情。"诗作为情感宣泄的渠道，让学生找到了情感宣泄的出口，他们要借助诗来表达丰富的情感世界，这样的教学空间还不大吗？课堂的结尾也是十分精彩，生活的巧合再一次延伸了课堂内容。

袁老师的课看似随文随意随情而上，但充满了机智、机敏，在他巧妙的点拨下，产生的是意想不到的教学效果。其实这反映了他备课的深入，研究学生的深入。一手抓住教材，一手抓住学生，根据学生的需要实施教学，这正是现代教育的终极目的。

如果袁老师的话能再少一些，学生活动的时空能再多一些，这堂课会更完美。

（秦　力）

如果我们是古人

——青年名师夏琨讲述新授课《晏子辞千金》

文言文该怎么教，这似乎是一个一直困扰着中学老师和学生的一个问题。当传统的教法已经走入使学生厌学、老师厌教的死胡同的时候，其实就是文言文教学开始转型的时候。"反者，道之动。"（《老子》第四十章）。文言文不仅肩负着教育学生了解古代文字的任务，更肩负着将我们与传统连接起来的重任。从形式上说，抓住文言文与现代文的联系，就是在一定程度上抓住了文化的传承。因此，在课例《晏子辞千金》中，有意识地设置文言文与现代文的"反译"环节，让学生把现代文"还原"成文言文，取得了良好的效果。请看课例：

精彩实录

（屏幕上出现"晏子"二字）

师："大家看屏幕上，打的是'晏子'，这个人你们熟悉吗？"

生："熟悉。"

师："知道他的故事吗？"

生："知道。"

师："能否请一位同学来讲一下他的故事？"

（一位学生举手，讲晏子使楚的故事）

师："讲得真好，十分感谢！从这个故事我们可以看出，晏子是一个什么样的人？"

生："聪明、智慧的人。"

师："对，晏子是以一位智者的形象出现在历史当中的，不过今天我们要讲的是他另外一个故事（屏幕显示完整课题《晏子辞千金》，将翻译的现代文发给学生）。现在，请一位同学起来把这个故事读一下，刚才那位同学举手了，我没有看到，很抱歉，现在你来讲好吗？"

（学生读译文）

师："很好，现在大家看看，晏子是一个什么样的人？"

生："正直的人。"

师："为什么？"

生："他想把钱给百姓。"

师："还有呢？"

生："廉洁。"

师："现在大家都清楚了他的品德了吗？"

生："清楚了。"

师："但是还有一个人不清楚，就是晏子，因为我们这里用的是现代文，要是读出来的话晏子肯定听不懂。平时我们都是扮演的现代人，把文言文翻译成现代文，今天我们反过来，客串一把古人，把这段文字翻译成古文好吗？"

生："好！"

（教师在屏幕上显示课文的部分现代文翻译，在现代文下面根据学生的回答现场打出翻译出来的古文）

师："晏子正在吃饭？"

生："晏子正食。"

（教师打出）

师："你们见过古文里面说'正在'是用'正'吗？"

生："没见过，应该用'方'。"

（教师把"正"改成"方"）

师："齐景公派使者来了？"

生："公使使至。"

师："很不错（打出）继续，晏子把自己的食物分给他吃？"

生："子分食与之。"

师："使者没有吃饱，晏子也没有吃饱？"

生："使者未足，晏子也。"

师："也?"

生："亦,亦未足。"

师："很好,继续,使者回去?"

生："使者归,使者返。"

(教师将两种答案都打在屏幕上)

师："对景公说了这件事。"

生："言之于公。"

师："景公说:'他穷得像这样啊!'"

生："公曰:'如此窭也!'"

师："怎么不用'穷'呢?"

生："一般古文穷都是指官运人生道路一类的,应该用'窭'。"

师："很好!我们一般说'日暮途穷',就是指道路迷茫,还有'欲穷千里目,更上一层楼',这里又是指穷尽。我不知道,是我的错啊!"

生："吾不知,吾之过也!"

师："吾?"

(学生讨论)

生："寡人。"

师："我们知道,景公是一个诸侯,先秦诸侯自称都是寡人,很好!"

师："多次送给他?"

生："数(shuò)赠之。"

师："最后晏子拜了两次推辞说。"

生："子再拜辞曰。"

师："什么叫再拜?"

生："拜两次。"

师："为什么拜两次?"

生："表示恭敬。"

师："我家不穷。"

生："吾家不窭也。"

师："我们说古人有名有字还有号什么的。谦虚的时候应该称什么?"

(学生有争议,有学生说名)

师："自称谦虚应该称名,所以这里最好是——"

生："婴家不窭也。"

师："因为景公的赏赐。"

生："因公之赐。"

师："还有其他的意见吗?"

生："以公之赐。"

(教师打出两种翻译)

师："用来赈济百姓?"

生："以之赈民。"

师："国君的赏赐很优厚了。"

生："君之赐厚矣。"

师："为什么不用'也'?"

生："'也'感觉是判断,'矣'感觉好一些。"

师："'矣'用来陈述,还有一些感情。继续,我听说?"

生："婴闻之。"

师："从国君那里获得厚赏。"

生："获厚赏于君。"

师："散给百姓?"

生："散之于百姓。"

师："这就是代替国君统治人民。"

生："此乃代君治民也。"

师："忠臣是不做的。"

生："此乃忠臣不为也。"

师："从国君那里获得厚赏而不散给人民。"

生："获厚赏于君而不散之于民。"

师："这就是用筐箧收藏财物。"

生："此乃筐箧之藏也。"

师："仁义的人是不干的。"

生："君子不为也。"

师："仁义的人就是君子,很有道理。"

师："向上从君主那里获取。"

生："上取于君。"

生："进取于君。"

师："有人说进，你能说一下自己的观点吗？这里明明是向上啊？"

生："我记得《岳阳楼记》里面有这个，'进'就是对皇帝，'退'就是对下面，但是我记不太清楚了。"

师："很好！《岳阳楼记》里面说：'是进亦忧，退亦忧。'我们同学读书很仔细啊！"

师："在下面得罪士人。"

生："下得罪于士（退得罪于士）。"

师："内心满足就能免于忧患。"

生："心足则避忧（患）也。"

师："为什么要只用'忧'或者'患'？"

生："古代多用单音节词。"

师："对，我们现在说长江，古人叫江；黄河，古人叫河，我们多用多音节词，古人多用单音节词。"

师："下面，景公对晏子说，以前我们去世的国君把五百书社授予管仲。"

生："景公谓晏子曰：'前桓公以书社五百授之仲。'"

师："你们觉得用'前'好吗？"

生："不好！"

师："那用什么？"

生："昔。"

师："去世的国君该怎么说？"

生："先王。"

（教师改正）

师："管仲没有推辞就接受了。"

生："未辞而受之。"

师："管仲呢？"

生："省略了。"

师："好，继续，你推辞是什么原因呢？"

生："汝辞之何也？"

师："用'汝'合适吗？古人说'尔汝'就相当于我们现在说'卿卿我我'，是比较亲密的人之间说的，你们觉得这里最好用什么？"

生："子。"

师："好，再看下面，晏子说：'智慧的人考虑多了，肯定会有一次失误，愚蠢的人考虑多了，肯定会有一次成功。'"

生："智者千虑，必有一失；愚者千虑，必有一得。"

师："呵呵，这么肯定？"

师："终于到最后了，'想来管仲的失误就是我的成功吧，所以拜两次不敢接受'。"

生："臣以为管仲之过乃臣之得也，故再拜而辞之（弗受）。"

师："我们终于把文段翻译成古文了，我现在把我们的成果念一遍（教师念），你们认为晏子能看懂吗？"

生："二懂（方言：半懂）。"

（教师发下原文）

师："我们看看原版比起我们的'盗版'如何？前面大家翻译得很好，'使使'两个字的翻译我觉得比原文还精练一些，同学提出的'进取于君'也是很精彩的翻译！但是有些地方似乎原文比我们的好，比如'代君君民'，这里第二个'君'字用法和意义是什么呢？"

生："名词作动词，统治的意思。"

师："对，很好！由此可见，文言文似乎也并不是那么神秘啊。如果我们生活在古代，没准比古人说得还好呢！"

（学生笑）

教学延伸

对于这堂课来说，我觉得最值得玩味的地方，有以下几点：

一、"反者，道之动。"这句话出自《老子》第四十章，意思说，循环往复的运动变化，是道的本真运动。说"暗算"也好，"巧妙"也好，其实都还未能真正地深入到事物探究的深层。对于文言教学来说，将古文转化为现代文，目的何在？一般的回答是便于理解，因为古文难懂。其实这只是将事情做了一半，很多人还不知最好的行事还是要回到自身上来。要完成一个理解，在哲学层面上讲需要一个循环。很不经意之中，理解又回到了起点。这就是圆点运动，也正是老子"道"的意思。因为找不到返回的路径，理解受到了阻塞，于是文言成了"之乎者也"，变得异常枯燥。这对于语文教学持语言工具论的教师来说，我的做法不啻是一个反讽。僵硬的工具论教学时常落到使学生对于文言课堂倒胃口的地步，想一想，究竟是谁的过错呢？

二、《老子》又说："弱者，道之用。"其大意是，"道"所使用的方法是示弱而不是逞强，用柔劲而不显示刚强。这节课堂没有凸显一般教师所谓的周密而科学的、环环相扣、丝严缝合而"无懈可击"的教学设计和所谓的逻辑进度，也没有凸显教师的动人风采与迷人个性；相反的，教师示弱，他并没有显示教师作为知识与理解的主宰，其亮点只在他不断地让学生有思考的问题，有求思的所在。所以在课堂上，学生获得了言说的自由与空间的同时，也并没有失去听众的崇仰与快乐。

三、《老子》还说："天下万物生于有，有生于无。"其大意是，天下的万物似乎产生于看得见的有形质体，而有形质体又似乎产生于那些不可见的无形质体。我在课堂上运用的智慧都在这里。关于"无中生有"，学界有很多批评的声音，其实是那些人还没有真正理解事理的精髓所在。从眼前有形的语言，有限的语言空间，如何让学生看见隐藏在文字背后的极大的事理空间，应当说主张语文人文说的教师做得比较出色，但是，往往这样的课堂，又给人无迹可寻的感觉。而事实上，这样的课堂情形，仍然依赖于教师的精心设计和密度旁搜。要想课堂获得意义的拓展，又需要大量的"互文"来支持。而这一点，是学生做不到的，并且也是他们难以理解的。我在课堂上循序渐进的做法，恰恰让学生不自觉地感到，由语言进到精神领域，有一个可见而浅近的路径。精神空间其浩瀚乎，而可得于心，需要的是大巧若拙的本色与深入浅出的功底。

由这堂课，我还想再说一些。

一是，目前，一般的文言课为什么上得非常的逼促呢？一个很重要的原因就是，很多教师的视野已经非常狭隘，只知道就字词讲字词，只知道为传授而传授，对于超越课文的很多东西基本上失去感觉。文言如果只释字词，而不作任何的理解，古文就成了死文，也难怪因为学习不得法，而招致包括老师在内的很多人对古文的厌弃。在传统的"防教师"体系教材编写与教学实践中，教师只是国家教育目的和教材编写者的执行者，完全丧失了教师在教学活动中的独立和主体的地位。因而，教学行为，就表现为"唯书"和"唯上"，表现为"教"教材，而不是"用"教材。新课程已经突破了这种狭隘面，但很多教师显然还没有足够的准备和转变意识，这是需要深思的。

二是，优秀的教师从来都走着一条异乎寻常的路。他们对于教学的态度近乎苛刻，这其实是对有质量的教学生命的苛求。正是这种苛刻，逼迫他们寻找种种崭新的路径。而首当其冲的是，他们需要在心中自我酝酿，作一个比喻来说，好比酿酒，在自身体内经历一场美妙的发酵。夏老师对于古文的兴趣，对于古代历史的兴趣，都使我们感到他是一名非常优秀的酿酒师。对时间——历史——产生由衷的敬意，使他完成了一个个理解上的循环。这一点，其实是需要教师对于古文有一种特别的情怀的！

三是，教学需要不需要一些新鲜的巧法？我想这是毋庸置疑的。课堂确实时时需要一些巧法给庸俗的生活以新鲜的刺激。但是，专门玩弄这些所谓的机巧，正是当下一些名师的所谓的"优势"，这是需要警惕的。这里需要说明的是，课堂机巧的作用点在哪里呢？我想，应该是一个助推器，帮助我们理解、喜欢文言，以顺利地深入文中，甚至达其感人至深的地方。最希望看到这样的情形，文字感动我们，是因为它触动了我们的灵魂，并成为我们灵魂的一部分，并且，使得生命中许多不可能成为可能，使得我们体验到智慧的奇谲与欢畅。

我想，当学生喜欢上了古文，在古文的课堂上也能够思索，那么，这种新鲜的刺激自然会自动地脱落，使得那些语言的静波显露出来，变成恒久的美。而这种美是最纯粹的，最感人的。在今日所谓"害我最多的是古文"的声浪里，要恢复文言与历史的尊严，目前需要做的事情还很多很多。特别是在今天很多人意识里还有很浓厚的斥古情结时，如何让人们喜欢上古文，教学的创新，就显得更为迫切了。

四是，这一节对于语文的工具论者与人文论者都是有启发的。就目前的教学情况所知，前者认为语文教学要重视语言的训练。但根据其听说读写四项要求所作出的种种要求，在今天已经使很多课堂僵化了。如何激活那些沉睡在文本里的语言呢？泛人文论者似乎过度扩张了文本的意义空间，难免受到脱离实际的嫌疑。

一般来说，语言是通过作者的感受而沉浸在文本里被读者唤起，而读者理解文本又需要凭依语言，这本没有问题。但工具论者过分强调了语言的形式，而忽视了语言背后的人。人文论者的方式又让人感到离语言的现实太远，所以在"作者—语言—读者"的关系上，读者不是像语言学家一样地客观地研究语言，而是要"唤起"，通过"唤起"而唤起另一种情感的。

专家点评

夏老师这一节《晏子辞千金》文言文课是很有意思的课。在文言文已经上得面目可憎的今天，这一上法不仅令其他教师耳目一新，而且学生也颇感新鲜有味。从课堂现场来看，夏老师采取"还原"法，使学生学习文言文的兴趣一下子被调动了起来，情绪也非常高涨。当然，这并非夏老师首创，但他给这种教学方式注入了新元素，因而产生了意想不到的效果。我读而乐之，觉得非常有推介的必要。

首先说来，夏老师的课堂常常是变动不居的。作为教师，非常可贵的，在他身上有着浓厚的艺术家气质。这使得他的课堂常常出人意表，有很多灵活的元素。他总是根据不同的课堂内容找到切合的展开方式，而这节《晏子辞千金》文言课，无疑又是他展示其独特教学价值观的又一尝试。

一般而言，文言文如何上？有人作了列举，比较公认的似乎是这样一些："钱梦龙执教的《愚公移山》是串讲文言文的极品；张必锟执教的《五柳先生传》是文言文诵读教学的经典；黄岳洲设计的《岳阳楼记》教案是深挖古文知识的代表；张孝纯设计的《乌有先生历险记》是文言词汇训练设计的绝唱；沈衡仲执教的《六国论》是扩大文言文文化内涵的教学视野的典范……"（魏小娜《寻找语文课程视野下的"文言文语言教学"》，《中学语文教学》2005年第11期）这些案例是如此的经典，以至于今天还有很多人在历数着这些名师，学习着他们的课例。但是，恕我直言，在文言教学面临着极大的时代挑战而羞涩地隐退于历史的暗角的时候，曾经流行一时的教学模式真的能够为今天的教学提供直接的经验借鉴吗？应当说，光鲜的文言已经生了铜绿，几千年的时空里，赖以传递丰富信息的文言在今日已经蒙受损失了，当暗黄的纸页间文雅而孤傲的字句已经远离我们的生活而变得十分遥远的时候，怨恨、批评便成了宣泄人们空虚灵魂的最常用的手段，到现在甚至成了唯一的手段。

教学需要寻找新方法，文言教学需要拓展新路。而夏老师的可贵探索正显示了极大的价值。他这一课的独到之处在哪里呢？

"平时我们都是把文言文翻译成现代文，今天我们反过来客串一下古人，把这篇文字翻译成文言文好吗？"他就这样开始了这一课。我想学生是非常吃惊的。对于已经习惯了文言文教学即讲字词的孩子来说，古文即意味着乏味和沉重。但夏老师这一设计，无疑有着极具诱惑的刺激，这一刺激的意义，让我在这里多说一点。

一是对于已经平淡的课堂，教学本身渴望改变一下单调，夏老师的课堂正适逢其会。看起来，这似乎是一个再自然而然的事情了。

二是夏老师对于课堂有一个"暗算"。如开始部分，师说："晏子正在吃饭？"生答："晏子正食。"师说："你们见过古文里面说'正在'是用'正'吗？"生答："没见过，应该用'方'。"师说："齐景公派使者来了？"生答："公使使至。"师又说："很不错，晏子把自己的食物分给他吃？"生答："子分食与之。"师又说："使者没有吃饱，晏子也没有吃饱？"生答："使者未足，晏子也。"师突然发问："也？"生醒悟而答："亦，亦未足。"我想，对于学生的所学来说，暗含着一个比平常考试还要厉害的检验，因为它不需要死记硬背，而是运用和发挥。教学设计由被动的学转化为主动的发挥，对于学生来说，不使出浑身解数，如何彰显自己的能力呢？

当文言语言的硬壳在课堂上被学生细细地敲碎之后，师生的对答便非常畅快起来，学生甚至显得非常兴奋。当老师说"晏子说：智慧的人考虑多了，肯定会有一次失误，愚蠢的人考虑多了，肯定会有一次成功"时，学生迫不及待地回答："智者千虑，必有一失；愚者千虑，必有一得。"当老师说"想来管仲的失误就是我的成功吧，所以拜两次不敢接受"时，学生很流畅地用了较长的句子来回答："臣以为管仲之过乃臣之得也，故再拜而辞之（弗受）。"如此看来，语言的静波就显现出来了。

这种"暗算"还体现在夏老师的课堂在貌似无序的背后有着严肃的构思。在他，就是要通过课堂的语言，激活学生的心智。而这一层目的达到之后，夏老师发下了原文文本，并激趣说："大家来对比一下，我们的'盗版'与'正版'相比如何？"这又是一个刺激。然后，课堂再渐进地到达人文的层面（"晏子的困境"），完成了一个由语言到意义的提升过程。显然，夏老师教学设计步骤很清晰，循序渐进，由易到难，由个别到整体，使学生不自觉地参与其中，自然而然，不知不觉将课堂融合进了自己的理解视野之中。

这一节文言课上下来，学生突然感到文言竟然还是如此的有味，而夏老师没有讲解什么虚词、实词，也没有让学生枯燥地在文言词里转悠。一种展示学生个人效能的方法，绕开了单调而乏味的概念性解释，使学生很自然地在文言词与现代汉语双音词之间比较熟练地转化着。我想，仅仅凭借这一点，这一节课也是非常成功的。当然，夏老师的课堂远不止于此，他对文化的阐释也是极具个性和有意思的。但纵观其课堂，其实并没有将一个确定的答案告诉学生，而是启发他们在日后的人生之中去思考，去探索。所以，这样的课堂其实又是非常开放的，并将学生的视线牵向很遥远很遥远的地方。

（吴礼明）

体验信息技术与数学课堂教学的最佳整合

——名师王旭晓讲述数学新授课《9加几》

"电脑真好玩，我爱数学课。"这是我们班孩子在下课之后经常发出的一句感叹。是啊，21世纪是信息技术占主导地位的世纪，现代信息技术的快速发展更是强有力的影响着数学教育的价值、目标、内容以及学与教的方式。《数学课程标准》中的基本理念就强调：数学课程的设计与实施应重视运用现代信息技术，特别要充分考虑计算机对数学学习内容和方式的影响，大力开发并向学生提供更为丰富的学习资源，把信息技术作为学生学习数学和解决问题的工具，致力于改变学生的学习方式，使学生乐意并有更多的精力投入到现实的、探索性的数学活动中去。

精彩实录

一、创设情境，引入活动

出示天线宝宝乐园图。

师："这是什么地方?"

生:(兴奋地喊)"天线宝宝乐园!"

师:"想去吗?"

生:(争着说)"想!"

出示天线宝宝(丁丁、拉拉、迪西、波):(播放录音)"小朋友你们好!"

生:"你好! 你好!"

[《天线宝宝》是中央电视台少儿频道的专题动画,深受广大儿童的喜爱。短短几秒钟的动画剪辑,和天线宝宝们打招呼,吸引了学生的注意,激发了学生学习的热情和积极性,为学生迅速进入学习状态作了良好的铺垫。]

二、活动展开

1. 准备练习

师:"天线宝宝们要先看看你们平时知识掌握的怎样。"(出示看图填数)

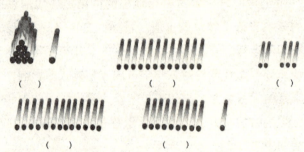

课件逐一出示上图,学生看图抢答。

师:"刚才为什么有的图你想得这么快,有的图说得慢呢?"

生 1:"有些图小棒少一点,有些多一点。"

生 2:"多的小棒一下子看不出有几根,要数的。"

生 3:"捆成一捆的就好数一点。"

师:"一捆是多少根?"

生:"10 根。"

生 3:"再数数右边还有几根就是十几了。"

师:"讲得好!"

小结:"一捆就是 10,10 加几就是十几。"

[由天线宝宝们出题考大家,形式富有童趣,学生好胜心强,顿时激情高涨,同时看图填数又为后面的"凑十"伏下一笔。]

2. 师："你能用一道算式表示最后一幅图共有几根小棒吗?"(课件放大最后一幅图:9 根小棒和 1 根小棒)

生:"9 + 1 = 10。"

师:"9 + 1 你是怎样想的?"

生:"因为 9 和 1 组成 10,所以 9 + 1 = 10。"

师:"我们把 9 加 1 等于 10 换一种说法,可以说 9 和 1 凑成 10。"(板书:凑成 10)

(电脑演示将图中右边的 1 根小棒移过来,和左边的 9 根捆在一起。学生学着教师说"凑成 10")

3. (播放录音)天线宝宝:"噢噢,你们真棒,很高兴你们来我们家玩,跟我来,跟我来!"

丁丁:"我是丁丁,和我玩小棒吧,玩小棒吧!"(课件出示丁丁,并闪烁其头上的天线和肚子上的窗口,然后放大窗口)

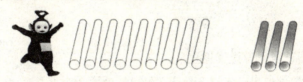

师:"丁丁要和小朋友们玩小棒,谁知道丁丁一共有多少根小棒?怎样列式?"

生:"9 + 3。"(教师板书)

师:"用小棒摆一摆 9 + 3 = □。"

(学生动手摆小棒,然后小组内交流,再派代表上来展示汇报,教师巡视指导)

组 1:"左边摆 9 根,右边摆 3 根,一共有 12 根。"

师:"但是你们组摆的老师不能一眼就看出共有 12 根。其他小组有不一样的摆法吗?"

组 2:"我们组是这样的,先摆 9 根和 3 根,再从 3 根里面拿出一根放在这里(左边的 9 根)是 10 根了,还有 2 根,10 + 2 是 12 根。"

(组 3 和组 2 一样,只是移动后将 10 用橡皮圈圈成一捆了,更加形象)

组 4:"我们摆好了以后数出来的。"(9、10、11、12)

师:"为什么要拿出 1 根?你们听明白组 2 的意思了吗?"

生："我听明白了，因为 9 + 1 = 10，10 + 2 = 12。"

师："1 是哪里来的？"

生："3 分成 1 和 2。"

师："为什么要把 3 分成 1 和 2 呢？"

生："因为 9 和 1 组成 10。"

生："9 和 1 凑成 10。10 加几就是十几。"

生："9 和 2 不能凑成 10。"

师："咱们看看丁丁是怎么玩小棒的。"（电脑演示：丁丁将红色的一根小棒移到绿色的一边，然后圈出 10）

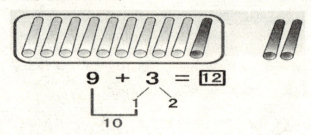

（根据上图让学生说说算理）

教师引导学生说出"先把 3 分成 1 和 2，再算 9 加 1 凑成 10，10 加 2 就等于 12。"

师："这种方法叫'凑十法'。"

丁丁："凑十法，好棒！好棒！"

［从情境中提出问题，并解决问题，使学生体验"凑十法"是比较简便的计算方法。］

4.（录音播放：宝宝烤面包，宝宝烤面包！）出示波和迪西烤面包。

师："谁能提出数学问题？"

生："波和迪西一共烤了多少个面包？"

师："谁会解决这个问题，列出算式呢？"

生："9 + 7。"

生："9 + 7 = 16。"

师："你是怎么想出来的?"

生1："可以数出来。"

生2："数太慢了。先把7分成1和6,9加1等于10,10加6等于16。"

生3："把7分成1和6,先算9加1凑成10,再算10加6就等于16。"

生4："把9分成6和3,7和3凑成10,10 + 6 = 16。"

(电脑动态演示移动一个面包先凑10)

小结："刚才我们算9加几的时候都是先凑成1个10,再算10加几的。"

[允许学生用不同的方法算9加几,充分尊重学生的选择,体现了课程标准中所提倡的教学新理念。]

三、动手操作,巩固强化

1.出示迪西(帮帮我,帮帮我)

圈一圈,算一算。(书上做一做T1、T2,其中T2则用电脑演示凑十的动态过程)

[本环节意在强化新知,通过帮迪西圈一圈,算一算,满足学生的自豪感,让学生享受成功的喜悦。]

2.进入家园

师："天线宝宝乐园里种满了花,引来了许多的小蜜蜂呢。谁能找出数学问题?"

(学生口头列式)

3.获取礼物

"天线宝宝们要送给咱们全班小朋友一个礼物,想打开看看吗?"(课件打开礼盒:连线题)

转悠悠的风车应该装在哪座房子上呢?(学生口答,电脑连线)

师："这些算式有什么特点呀?"

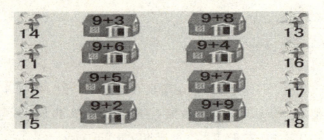

生:(讨论)(板书课题:9加几)

[分层次、有梯度地围绕天线宝宝设计形式多样、趣味浓的习题,不仅巩固了新知识,更重要的是让学生亲身体验9加几的思维过程。学生积极主动地参与学习,充分体现学生的主体意识。]

四、课堂总结

师:"这节课你们开心吗?和天线宝宝们玩了一节课,都是用什么知识?数学知识可重要了,我们一定要学好它,用好它。"

电脑演示:太阳下山了,和天线宝宝们说再见!

[始终以天线宝宝们为主线,贯穿整节课。]

教学延伸

《数学课程标准》倡导:"数学课程的内容一定要充分考虑数学发展进程中人类的活动轨迹,贴近学生熟悉的现实生活,不断沟通生活中的数学与教科书上的数学的联系,使生活与数学融为一体"。《9加几》这节课通过与信息技术相整合,运用 Flash 创设学生熟悉的学习情境,使我体会到新思想指导下的信息技术与学科教学整合带给孩子的无穷乐趣,使他们感受到数学的趣味和作用,体会到数学就在我们身边。

本节课的内容是义务教育课程标准(人教版)数学一年级上册第98页例2,以及练习十七中的习题。教材例题呈现的是小棒和花(图片)相加的过程,与例1教学相比,例2的材料没有例1丰富,而难度却有所增加。本课意在让学生加深对"凑十法"的理解,把具体的操作过程与抽象的计算过程对应起来,也为学生脱离实物通过思考算出得数打下基础。

纵观本课内容,我觉得教科书所呈现的资源信息比较单一,留给学生分组学习和主动探究的空间不足。正如数学家华罗庚所言:"造成数学难懂的主要原因是脱离实际。"因此，现实生活材料和生活事例都是学习数学的载体，它能够提高学生学习的兴趣。我在设计这堂课时舍弃书本内容，运用计算机这一无可比拟的优势，创设学生熟悉的感兴趣的动画情境《天线宝宝》，让学生在动画故事中学习新知。

整节课以"和天线宝宝们玩玩"为主线，将学生带入美丽的乐园。值得一提的是，为了使影片剪辑服务于本节课教学，我给天线宝宝们配上符合本节课的对白，效果很好。至于选取这一动画故事的理由有三：一是故事背景——天线宝宝乐园。天线宝宝们的肚子上的视频窗口，正是学生看大千世界的窗口，向学生提供极为丰富的资源信息，便于学生自主、合作地探究新知；二是和天线宝宝们玩一玩，让学生在玩当中有意无意地学习数学知识，真正做到在情境中学数学，玩数学；三是《天线宝宝》是学生熟悉、喜爱的动画片，在数学课中重见该动画片，他们积极性很高，体会数学学习是那么有趣，数学就在我们身边。

新课程标准关于第一学段的课程实施建议中强调：在本学段的教学中，教师应充分利用学生的生活经验，设计生动有趣、直观形象的数学教学活动，激发学生的学习兴趣，让学生在生动具体的情境中理解和认识数学知识。由此我们来关注以下的想法：

1. 关于主题图的运用

翻开数学新教材，映入眼帘的是五颜六色的图画、生动有趣的故事、憨态可掬的动物、深受欢迎的卡通，这不仅仅给枯燥的数学赋予生命，融入了生活气息，让数学变得可爱、诱人，更为教师的教学设计提供了丰富的资源。如在"9加几"的进位加法中，教材创设了一个小朋友熟悉的运动会场景图，生动地描绘了学生参加各项比赛的情景。虽然这一主题图贴近孩子的生活，也能引起他们的兴趣，但是本案例教学中还是选择了用卡通故事来替换。放弃教材所提供的主题图，是否切实可行呢？效果显然是不错的。其实主题图运用的方式很多，但要因人因课而异，不过宗旨只有一条，那就是让学生学得更有趣、更灵活。

2. 关于算法多样化

学习是一种个体的认知活动，由于每个人的认识水平、思想方法、解决问题的策略和途径不可能相同，所以在面临一个新的计算问题时，就会出现不同的计算方法。本堂课学生对如何计算"9 + 7"，便出现了几种不同的算法。这时候，允许学生用不同的方法计算"9加几"，充分尊重学生的选择，提倡算法多样化，把解决问题的主动权交给学生，给学生留下更多展示自己的思维方式和解决问题策略的机会。应该说，这样的做法已越来越被大家所认可，但是当学生的思维呈现多样化后，要不要进行优化？怎样优化？这又是一个棘手的问题。不同的学生会有不同的学习潜力，教学的目的在于使每个学生在数学方面得到不同的发展。只强调从经验出发，鼓励源于经验的算法，就可能使学生停留在原有水平上。在"9加几"的各种计算方法之间没有对错之分，但无疑其中会有一些优劣之分。这时，教师要有优化的意识，但同时也要意识到优化的主体只能是学生，优化是一个学生思考、交流、比较、体验和感悟的过程。

专家点评

王老师的这节《9加几》的课设计理念先进，充分尊重和利用学生原有的知识结构和认知结构，充分找准新知识的固着点。在有趣的情境变化中，新旧知识之间的过渡十分自然，使学生乐学、爱学，更是充分发挥了计算机在形、声、色、动上的优越性，主要表现在：

一、重组教学内容，使其新颖化

本课教材上呈现的是小棒和花，通过动手操作理解凑十法。王老师放弃教材上的内容，进行重组，选用学生喜欢、熟悉的动画片《天线宝宝》为学习背景，将学生带入美丽的天线宝宝乐园，大大激发了学生学习的兴趣。在让学生和天线宝宝们玩一玩中，学生轻松愉快地学数学，也让学生感受到生活处处有数学，从而培养学生爱数学的情感。

二、设计首尾呼应，使整节课环环相扣

一年级的儿童好奇好动，有较强的求知欲，有一定的竞争意识。本节课，从一和天线宝宝见面——进屋做客吃烤面包——到草地上玩耍——送礼物——太阳下山说再见为主线，贯穿整节课。学生始终以勃勃的兴致投身于乐园中，学习状态积极主动，真正体现了以积极的情感投入来调动思维的活动。

三、扩大思维空间，鼓励想法多样化

开放性的教学对开发学生的聪明才智和创造潜能，切实有效地调动学生的积极性，使学生真正成为学习的主人并获得全面发展有重要意义。本节课中老

师给学生提供了较大的思维空间，并注重以开放性的问题开启学生的思维，如"从这幅图中，你能提出数学问题吗?""有想的和他不一样的吗?""谁有问题要问?"不断鼓励学生多角度进行选择、加工信息，训练学生求异思维和发散思维，让学生体验解决问题策略的多样化。

四、较好发挥了学生的主体地位和教师的主导作用

教师变"教"为"导"，在整节课中，教师不再是知识的传播者，而是充当学生学习的合作者、参与者、组织者。教学过程中始终突出学生的主体地位，给学生创设了一个生动活泼、民主和谐的学习氛围。教师放手让学生主动去探索新知，引导学生自主探究、组内合作学习、组间相互汇报、交流、提问、评价及动手操作等多样化的形式展开教学，促进学生积极地参与学习活动。学生学得很主动，很愉快，收到了很好的教育教学效果。

（施建平）

在发现中展现智慧　在分享中感悟"文化"

——青年名师张齐华讲述数学新授课《圆的认识》

苏霍姆林斯基说："在人的心灵深处有一种根深蒂固的需要，就是希望自己是一个发现者、研究者、探索者。"在教学中，我们应该让学生经历数学知识的探究过程，获取基本的数学思想、数学方法。同时，培养学生大胆尝试，乐于探索，敢于创新的精神，从而获得终身所需的可持续发展的能力。

精彩实录

片段一

师："对于圆，同学们一定不会感到陌生吧？（生答：是）在日常生活中，你们在哪儿见到过圆形？"

生："钟面上有圆。"

生："轮胎上有圆。"

生："有些纽扣也是圆的。"

……

师："今天，张老师也给大家带来一些圆。见过平静的水面吗？"（生答：见过）如果我们从上面往下丢进一颗小石子，（多媒体播放动态的水纹，并配以石子入水的声音）你发现了什么？"

生：（激动地）"水纹、水纹、圆……"（声音此起彼伏）

师："其实，这样的现象在大自然中随处可见，让我们一起来看看。（伴随着优美的音乐，阳光下绽放的向日葵、花丛中五颜六色的鲜花、光折射后形成的美妙光环、用特殊仪器拍摄到的电磁波、雷达波、月球上的环形山等画面——
一展现在学生的眼前）从这些现象中，你找到圆了吗?"

生:（惊异地、慨叹地）"找到了。"

师:"有人说，因为有了圆，我们的世界才变得如此美妙而神奇。今天这节课，就让我们一起走进圆的世界，去探寻其中的奥秘，好吗?"

生:（激动地）"好!"

片段二

师:"俗话说，'没有规矩，不成方圆'。意思是说，如果没有圆规，是——"

生:"画不出圆的。"

师:"同学们都准备了一把圆规，你能试着用它在白纸上画出一个圆吗?"

生:"能。"

（学生尝试用圆规画圆，交流，明确圆规画圆的基本方法）

师:"可要是真没有了圆规，比如在圆规发明之前，我们就真画不出一个圆吗?"

生:"不可能。"

师:"今天，每个小组还准备了很多其他的材料。你能利用这些材料，试着画出一个圆吗?"

生:"能。"

（学生以小组为单位，利用手中的工具和材料画圆）

师:"张老师发现，每个小组都有了各自精彩的创造。让我们一起来分享。"

生:"我们组将圆形的瓶盖按在白纸上，沿着瓶盖的外框画了一个圆。"

师:"那叫'拷贝不走样'。"（学生笑）

生:"我们手中的三角板中就有一个圆形窟窿，利用它，很方便地画出了一个圆。"

师:"真可谓就地取材，挺好!"（笑）

生:"我们组在绳子的一端系一支铅笔，另一端固定在纸上，绳子绷紧，将铅笔绕一圈，也画出了一个圆。"

师:"看得出，你们组的创作已经初步具备了圆规的雏形。"

生:"我们组在绳子的一端系上一块橡皮，抓住绳子的另一端一甩，也同样出现了一个圆。"

师："尽管这一方法没有能在白纸上最终'画'出一个圆，但他们的创造仍然是十分美妙的，不是吗？"

（学生热烈鼓掌）

师："可是，既然不用圆规，我们依然创造出了这么多画圆的方法，那么俗语中为什么还会有'没有规矩，不成方圆'的说法呢？"

生："我想，大概是古时候的人们没想到这些方法吧？"（学生笑）

生："我觉得不是这样，因为，或许一开始，'没有规矩，不成方圆'指的是没有圆规和'矩'画不出方和圆。但是流传到后来，它的意思已经发生了改变，不再仅仅指原来的意思了，而是指很多事情，必须要讲究规矩，遵循章法。"（不少同学投以赞许的目光）

师："真没想到，一条普通的数学规律，经过千年流传，竟逐渐成为我们生活中一条重要的人生准则。当然，同学们能够利用各自的智慧，成功演绎'没有规矩，仍成方圆'，足以说明大家不凡的创造力了。"

片段三

（通过自学，学生认识完半径、直径、圆心等概念后）

师："学到现在，关于圆，该掌握的知识我们也探讨得差不多了。那你们觉得还有没有什么值得我们深入地去研究？"

生：（自信地）"有。"

师："说得好，其实不说别的，就圆心、直径、半径，还蕴藏着许多丰富的规律呢，同学们想不想自己动手来研究研究？（生答：想）同学们手中都有圆片、直尺、圆规等，这就是咱们的研究工具。待会儿就请同学们动手折一折、量一量、比一比、画一画，相信大家一定会有新的发现。有两点小小的建议：第一，研究过程中，别忘了把你们组的结论，哪怕是任何细小的发现都记录在学习纸上，到时候一起来交流。第二，实在没啥研究的了，别急，老师还为每一小组准备了一份研究提示，到时候打开看看，或许对大家的研究会有所帮助。"

（伴随着优美的音乐，学生以小组为单位，展开研究，并将研究的成果记录在教师提供的"研究发现单"上，并在小组内先进行交流）

师："光顾着研究也不行，我们还得善于将自己的发现和大家一起交流、一起分享，你们说是吗？很多小组都向张老师推荐了他们刚才的研究发现，'张老师从中选择了一部分。下面，就让我们一起来分享大家的发现吧！"

生："我们小组发现圆有无数条半径。"

师："能说说你们是怎么发现的吗？"

生："我们组是通过折纸发现的。把一个圆先对折，再对折、对折，这样一直对折下去，展开后就会发现圆上有许许多多的半径。"

生："我们组是通过画得出这一发现的。只要你不停地画，你会在圆里画出无数条半径。"

生："我们组没有折纸，也没有画，而是直接想出来的。"

师："哦？能具体说说吗？"

生："因为连接圆心和圆上任意一点的线段叫做圆的半径，而圆上有无数个点（边讲边用手在圆片上指），所以这样的线段也有无数条，这不正好说明半径有无数条吗？"

师："看来，各个小组用不同的方法，都得出了同样的结论。至少直径有无数条，还需不需要再说说理由？"

生："不需要了，因为道理是一样的。"

师："关于半径或直径，还有哪些新发现？"

生："我们小组还发现，所有的半径或直径长度都相等。"

师："能说说你们的想法吗？"

生："我们组是通过量发现的。先在圆里任意画出几条半径，再量一量，结果发现它们的长度都相等，直径也是这样。"

生："我们组是折的。将一个圆连续对折，就会发现所有的半径都重合在一起，这就说明所有的半径都相等。直径长度相等，道理应该是一样的。"

生："我认为，既然圆心在圆的正中间，那么圆心到圆上任意一点的距离应该都相等，而这同样也说明了半径处处都相等。"

生："关于这一发现，我有一点补充。因为不同的圆，半径其实是不一样长的。所以应该加上'在同一圆内'，这一发现才准确。"

师："大家觉得他的这一补充怎么样？"

生："有道理。"

师："看来，只有大家互相交流、相互补充，我们才能使自己的发现更加准确、更加完善。还有什么新的发现吗？"

生："我们小组通过研究还发现，在同一个圆里，直径的长度是半径的两倍。"

师："你们是怎么发现的？"

生："我们是动手量出来的。"

生："我们是动手折出来的。"

生："我们还可以根据半径和直径的意义来想，既然叫'半径'，自然应该是直径长度的一半喽……"

师："看来，大家的想象力还真丰富。"

生："我们组还发现圆的大小和它的半径有关，半径越长，圆就越大，半径越短，圆就越小。"

师："圆的大小和它的半径有关，那它的位置和什么有关呢？"

生："应该和圆心有关，圆心定哪儿，圆的位置就在哪儿了。"

生："我们组还发现，圆是世界上最美的图形。"

师："能说说你们是怎样想的吗？"

生："在日常生活中，我们到处都能找到圆。如果没有了圆，我们生活的世界一定会缺乏生机。"

生："我们生活的世界需要圆，如果没有了圆，车子就没法自由地行驶……"

师："当然，张老师相信，同学们手中一定还有更多精彩的发现没来得及展示。没关系，那就请大家下课后将刚才的发现剪下来，贴到教室后面的数学角上，让全班同学一起来交流，一起来分享，好吗？"

生："好。"

片段四

师："其实早在 2000 多年前，我国古代就有了关于圆的精确记载。墨子在他的著作中这样描述道：'圆，一中同长也。'所谓一中，就是指一个——"

生："圆心。"

师："那同长又指什么呢？大胆猜猜看。"

生："半径一样长。"

生："直径一样长。"

师："这一发现，和刚才大家的发现怎么样？"

生："完全一致。"

师："更何况，我国古代这一发现要比西方整整早 1000 多年。听到这里，同学们感觉如何?"

生:"特别的自豪。"

生:"特别的骄傲。"

生:"我觉得我国古代的人民非常有智慧。"

师:"其实我国古代关于圆的研究和记载还远不止这些。老师这儿还收集到一份资料,《周髀算经》中有这样一个记载,说'圆出于方,方出于矩',所谓圆出于方,就是说最初的圆形并不是用现在的这种圆规画出来的,而是由正方形不断地切割而来的。(动画演示:圆向方的渐变过程)现在,如果告诉你正方形的边长是 6 厘米,你能获得关于圆的哪些信息?"

生:"圆的直径是 6 厘米。"

生:"圆的半径是 3 厘米。"

师:"说起中国古代的圆,下面的这幅图案还真得介绍给大家(出示图),认识吗?"

生:"阴阳太极图。"

师:"想知道这幅图是怎么构成的吗?(生答:想)原来它是用一个大圆和两个同样大的小圆组合而成的。(出示图)现在,如果告诉你半径是 3 厘米,你又能知道什么呢?"

生:"小圆的直径是 6 厘米。"

生:"大圆的半径是 6 厘米。"

生:"大圆的直径是 12 厘米。"

生:"小圆的直径相当于大圆的半径。"

……

师:"看来,只要我们善于观察,善于联系,我们还能获得更多有用的信息。现在让我们重新回到现实生活中来。平静的水面丢进石子,荡起的波纹为什么是一个个圆形?现在,你能从数学的角度简单解释这一现象了吗?"

生:"我觉得石子投下去的地方就是圆的圆心。"

生:"石子的力量向四周平均用力,就形成了一个个圆。"

生:"这里似乎包含着半径处处相等的道理呢。"

师:"瞧,简单的自然现象中,有时也蕴涵着丰富的数学规律呢。至于其他一些现象中又为何会出现圆,当中的原因,就留给同学们课后进一步去调查、去研究了。"

师："其实又何止是大自然对圆情有独钟呢，在我们人类生活的每一个角落，圆都扮演着重要的角色，并成为美的使者和化身。让我们一起来欣赏——"

（伴随着优美的音乐，如下的画面——展现在学生眼前：生活中的圆形拱桥、世界著名的圆形建筑、中国著名的圆形景德镇瓷器、中国民间的圆形中国结、中国传统的圆形剪纸、世界著名的圆形标志设计等）

师："感觉怎么样？"

生："我觉得圆真是太美了！"

生："我无法想象生活中如果没有了圆，将会是什么样子。"

生："生活中因为有了圆而变得格外多姿多彩。"

师："而这，不正是圆的魅力所在吗？"

……

教学延伸

多少年来，在孩子们的心目中，在教师们的课堂里，数学一直与定理、法则、记忆、运算、冷峻、机械等联系在一起，难学难教、枯燥乏味一直成为学生数学学习的绊脚石。事实上，造成这一现象的原因是多方面的，而一味注重数学知识的传递、数学技能的训练，漠视数学本身所内含的鲜活的文化背景，漠视浸润在数学发展演变过程中的人类不断探索、不断发现的精神本质、力量以及数学与人类社会（包括自然的、历史的、人文的）千丝万缕的联系，显然应看成是造成这一现象的重要原因之一。众所周知，数学本质上是一种文化，《数学课程标准》在前言中明确指出："数学的内容、思想、方法和语言是现代文明的重要组成部分。"如何在课程实施过程中践行并彰显数学的文化本性，让文化成为数学课堂的一种自然本色，我立足于从过程与凝聚两个角度进行探索。"圆的认识"一课正是我所作的一次粗浅尝试。

数学发展到今天，人们对它的认识已经历了巨大的变化。如今，与其说数学是一些结论的组合，毋宁说它更是一种过程，一种不断经历尝试、反思、解释、重构的再创造过程。因而，对于圆的特征的认识，我并没有沿袭传统的小步子教学，即在亦步亦趋的"师生问答"中展开，而是将诸多细小的认知活动统整在一个综合性、探究性的数学研究活动中。通过学生的自主探索、合作交流、共同分享等，引领学生经历了一次"研究与发现"的完整过程。整堂课，"发现与分享"成为真正的主旋律，而知识、能力、方法、情感等恰恰在创造与分享的过程中得以自然建构与生成。在承认"数学是一种过程"的同时，我们也应清晰地意识到，作为人类文化重要组成部分的数学，在经历了漫长的发展过程后，"凝聚"并积淀下了一代代人创造和智慧的结晶。我们有理由向学生展现数学所凝聚的这一切，引领学生通过学习感受数学的博大与精深，领略人类的智慧与文明。基于此，教学伊始，我选择从最最常见的自然现象引入，引发学生感受圆的神奇魅力；探究结束，则介绍了中国古代关于圆的记载，从宏观的视野丰富学生的认知领域；最后，借助"解释自然中的圆"和"欣赏人文中的圆"等活动，帮助学生在丰富多彩的数学学习中层层推进，努力使圆所具有的文化特性浸润学生的心田，成为学生数学成长的动力源泉，让数学课堂摆脱原有的习惯思维与阴影，真正美丽起来。

专家点评

本课的最大亮点是将数学教学与数学思维、数学文化有机结合起来，使学生在学习数学的过程中受到文化感染，产生文化共鸣，感受社会文化和数学文化之间的互动，体会数学文化的民族性和世界性。我们知道数学有三个层面：第一个层面就是公式定理，第二个层面是思想方法，第三个层面是文化价值。数学文化的基本内容包括数学史、数学家、数学思想、数学观点、数学思维、数学方法等，数学文化的根本特征是它表达了一种探索精神。小学数学教育应引领学生感悟数学文化，通过教师的言传引领，达到学生的意会感悟。这里的感悟是一种自然、清淡的文化浸润和熏染，即在具体的数学概念理解、掌握以及数学思想与方法的运用与体验中揭示数学的文化底蕴。使数学教与学不再是忽视数学的应用及其与其他领域脱离联系的、空洞的解题训练，从而让学生从心里喜欢上数学这个"美丽动人的王后"、"得心应手的仆人"、"聪明伶俐的宠物"，进而使数学教学变得生气勃勃、有血有肉。首先，是教师对数学背景知识的关注，使学生感受数学的文化价值。除了教材所呈现的硬币、钟面、车轮之外，张老师从自然、历史、人文三个维度，结合学生认识圆的不同阶段，补充了大量有关圆的图文资源，使学生整堂课都置身于鲜活的文化背景之上，浸润在数学知识的发展演变过程之中。数学文化通过学生喜闻乐见的形式深入浅出、直观形象地显示出来，既发展了学生对数学学习的整体认知，又激发了学生的学习兴趣。还让学生领会数学中的圆与人类生活经验和实际需要的密切联系，领会了数学发展的历史和伟大成就；其次，是发挥数学文化的作用，丰富学生对数学知识的深层认识。比如在讲述"圆出于方，方出于矩"时，教师配以多媒体进行动画演示，让学生很快理解了"圆"与"方"之间的关系，此时学生的思维已不停留在圆的知识上，而是从思想方法的高度整体感悟知识中的数学文化因素。本课的另一个亮点是尊重学生学习的多样性。在画圆的教学中，教师引导学生运用多种材料和工具画圆，学生发现除了可以用圆规、圆形瓶盖、三角板中的圆形窟窿等工具画圆，还可以用绳子和笔组合画圆，甚至可以"在绳子的一端系上一块橡皮，抓住绳子的另一端一甩，也同样出现了一个圆"。在学习圆的特征时，教师大胆放手，采用了多种学习方式，既有让学生阅读教材进行自学，也有动手操作、自主探索；既有小组讨论、交流与记录，还有根据学生学习的差异，为学生准备作为补充的研究提示；既有小组的探究，也有全班一起分享研究的成果。正是教师把学生的学习过程统一在综合性和探究性的研究活动中，学生对圆的特征的认识过程才成为了一种研究与发现的过程，一种对话与共享的过程。学生在获得基本知识和技能的过程中，数学思维不断发展，同时也获得了积极丰富的情感体验。

　　教师充满魅力的课堂语言，尤其是课堂评价语言也为本课增色不少。在片段二中，教师准确得体、机智巧妙、独特创新的课堂评价语激励了学生满怀信心、积极主动地投入到学习活动中，实现了教学目标。首先，是教师幽默生动的评价语言。当学生汇报将圆形的瓶盖按在白纸上，沿着瓶盖的外框画了一个圆时，教师评价道："那叫'拷贝不走样'"，引来了学生轻松愉快的笑容，比较好地让学生以愉悦的心情去主动、生动地学习。其次，是教师评价语言的多样、灵活、生动和丰富。当学生利用手中三角板中的一个圆形窟窿很方便地画出了一个圆时，教师准确把握评价的尺度，巧妙并赞赏地说："真可谓就地取材，挺好！"当学生在绳子的一端系一支铅笔，另一端固定在白纸上，绳子绷紧，将铅笔绕一圈也画出了一个圆时，教师这样评价："看得出，你们组的创作已经初步具备了圆规的雏形"，既让学生在教师自然、真诚、恰当、温馨的语言中受到激励，同时也传达了圆规的产生过程的信息；当学生汇报在绳子的一端系上一块橡皮，抓住绳子的另一端一甩，也可以画出一个圆时，教师抓住学生的创造进行评价："尽管这一方法没能在白纸上最终'画'出一个圆，但他们的创造仍然是十分美妙的，不是吗?"教师以欣赏的眼光对学生进行的评价带来了学生间的相互欣赏和鼓励，学生们报以热烈的掌声。教师将数学知识融入优美的评价语中，让人感到评价语就像磁铁一样，吸引了学生。

（刘　旭）

月光里的歌谣

——青年名师吴建英讲述阅读课《月光启蒙》

　　小学语文教材中大部分文章是文学作品。叙事性作品以人物形象为主，此外还有环境、场面、景物以及一切有形物体的形象；抒情性作品描绘的往往是情景交融的画面，或某种氛围意境，具有很强的形象性。文章不是无情物，用形象来说话的文学作品更是如此，因为每一个文学形象的创造都凝结着作者的审美追求。《月光启蒙》就是这样一篇课文，文字优美，情感深厚。

精彩实录

　　师："母亲吟唱歌谣时会给我们带来一种怎样的感受呢？"（屏幕上出现静谧的月夜图：以蓝为主色调，一轮皎洁的明月，一个简朴的农家小院。同时，播放舒伯特的《小夜曲》）

　　（师生配乐引读第一自然段）

　　师："听，母亲的歌从那篱笆小院中飘了出来……"

　　（播放母亲唱的歌谣，全场听得如痴如醉）

　　师："听着母亲的歌声，你有什么感觉呢？"

　　生："母亲的歌声轻轻的，柔柔的，像二月的和风，像小溪的流水，我们都陶醉了！"

　　生："这歌声像深谷的泉声，让我想起《二泉映月》中的一句话：'像山泉蜿蜒而来。'"

　　生："那歌声就像轻柔的春风吹过我的脸庞，像涓涓的溪流流过我的心田，滋润了我的心田。"

生："这仿佛就是天籁之音，只有纯，只有美。"

师："同学们的感受多丰富啊，都成了一个个小诗人了！孙友田的感受和你们是一样的，他在文中这样写。（出示：她用甜甜的嗓音深情地为我吟唱，轻轻的，像三月的和风，像小溪的流水，小院立即飘满了她那芳香的音韵）谁来读读？"

生："朗读。"（感觉比较急促）

师："你的朗读让我们感受到芳香的音韵了，想想怎么读，才能飘满小院呢？再读一读。"

（学生读，声音轻柔、甜美，尤其是"小院立即飘满了她那芳香的音韵"处理得合理到位，全场掌声）

（再请一位学生读）

师："听母亲吟唱是享受，听你朗读也是一种享受！读着这句话，你们能想象，当时的'我'是怎样听母亲唱歌谣的呢？"

生："月光如水，我依偎在母亲的怀里，双手托着下巴，听着妈妈的歌谣浮想联翩，我和妈妈乘着弯弯的小船飞到了千里万里之外的云南。妈妈轻轻地拍着我，我陶醉了！"

师："你结合了课文的插图，想象了动作、神态。还有不一样的说法吗？"

生："月光洒在大地上，像给大地披上了一层纱。母亲动情地唱着歌谣，树叶沙沙地为她伴奏。我侧着脑袋，双眼凝望着母亲，倾听着美妙的歌声，身体不由得摇晃起来，我感到我是世界上最幸福的孩子了。"

师："你想的画面和课文中的不一样，真有创意！是啊，此时的我快乐着、幸福着、陶醉着……把这些美好的感受也读出来——"

生齐读："她用甜甜的嗓音深情地为我吟唱，轻轻的，像三月的和风，像小溪的流水。小院立即飘满了她那芳香的音韵。"

师："读到这儿，你知道作者为什么要说'芳香的音韵'了吧？从这'芳香'，你品出了什么？不着急，好的词儿，特别的词儿，是需要慢慢去品的。联系刚才的感受，联系母亲那一首首歌谣再想想。"（学生沉思片刻）

生："从'芳香'一词我感觉到母亲的声音甜美、柔和，像花朵那样芳香四溢，沁人心脾。"

师："你的感受很独特！每个人的感受都是不一样的，要有自己独特的体验。"

生："芳香一般指嗅觉，这里讲'芳香的音韵'，是一种通感。因为这美妙的音韵和芳香的花朵一样让我感到如痴如醉。我觉得这是作者高妙的写法！"（全场掌声）

师："是啊，这'芳香'让我们品出了母亲声音的甜美、轻柔；品出了母亲的歌声使孩子如痴如醉；品出了那一首首歌谣散发出的美好的感受……这就是孙友田体会到的'芳香的音韵'。"

教学延伸

《月光启蒙》是一篇内蕴丰富的散文，节选自孙友田的《月光母亲》。《月光母亲》讲述的是母亲患了老年痴呆症，对来看望她的儿子只是傻傻地笑，笑得作者泪流满面的事情。《月光启蒙》则是作者回忆起童年夏夜月光下母亲搂着自己唱歌谣童谣、讲神话故事、说谜语的动人情景。

我反复品读这篇课文，感受都不相同：从最初的恬淡到慢慢的感动，从月夜的诗情品读到母亲的柔情，再品读到孩子的感恩之情，最终感受母亲充满诗情，富有智慧的爱意，每读一遍便感动一回。一遍遍解读课文，头脑中一幅幅画面也渐渐清晰起来：在朦胧的月光下，母亲搂着"我"，唱起动听的歌谣，使"我"沉醉在美妙的歌声中，使"我"领悟了父辈们对家乡、对生活的感情；一个个优美的神话故事，为"我"打开了无限的想象空间；一段段幽默风趣的童谣，不仅丰富了"我"的积累，还使"我"感受到文学的亲近；生活中的谜语，同样启迪"我"思考和联想。是母亲用自己对生活全部的理解，在"我"幼小的心灵里，种下了文学的种子；是母亲用优秀的民族文化，用艺术的形式启蒙"我"，为"我"打开了闭塞的心灵之窗，使"我"一颗混沌的童心变得豁然开朗。深度解读文本，这篇文章不仅表达了"我"对母亲深深的感激之情，还表明了这样一个事实，也就是充满乡土气息的质朴的民间文化其实也是孩子精神成长的根基，是每个人生命历程中不可或缺的宝贵的精神财富。正如冯骥才所说："民间文化就是老百姓的情感载体，它是中国民族文化的一半，永远是民族文化的源头和根基。"让学生感悟民间文学的神奇魅力，并能从中受到"启蒙"也应成为本课教学的"重点"。

一、板块式教学，使教学走向智慧

在我们的潜意识里，课文就等于教学内容。其实，课文并不完全是语文教学的内容。语文教学的内容蕴涵在课文中，需要教师根据学生的学习需要、学习发展的可能性进行选择、整合，并精心设计。本课的教学，我围绕"启蒙"，对教材内容进行了重组，形成了三个板块。第一板块，品味歌谣魅力；第二板块，感悟月光、母亲、启蒙；第三板块，表达怀念之情。这种看似简单的"减、联、整合"的教学设计突破了线性思路，凸现了教学重点，也拓宽了教学时空，更具灵活性、开放性。

二、多形式感悟，使教学更加有效

叶澜教授曾指出，促进有效阅读的策略中感悟策略占重要一席。所谓感悟，指"学生在阅读中对语言文字的敏锐感受力和理解力。学生在阅读时，不仅有言语感受器官的参与，更要有想象、情绪、个人生活经验及思维等多种因素的参与，全身心的投入，以产生阅读从初步感受向理解过渡，直到感悟，甚至心灵震撼的效应，实现对阅读文本从表浅的感觉向深刻的内在意义理解体悟的发展"。由此看来，感悟，是读后之思，是思而有得，是每有会意，便欣然忘食，是学生智慧与品格发展的最主要方式与内在动力。在本课教学中，我从生活体验、媒体介入、移情品读、入境想象等方面引导学生进行感悟。

如文中的歌谣童谣其实是学生生活经历与语言材料的"共通处"。在教学中，引导学生结合生活体验进行多形式的读、思、说。学生记忆的仓库被打开，幼时习得的儿歌与眼前的歌谣达成"通感"，唤醒、激活了他们头脑中储存的相关表象、体验、情感，使语言文字与有活性的形象、真切情感的体验联系起来。课文情感的感悟与学生生活中自我真情的流露熔为一炉。再如，教学第四自然段时，设计了三次有梯度的朗读引导：第一步，通过优美的画面、抒情的音乐、动情的引读把学生带入情境之中，带入一个诗意的世界。让学生想想怎样才能读出"芳香的音韵飘满小院"？从而找出了存在张力空间的"点"，引导学生感悟。第二步，让学生想象画面：当时的我是怎样听母亲唱歌谣的？从而把文本平面的文字立体化、形象化，架设感悟的桥梁。学生描述出一幅幅快乐、温馨的画面后，指导学生进行移情朗读。第三步，学生在朗读中加入自己的体会，感悟又深入一层。在此基础上，继续引领学生对"芳香"这个点进行感悟：从"芳香"一词品出了什么？前两步的铺垫与品读，使学生的理解水到渠成。在品读引导下，学生将自己的情感移植到对文本的感悟中，他们的悟性与灵性都得以充分开掘，悠然心会的朗读也就进入真正的妙境。

学生在种种感悟策略下，从文本的字里行间走来，从作者的情感深处走来，从自己的心田走过。他们在教师提供的言语世界里，糅合了自己的生活积累、阅读积淀、文化背景、个性特征、思维方式、审美趣味乃至创造灵性想象着、感悟着、实践着。学生感悟因与作者之文脉共搏动而流光溢彩。

三、个性化阅读，体现学生的主体性

倡导个性化阅读是课标一再强调的。在教学中，我充分信任学生，把读的权利还给学生，鼓励学生不断探索，放手让学生自说、自读、自评。通过自己的情感体验，说出感受，读出感受。例如，在第一板块的教学中，让学生找民歌民谣，用自己喜欢的方式读，边读边想，你能读懂些什么？把喜欢的歌谣读给大家听，并说说为什么喜欢或感受到了什么？学生对文本的个性化解读得到了尊重，他们在老师的鼓励下，自己去感受、思考，在积极的思维和情感活动中，自我探究，加强理解和体验，从中得到营养，体验到成功的快乐，闪烁出迷人的个性光彩！

另外，我感到，语文是一首流动的诗，语文教学需要浪漫主义情怀。我们的语文课，教师的情感投入是至关重要的，需要我们全身心地投入，准确地抓住教材的情感点和学生的情感点，使学生在激荡的情感中受到感染、熏陶和激励，使他们在高昂的情绪中想象、顿悟，从而产生和谐共振的"增力效应"，取得最佳的教学效果。

专家点评

这是一堂勃发着师生生命活力的充满美感的语文课。教者以饱满的教学热情，对文本进行了再度开发，精心筛选、拓展、整合教学资源，调动多种教学形式与手段，使整个教学过程犹如行云流水，让人赏心悦目！

三个板块的教学设计，独具匠心，彰显着教者的教学智慧和灵性。

在第一板块中，教者以朗读为主线组织教学活动。通过形式多样的品读（特别是让学生用乡音朗读），让学生从一首首民歌、童谣中捕捉到蕴于其中的"顽皮的精灵"，让学生在兴致勃勃的学习活动（特别是他们熟悉和喜爱的击掌咏唱游戏）中，获得对民歌民谣特点的初步认识，感受到民俗文化的亲切、美丽和神奇。同时，这一板块的完成把学生引向作者当年接受母亲"月光启蒙"的意境之中，为进一步学习文本作了铺垫。

在第二板块中，教者紧扣"启蒙"，抓住重点词句和语段，通过读（书）、听（歌）、想（象）、议（论）等丰富多彩的师生之间、生生之间的双边或多边活动，对文章进行再度开发，将最后一段改成诗歌形式让学生配乐齐读等，导引学生理解文本，感悟文本的丰富内涵，使平面的语言文字衍化成立体的场景、动人的形象和炽热的情感，并深入到学生心灵之中。这样的教学华而不俗，活而不浮，把情感的濡染与语言的训练都落到了实处。

第三板块的拓展延伸应是"锦上添花"之笔。母亲今天苍老、安详而又呆滞的面容与当年月光下的"玉石雕像"形成了强烈的视觉反差，让学生的心灵受到了极大的震撼，引发了他们对母亲当年对"我"进行"月光启蒙"的情景的追思，从而真切地感受到母爱的无私、伟大和崇高。可贵的是，教者在此时设计了一个写话练习，再现了文本的内容（特别是最感人的细节），把学生的情感升华到了一个更高的境界。

此外，教师的教学语言亲切、得体，点拨精当、到位，完全将自己的情感融入文本和课堂。透过课堂教学，我真切地感受到教者的教学功底。

这堂语文教学课充满文化意蕴，由此，我想到，语文就是一种文化，语文教师的责任就是要让每一节语文课都充满文化的气息。只有让人类文化在学生的心灵中植根、存活，这样的语文教学对孩子们才有意义。

（唐铁生）

心 水相拥

——青年名师陈晓冰讲述阅读课《水》

我们应该引导学生根据语言文字展开想象，只有将语言与活生生的形象结合在一起，学生才会真正触摸到语言的"肌肤"，感受到语言的魅力，体会到词句中蕴涵的情感。

精彩实录

（课前谈话）

师："夏天到了，同学们都喜欢喝哪些饮料。能不能给大家描述一下这种饮料的味道与价格。"

（学生回答）

一、阅读导入，埋下伏笔

师："接着刚才的话题。同学们刚才说的这么多饮料，如果去除它们的糖分、香料等一些添加的东西，所剩下的，是一种共同的东西，那就是——"

生：（齐）"水。"

师："如此平淡无奇的水，有什么可写的呢？请同学们打开课本，放声地读一读课文。听清老师的要求：读通句子，碰到生字多读几遍。了解作者马朝虎写水的原因是什么？"

二、初读感知，梳理文脉

师："这是课文中的两个句子，请同学们来读一读。"

"母亲一手从水窖中打起一勺来，从我们的头顶缓缓地倾注下来，一手拿着一把麦秆扇往我们身上扇风。"

"从头顶倾注而下的水滑了过我们的脸，像一条小溪流，顺着脖子缓缓地滑过了我们的胸和背，然后又滑过了我们的大腿和膝盖……"

师："请哪位同学来读这两个句子，注意读通顺，把生字读正确。"

师："读着这两句话，有没有在你的脑海中，出现一幅画面。我们可以用'我仿佛看到了……'的句式来讲。"

生："我仿佛看到了水从'我们'的头顶缓缓流下的情景。"

生："我仿佛看到了水从身上流下时'我们'那种惬意和舒畅的样子。"

师："再读一读课文，还有哪些画面给你留下了较为深刻的印象？"

生："村民排队挑水的情景给我留下了深刻的印象。"

生："我印象深刻的是下雨时全村人在雨中欢快嬉戏的场面。"

……

师："边读边想，读出形象来，这是一种动脑筋的读书方法，值得提倡。这一幅幅画面，连成了作者对水的回忆，诉说着作者为什么写水的原因。找一找，文中哪句话描述了作者眼里的水。"

生："水，成了村子里最珍贵的东西。"（板书：珍贵）

三、引导入文，感受"珍贵"

师："怎么样的东西称得上珍贵？"

生："珍珠是珍贵的。"

生："钻石也是珍贵的。"

……

师："水，在我们眼中是再平常不过的东西，怎么会是村子里最珍贵的东西？"

生："因为'我'生在一个缺水的地方。"（板书：缺）

师："哪里看出这是一个缺水的地方。（出示第一自然段）先自由读第一自然段，然后以诉说的口吻告诉我们。"

生："课文中的'十公里之外'说明这是个非常缺水的地方。"

师："来回奔波二十公里，四十里路，只是为了挑回一担水。把这种不容易读出来，告诉大家。"

生："课文中的'排上一个小时'也说明水很珍贵。"

师："是啊，为了一担水，要等待一个小时，甚至还要更多时间。跟我们打开水龙头就有水的日子相比，那是一种怎样漫长的等待啊？读。"

（学生读）

生："我觉得课文中'一处很小的泉眼'也说明了水少。"

师："请注意是'很小'，而且只有一处，稀少的泉眼，等待的村民，再读这句话。"

（学生读）

师："是啊，我就是出生在这样的缺水的地方。（相机幻灯片）——从这一组画面中，你看到了什么？"

（学生陈述看到的画面）

师："等待的人群，崎岖的山道，很小的泉眼，混浊的泉水，这就是作者生活的地方。'请我喝酒不如请我喝水'，这是村里人说得最多的话。酒可以不喝，但水不能没有啊，我们可以忍受没有酒的日子，可一天也离不开水啊。这一担担四十多里山路挑回来的，哪里是水啊，这是一家人的命啊！年复一年，日复一日，这里面有多少艰辛与沉重啊！再把'我'村子缺水的情形通过你的读生动地描述给大家。"

（学生读）

四、自读感悟，品读交流

师："缺水，就会盼水，同学们再次读一读课文的后半部分，盼到水了吗？盼到了什么水？"

生："盼到了，天上的水，水窖的水。"

师："是啊，越是少，越想得到，连吃的水都缺少的村子里，迎来下雨的日子，那将是怎样的一种景象。"（出示语段）

师："老师请一位同学读一读这段话，如果请你给这雨中的画面起一个名字，你想叫什么？"

（学生给画面起名）

师："同学们与之比较比较，我们对待下雨天，与他们有什么不同？我们的父母会允许我们去淋雨吗？会允许去吃来自空中的雨水吗？他们把我们这里的淋雨称做洗澡，而且是'痛痛快快'地洗澡。透过'痛痛快快'这个词语，你感受到了什么？"

（学生回答）

师："这是一组活动的画面，请同学们边读边想，把你手中的照相机的镜头推近，再推近，你一定能够捕捉到一个特写，或是一个瞬间。这里面，孩子与孩子在雨中的表现有不同，大人与孩子有不同，男人与女人有不同。在雨中，谁给你留下的印象最深？"

（学生陈述看到的画面，教师相机点评）

师："这些画面，各有不同，有大人，有小孩，有男，有女，有跑有跳，有呼，有喊……虽然各有不同，但相同的是什么？"

生："是喜悦，是快乐。"

生："是兴奋，是激动。"

生："是期盼。"

师："那就带着这种感受，再次读一读这段话。"

（学生齐读）

师："同学们的朗诵让我真切地感受到村里人对水降临的一种感激。但这样的日子毕竟太少了，雨水带来的痛快与舒服，相比那漫长的干燥与炎热来说，只是一个瞬间。这难得的痛快背后，隐藏着的又是什么呢？"

生："缺水的苦痛和期盼啊！"

师："是的，正因为少，所以水成了村子里最珍贵的东西。让我们记住这一难得的瞬间。"

（学生齐读这一段）

师："珍贵的东西，一定有一个重要的人来保管，那就是——母亲。下雨的日子，我们可以尽情地享受来自天堂的恩赐。可是，当一个个炎热的夏天到来的时候，母亲用一把大锁锁住了水窖，也就锁住了我们对水的渴望。我们兄弟四个只能望着母亲腰带上的那把钥匙。"

（出示）我们都盼望着水窖打开的那一刻的到来。

"是啊，（教师引读）——骄阳当空时……大汗淋漓时……口干舌燥时……我们都要被风干了……"

师："就这样看着，盼着，盼着，看着，而挂在她腰带上的那把钥匙，则象征着权威、幸福和痛快。（引读）我们盼望幸福，我们渴望痛快。"

师："那一刻真的来到了，你们这些小兄弟们感觉到了吗？当我们经历了酷热的一天，回到家里，水窖终于被母亲打开了，四个快被晒干的兄弟们站成了一排，渴望已久的时刻终于到了。用你的眼睛，你的鼻子，你的皮肤，你的嘴巴，你的心去感受。就在水窖打开的一瞬间，你感觉到了什么？"

（分别叫几个学生）"老大，你先说说。老二、老三、老四，你们呢？"

[出示片段：母亲一手从水窖中打起一勺水，从我们的头顶缓缓地倾注下来，一手拿着一把麦秆扇往我们身上扇风。顿时，藏于地下的水的清凉，再加上缕缕轻风，让我们都舒服得"啊啊"大叫了起来。]

师："轻声地读——"

（学生读）

师："时间在这一刻凝固。如果你当时就站在旁边，你看到了什么？"

生："看到母亲的动作。"

生："看到一把勺子，一把扇子。看到一勺水给四个孩子带来的无比快乐。"

师："自己轻声地读课文片断，你听到了什么？"

生："听到了他们'啊啊'的叫声。"

师："这一种感觉，如果让你用一个词语形容，你会用哪个词语？"

生："爽。"

生："痛快。"

生："舒服。"

师："那你就爽爽地读一读。"

（学生读）

师："是什么带给他们的'爽'？"

生："一勺水。"

师："这一勺水从我们的头顶缓缓地倾注下来。"

[出示：从头顶倾注而下的水滑过了我们的脸，像一条小溪流，顺着脖子缓缓地滑过了我们的胸和背，然后又滑过了我们的大腿和膝盖……在水的滑动中，我听得到每个毛孔张开嘴巴的吸吮声，我感觉得到血管里血的流动在加快。]

师："'滑'，与它意思相近的，可以是——"

生："流、淌……"

师："为什么单单用'滑'？再读一读这段话，抓住第一股滑下的水流，边读边想，你感觉到——"

生："一去不回头，快。"

生："像丝绸一样，滑过每一个毛孔……"

师："是啊，我们做好了所有的准备，就等母亲那一股清凉的水流从头顶倾注下来，来了，来了，我感觉到了——"（引读）

师："这种感觉太美妙了，让我们闭上眼睛，听一位同学为我们带来这一勺水的清凉。"

（指名学生读）

师："爽吗？舒服吗？这一勺水，对于都快被晒干了的兄弟四个来说，够吗？"

生："不够。"

师："可是，只有这些，只一勺，多么珍贵的一勺，多么难得的一勺，多么让难以忘怀的一勺啊！请用下面的句式写一句感受。"

[出示：水从头顶倾注而下，水啊，你滑得慢些，_____。]

（学生汇报）

师："为了增加我们的快感，母亲还用一把麦秆扇往我们身上扇风，这样的感觉就更爽了，让我们都舒服得'啊啊'大叫了起来。一勺水，带给我们难以忘怀的感觉，这到底是一勺怎样的水啊？"

生："这是一勺舒心的水。"

师："母亲倾注的是水，更是——"

生："爱。"

师："多少年以后，当我们再次回忆起这段生活的时候，那股水流，似乎还在我的身上滑动，让我们永远铭记这段人生的经历——"（引读）

师："想一想我们淋浴时的用水，想一想我们洗澡时的用水，再看看他们，带给他们这种终生难忘的感受的只是我们刷牙时的那点水，甚至还没有我们刷牙时用的水多。水啊，你是那样的少。作者惊叹母亲的节约，惊叹水的恰到好处——"

[出示：水，它不多不少，在抚摸过全身的每一寸皮肤后，刚好能够润湿脚板，地上几乎没一滴被浪费的水。]

（学生读）

师："目睹此情此景，老师想起了中央电视台为我们讲述的几个真实的故事。"

（教师简要叙述故事）

师："透过这些故事，透过这淋浴时的'啊啊'声，你还听懂了什么？"

（学生谈感受）

师："生在鱼米之乡的我们，可能永远都不会感受到缺水地方的孩子对水的渴望，正如母亲所言——"

［出示：你们真的饿坏了。］

师："同学们，你们喝饮料，是因为饿吗？"

生："我们喝饮料是为了享受美味，提高生活质量，而他们的水是为了维持生命。这是保命的水啊！"

师："所以，母亲才对我们说：'你们真的饿坏了'。让我们永远记住一勺水给四个孩子留下的终生难忘的感受。"

（学生读）

五、延伸拓展，一文多解

师："一个'饿'字，说出了多少缺水的辛酸生活。这篇文章，原文的题目就叫《饿水》，一个饿字，让你们想到些什么呢？"

生："缺水的程度之深。"

生："那儿缺水就如同缺粮一样。"

师：（出示画面）"看着这个孩子的眼神，读着这些地名：哭水，盼水，梦水、一碗泉、喊叫水……再想一想，我们现在所处的环境，你有话想说吗？请用一段话写出自己的感受，这就是今天的作业。"

教学延伸

讲授这篇课文时，我一直处在一种困扰之中，原因有二：一是文章的主旨是明确的，笔下虽然写的是得到水时的欢愉，但言外之意，却是因为缺水而带来的童年生活的痛苦。那雨水中欢快的场面恰恰是内心酸楚的折射。这一情感主题怎样才能让我们这些生活在水乡的孩子体会到；二是文章中一直潜流着一种情绪，那就是母亲对几个孩子均匀而又"吝啬"的爱。这种吝啬恰恰又是母爱无私的表现，恰恰是对孩子宠爱的证明。如何让学生体会到文中潜在的情感。

对文章内涵的理解，见仁见智。但无论哪一种理解，都得直面学生的理解能力与年龄特征，更要关注到学生的生活环境，关注到学生达成理解程度的可能性。因此，在执教这一课时，我思考的主要内容是要对学生理解的"深度"进行科学合理的定位。

一、推敲词句，发挥想象，层层深入，读出文字中隐藏的情感。场面的热闹是一种表象。在教学中，在体会下雨时孩子与大人的快乐时，我设计了四个层次，借助字词的推敲，场面的想象，让学生体会到当时孩子与大人内心的快乐。紧接着用一句："但这样的日子毕竟太少了，雨水带来的痛快与舒服，相比那漫长的干燥与炎热来说，只是一个瞬间。这难得的痛快背后，隐藏着的又是什么呢？"将学生拉进理性的想象之中，产生情感上的冲突，体会短暂快乐的背后，是长期缺水的痛苦。

在体会母亲用一勺水给四个孩子洗澡的环节，我设计了五个层次，抓住"爽"、"滑"等词语，让学生结合自己的生活经验进行想象表达，将孩子们真实的内心表达出来。再结合"水啊，你流得慢些……"的练笔训练，将理解的深度逐层推进。

二、补充材料，反观生活，引发思考，引导学生课后阅读。学生的理解在加深。如何将文章这个特例延伸到生活中去，成为一种认识，同时肩负起"节约用水"这一环保主题的渗透。于是，我在母亲给孩子们洗澡这一环节中，突然用了一个转折，让学生明白，带给孩子们快乐的只是"一勺水"，平时只够我们刷牙的一勺水。紧接着，及时补充主流媒体对缺水地区人们生活的描写，使学生的体会得到了进一步深化与巩固。

学生理解到什么"深度"呢？这是我教学时面临的第二个困扰。结合学生的生活经验与理解能力，我将文章理解的"深度"定位在了意会而不必言传，个人体会而不求统一的层面上。在教学的结尾处，我设计了一个问题："原文的题目就叫《饿水》，一个饿字，让我想到了……"引发学生去思考，但不要求学生回答。因为这篇文章将来学生还可能会读到，也可能学生会读到类似的文章，这种思考将一直伴随着学生。其次，我设计相关作业，将学生的理解引向深入。

专家点评

教者关注语文本性和特性的统一，注重师生在语言文字的学习中建构精神。教学线索清晰，重点突出，学习深入。课前通过师生谈论饮料为课堂教学提供铺垫，以作者为何要写水激疑，引导学生初读感知，梳理文脉。围绕"珍贵"，顺着取水、盼水、管水、用水的文脉，披文入情，拓展延伸，使学生真正走进文本，走近作者。教学的重点突出体现在三个方面：首先，教学的目标确定有重点，对于三维目标，教者选择以理解人与水的关系，提升学生对于水的认识为重点，反映了教者的教育自觉和人文关切；其次，教学方法的运用指导重点突出，教者自如运用情境教学法的基本原理，采用对比、想象和体验性朗读使学生入境入情，在感受中思索，在品味中觉悟；再次，是训练内容有重点，本课以学习遣词造句的准确传神为重点，通过"读、议、品、评、用"等方法，致力于提高学生的语言理解和表达能力。而学习的深入则不仅体现在课堂学习内容与文本以外的社会生活及相关材料的链接上，还体现在对于文章的主旨内涵的发掘和适度把握上。教者近年来倾力语文教学的深度研究，本课也可见一斑。

（袁炳飞）

怎样和谐地生活

——青年名师金永建讲述高中英语听说课 How shall we enjoy a better life?（我们如何能过上更好的生活?）

人人都向往幸福美好的生活，都希望永远生活在蓝天白云之下，但这一切在社会飞快发展的今天好像变得有些奢侈。环境污染日趋加重，我们赖以生存的地球似乎有些不堪重负，所以我们应该大声疾呼：赶快拯救我们的地球，与大自然和谐相处。

精彩实录

随着引出讨论的话题——"如何才能过上更好的生活呢?"电脑屏幕上出现了一个不堪重负、正在哭泣，并大喊救命的动漫地球。（上课时全是用英语提问，学生也是用英语回答，这里全部翻译成中文）

师："同学们，大家看看这是什么？发生什么事了？他为什么会这样呢?"

生：（讨论后，个别回答）"地球正在哭泣、大喊救命，因为污染等原因，地球正被人类弄得千疮百孔、不堪重负。"

师："那我们该做些什么呢?"

生：（齐）"我们应该立即行动起来，从我做起，同时呼吁人们关注环保、爱护地球，要让我们的地球远离污染。"

师："下面我们来听一段有关污染和环保的文章（我根据课文所学内容改编），然后来做相关的练习。"

生："听两遍，然后做题。"

师："我们已经涉及了不少有关污染和环保的问题，大家想不想来欣赏一首很好听的歌？来顺便看看明星是怎么来做的？"

生：（齐）"很想！"（很激动，鼓掌）

师："不过，我有个小小的要求，大家要尽量听懂主要的内容，听完后要将所缺歌词填出来。"（学生无声）

生：（听完，请学生填词，其实不难，并一起唱）"很开心。"

师："下面让我们来看一组录像，看完后请大家来描述。"

（四段录像片段分别是关于工厂乱排废气、汽车尾气、污水横流、滥砍滥伐，学生讨论）

师："他们有什么危害？会对我们的美好生活造成什么样的影响？"

生：（讨论后，个别回答）"会造成严重的污染，严重地破坏我们赖以生存的环境，给我们的生命带来严重的危害。"

师："下面我们就一起来看看究竟会造成哪些主要的后果。（让学生继续观看四幅有关自然灾害的画面，它们分别是：沙尘暴、泥石流、洪水和酸雨）我们再来欣赏一组动画，看看它们是什么，在干什么，后果怎样？"

生：（讨论后，个别回答）"一片绿洲，然后是过来好多牛尽情吃草，很快高高的绿草只剩下草根，最后变成沙漠。"

师："假设我们的市政府想尽力控制污染，邀请来自各行各业的人们来讨论一些具体的措施和做法。一些媒体的记者（包括中央和地方）也纷纷过来采访。让我们大家来出出主意好吗？"（学生分组讨论，扮演记者的学生开始采访）

（学生讨论后，由扮演记者的学生分别汇报各种各样的方法和措施）

师："到现在为止，我们都是提的自然生态环境的和谐，但除此之外，我们还要注意什么环境的和谐呢？"

生：（齐）"我们同时也不要忘了社会环境的和谐。"

师："很好！下面我们就来看看由于社会环境不和谐所引发的恐怖事件。"

教学延伸

英语作为一门语言，它的水平的提高必须是综合的、多方面的。本来语言的学习是需要一定的氛围和环境的，最好是在一个实际的、具体的语言环境中一边交际一边学习。可是这对我们绝大多数时间紧、任务重的高中学生来说是不大可能的。基于此，我们自己必须努力去创设一种氛围，使学生从中不断得到熏陶和冲击，从而加深对自己所学内容的理解和掌握。这就必须抓实每个环节，做到听说读写，齐头并进，但同时又要让学生学得轻松自如，这堂课就做到了这一点。通过这堂课我得到了以下几点启示：

一、英语教师要幽默生动，善于思考

英语作为一门外语，对于缺乏真实语言环境的学生来讲已经非常枯燥乏味，如果我们的英语老师再不幽默风趣点，不动脑筋，成天照本宣科，学生怎么会有兴趣和心情来学英语呢？记住：兴趣是最好的老师！本堂课就是本人通过思考，巧妙地将所学知识组编在一篇新颖的文章里，并自己朗读，录进电脑，学生就觉得既新奇又熟悉。同时，上课时，我不断以幽默风趣的语言引导学生进一步思考，效果自然非常好。

二、寓教于乐，在放松中学到知识

本堂课充分使用了多媒体来辅助教学，美丽和引人深思的画面，精彩的动画，以及真实的录像等，让学生有身临其境之感，产生感性认识。另外，通过播放学生特别喜欢的英文歌曲，在放松的同时又能学到知识，一举两得，何乐而不为呢？

三、放飞学生的思想，充分体现师生互动

整堂课中，老师始终是平等中的首席，一直起着一个引导者的作用，只是班级中的一员，没有做"一言堂"，留给学生充足的时间来讨论。老师也参与学生的活动，充分互动，课堂气氛非常活跃，学生的主观能动性得到了发挥，较好地体现了课程改革的精神。

在科技快速发展的当今社会，物质生产得到极大地丰富，人民对物质文化生活的追求也越来越高，但同时也忽略了对我们生存环境的呵护。环境污染日趋严重，加上我们教材当中有关环保污染等问题涉及的也比较多，所以，我觉得有必要让作为未来社会主人的中学生充分意识到这一点。同时，结合现在高中学生听说能力相对比较薄弱的现象，脱离现行教材，自编这堂课。在优美欢快的英文歌曲《Yesterday once more（昨日重现)》中，我开始了我的课。

"Now can anyone tell me how we can enjoy a better life? You can have a discussion. (同学们，谁能告诉我如何才能过上更美好的生活？）让学生集思广益，各抒己见，列举出一些能使生活过得更好的条件。同时，这时候在电脑屏幕上打出一些使生活变得更美好的必要条件。如：1.Develop economy quickly（快速发展经济）. 2.Have a strong and healthy body（拥有一个强健的体魄）. 3.Get on well with each other（与他人相处融洽，营造一个和谐的工作、学习和生活环境）. 4.Be well–educated（有良好的教育）. 5.Protect environment（保护环境）。

保护环境主要是生态环境，同时也引发学生思考；除此以外，还有社会环境也要引起重视，不作为重点。然后自然过渡，告诉学生，今天我们就重点来谈论这些必要条件中的一点：保护生态环境和社会环境（以生态环境为主）。Next show the weeping earth to the students, the earth is crying "Help! Help!" and let them describe what they have seen.（让学生观察一个不堪重负、正在哭泣，并大喊救命的动漫地球，让他们描述，自由发挥，讨论地球到底怎么了？从而引出本文要讨论的一个主要话题——污染！）Next we'll listen to a passage about pollution and environmental protection, which is adapted according to what we have learned in the textbook. Listen twice and do some exercises.

下面，我们听一段我根据课本有关污染和环保问题所改编的描写污染的文章，给学生听两遍，然后让学生分别来做有关课文内容的理解练习。（该文全部利用学生所学过的关于环保的词汇自编而成，并自己录音）

River pollution, as China Daily reports, exists not only in the Huaihe river, but also in many other rivers of our country, including the Changjiang river. Besides river pollution, there is also air pollution, noise pollution and so on. All kinds of environmental pollution do great harm to human beings. Now more and more people have come to realize how serious this problem is. Our government has been trying its best to take measures and call on people to fight against pollution. For example, we shouldn't throw away waste rubbish everywhere. Instead, we'd better pay much attention to dealing with waste properly and make every effort to recycle waste, though we have done lots of work, we still have a long way to go. But we are sure that we'll win the battle against pollution in the end if we each put all our heats into it.（翻译：河流污染，正如《中国日报》所报道的，不仅存在于淮河，同时也存在于中国其他的许多河流，包括长江。除河流污染以外，还有空气污染和噪声污染等。所有的环境污染都会对人类造成巨大伤害。现在越来越多的人已经逐步意识到这一问题的严重性。我们的政府也正在竭尽全力，采取各种措施并号召人们与污染作斗争。比如我们不应该到处乱扔垃圾

废物，相反地，我们应该注重如何恰当地处理好垃圾废物，并且竭尽全力回收废物，进行再利用。虽然我们已经做了大量的工作，但是仍然任重而道远。不过，我们坚信：只要我们竭尽全力去做去努力，我们最后一定会赢得与污染战斗的胜利！）

听完两遍后，然后做一些判断正误的练习。(共五题，由浅入深)

1. It's impossible for us to put pollution under control. (F)

2. Four kinds of pollution are mentioned in the text. (F)

3. All kinds of environmental pollution do great harm to human beings. (T)

4. The only way for us to fight against pollution is not to throw away waste or rubbish everywhere. (F)

5. The passage mainly talks about how to deal with pollution. (F)

接下来欣赏一段由美国著名歌星演唱的一首歌 "Heal the world"（拯救世界或地球的意思），听两遍，填写重要的单词，然后，让学生与歌星一起唱一遍。歌词填好后再播放一遍。

附歌词如下：

There is a place in your heart

And I know that it is love

And this place could be much

Brighter than tomorrow

And if you really try

You will find there is no need to cry

In this place you will feel

There is no hurt or sorrow

There are ways to get there

If you care enough for the living

Make a little space

Make a better place ...

Heal the world

听该歌主要有三个作用：1. 寓教于乐，在放松中学到知识。2. 活跃气氛。

3. 在内容上承上启下（连歌星都在呼吁要保护我们的生存环境）。

Next, look at a group of video tapes one by one and finally fixed on one picture. Then ask the students to discuss them.

（接下来让同学们观看四段录像片段，看完后截取每段录像的典型画面定格在同一幅画面上，让学生们讨论、思考，让他们尽量用所学的英语知识描述所看到的内容。）（四段录像分别是关于工厂乱排废气、汽车尾气、污水横流和滥砍滥伐）

Look at a group of Pictures. First, illustrate a map of cattle eating grass to show the forming of deserts. And then let the students discuss the rest pictures and then report.

下面让学生欣赏一段制作比较卡通的动画片。（首先出现的是一片绿洲，然后是过来好多牛来尽情吃草，很快高高的绿草只剩下草根，最后变成沙漠）该动画动作逼真形象，声情并茂，学生看了非常感兴趣。然后再让学生讨论思考动画的寓意。

接下来让学生继续观看四幅有关自然灾害的画面。（沙尘暴、泥石流、洪水和酸雨）让学生先猜它们分别是什么自然灾害，顺便教给他们这四个词：sand storm, mud－rock flow , flood and acid rain. 然后让学生分析它们的形成原因，自然地过渡到我们重点所讲的有关污染的话题上来。

Discussion & Interviewing: Suppose the city government wants to put pollution under control, it invites people from all walks of life to discuss the detailed measures. And several reporters have been sent to interview it. (Ask the students to discuss in groups.)

（讨论和采访：假设市政府想尽力控制污染，所以政府邀请来自各行各业的人们来讨论一些具体的措施和做法。一些媒体的记者也纷纷过来采访。让学生开始分组讨论）

将全班分成若干小组，让他们畅所欲言，各抒己见，而扮演来自新闻媒体的学生在对各组进行随机采访（其中一个来自中央台，另一来自地方台）。然后请各媒体代表发言，将他们所采访到的真实内容汇报给大家。然后，老师进行适当点评，本堂课的高潮也就结束了。为了使课堂进一步升华，老师马上开始转移话题。讲到现在我们都是提的自然生态环境的和谐，但同时我们也不要忘了社会环境的和谐。这时，让学生观看美国"9·11"事件和印尼巴厘岛大爆炸的逼真场面画像，然后让几位学生谈谈自己的看法。最后，老师总结：我们人类不仅要与我们赖以生存的生态环境和谐相处，还要与我们的社会环境和谐相处。这时，屏幕上出现了蓝天白云，在欢快的音乐声中一群群白色的和平鸽从一片片绿色的草地上飞向远方。

专家点评

本课是教者根据课本有关污染和环保问题自行设计的教学内容。教材的主要话题是保护生态环境，兼顾社会环境。教学目的明确：环保是社会热点问题，作为未来社会主人的中学生必须参与其中。教学思路清晰，程序设计合理。从讨论如何才能过上更美好的生活开始引入环保的话题。借助多媒体使教学内容的呈现更加明确和生动。首先出现一幅地球在哭泣喊救命的动漫画，随之出现两篇描写污染和人们正在与污染作斗争的短文，并配以教师的录音。接着欣赏一段由美国著名歌星演唱的一首歌《Heal the world（拯救地球）》，使学生在情感上受到感染，并根据所听到的歌词填出其中一些重要的词。为了让学生了解世界上目前的污染情况，教者让他们观看了更多的录像片段，再安排分组讨论，用记者采访的形式让各组用英语发表意见。最后让学生观看美国"9·11"事件和印尼巴厘岛大爆炸的逼真场面画像，过渡到社会环境的保护。老师的总结发言点明本节课的主题：我们人类不仅要与我们赖以生存的生态环境和谐相处，还要与我们的社会环境和谐相处。

文字材料语言流畅，均由教师根据学生所学过的关于环保的词汇自编而成，便于学生进行听、说、读、写训练。多媒体所选内容均能较好地服务于授课需要，有利于学生拓宽学习渠道，改进学习方法，提高教学效果。所选的几首歌既有利于学生感受环保的重要性，也有助于营造宽松、和谐的教学气氛。

（蒋月娥）

在《推敲》中学会推敲

——教坛新秀陆红兵讲述阅读课《推敲》

祖国的语言文字丰富而生动，从古至今，留下了许多诗人作家创作时斟词酌句的真实故事。"两句三年得，一吟双泪流"，"吟安一个字，捻断数根须"……推敲让语言更加准确、精练，推敲使表达更加传神、精彩。

精彩实录

师："刚才，贾岛向我们介绍了他创作这首《题李凝幽居》时的情况。那就让我们跟随着贾岛一起去拜访他的好朋友——李凝，感受一下当时的情景吧！"（出示画面，播放音乐）

师："这天，晚风徐徐，明月高照，清朗的月光下，绿树、青草蒙上了一层轻纱，鸟儿们栖息在树上，已经进入了梦乡，一切是那样的幽静！走在乡间的小道上，穿过树林，贾岛终于摸到了好朋友李凝的家。不巧的是李凝并不在家，于是即兴写下了这样的诗句：'闲居少邻并，草径入荒园，鸟宿池边树，僧推月下门……'（音乐渐低）在这样的情境中，你觉得是用'推'好，还是用'敲'好呢？"

生："我觉得用'敲'更好。"

师："为什么？"

生："'敲'字能够看出贾岛很有礼貌。"

生："我也觉得用'敲'字好，因为这样更能够突出月夜的宁静。"

师："'敲'不是会发出声音吗？那为什么用'敲'字更能突出月夜的宁

静？谁跟她是同样的观点，来解释一下。"

生："我来解释。因为只有在很宁静的时候才能听到'咚咚咚'的敲门声，所以用'敲'能突出宁静。"

师："不错，有一定的道理！"

生："我还有补充，我们离钟楼很近，但只有幽静的夜晚才能听到钟楼敲钟的声音，所以能听到敲门声一定是在很幽静的时候。"

师："你联系了自己的生活经验，说得真好！我也想起了一句诗：'鸟鸣山更幽'，说的也是一样的道理。"

生："我觉得用'推'好，这样整个的情景显得更加和谐。"

师："提出了不一样的看法。'和谐'也是我们当今社会的统一主题，谢谢你发表自己的见解，而且，你的想法还和著名的美术大师吴冠中一模一样。"

生："我觉得'推'和'敲'都不怎么好。'推'显得不礼貌，'敲'的声音太大的话，也许会打破当时的宁静。"

师："你很有自己的主见。那两个都不好，用什么呢？"

生："扣！"

师："'小扣柴扉久不开'的'扣'。是吗？你真会联想，想到其他诗了。我们还可以进一步来比较。"

生："我反驳单政铭的意见，贾岛是个诗人，他一定不会破坏这美好的意境，会轻轻地敲门的，所以，还是用'敲'字。"

生："我觉得要看情况。如果单独从写诗的角度考虑，用'推'好，读起来顺畅；如果从拜访朋友的角度考虑，应该用'敲'，这样才有礼貌。"

师："你是个很辩证的孩子。"

……

教学延伸

这是一则叙事性课文，课堂上，我努力通过情境的创设再现故事中的典型场景。学生在理解故事内容的同时，感受斟词酌句的重要性，并初步尝试进行了语言文字的推敲。回顾本堂课的教学，基本上达到了预定的教学目标。在教学预设和课堂执教中，我觉得应主要做到以下三点：

一、紧扣课程标准，做到"心中有理念"

新课标始终应该是我们教学的理念依据，在教学中，我们应该反复研读课程标准，进行有目的的教学设计。新课程标准在第三学段"阅读"部分提出了"阅读叙事性作品，了解事件梗概，简单描述自己印象最深的场景、人物、细节，说出自己的喜欢、憎恶、崇敬、向往、同情等感受"。这可以说是高年级叙事性课文教学的最根本的理念。正是根据这一理念，初步形成了本课教学的框架。首先初读课文，了解人物；接着根据人物，说出故事的梗概。在此基础上，引导学生走进故事的精彩场景，学习课文，这是教学的主体部分。最后适当拓展，赏析其他诗歌名句，并引导学生在诗句中填字比较，学会推敲。

二、优化教学情境，做到"手中有方法"

李吉林老师将"情境"界定为"根据儿童素质全面发展的教育目标创设的优化的环境。"情境使儿童带着热烈的情感主动地参与，以至达到全身心沉浸其中的境界，巧妙地把儿童的认知活动与情感活动结合起来，让他们在相互激励、和谐统一中得到全面发展。在教学中，我们应充分发挥"情境的力量"，通过创设富有美感、智慧和童趣的情境，将知识嵌于情境，生活现于情境，训练融于情境，思想寓于情境。使儿童的课堂学习与活动有机地结合起来，激起热烈的学习情绪，促进学生积极的情感参与。加强语文基本能力的训练，从而提高学生语文的综合素养。本课两个主要场景的教学，我通过表演体会、图画再现、音乐渲染、语言描绘等多种手段创设情境，引导学生在情境中想象、感受、体会、表达。从课堂呈现的状态来看，学生走进了情境，感受比较丰富，发表了自己独到的见解。

三、加强实践训练，做到"眼中有学生"

"学生的发展"是课堂效益的基本指标。新课标特别强调，语文是实践性很强的课程，应着重培养学生的语文实践能力。而且这篇课文本身就是语言文字的推敲，在教学设计中就充分考虑到如何让学生在"推敲"中学会推敲，主要体现在这样几个环节：一是关于"闯"字的推敲；二是在学完课文后，通过补充古诗名句，交流欣赏有关重点字词，充分体会到斟词酌句是所有诗人共同的做法；三是填字练习。请同学们为诗句"轻风（　）细柳"和"淡月（　）梅花"各填一个字，并通过比较，推敲出最贴切、最生动的字。通过这一训练，学生尝试推敲，既强化了感受，又提高了能力。

《推敲》是苏教版语文第 9 册第 9 课，叙述了贾岛创作《题李凝幽居》后，反复斟酌"推敲"二字的故事。由此，"推敲"就有了"斟酌字句，反复琢磨"的意思。在多遍阅读故事，反复推敲课文语言后，我觉得教学中一方面应该引领学生抓住课文的重点，走进故事的精彩场景，了解"推敲"故事的来龙去脉；另一方面应该引导学生感受斟词酌句在创作中的重要性，学习贾岛认真严肃的创作态度和锲而不舍的钻研精神，学习推敲。

上课伊始，我和学生先一起分别做"推"和"敲"的动作，再让学生说说"推敲"一词的意思，接着故作疑惑："明明是两个表示动作的词，怎么联在一起就成了表示'反复思考、琢磨'的意思了呢？"不少孩子们也是一脸的不解，带着疑问，学生们打开了课本，开始自由读课文。

读完课文，学生们一下子抓住了故事中的人物——贾岛、韩愈、李凝，并根据人物之间的关系说出了故事的大意。"抓住故事的大意是我们学习课文的第一步。但是，仅仅弄清故事的大意肯定是不够的，我们还要能够抓住课文的重点，走进课文的场景。"我的点拨让学生开始了新的思考，学生们纷纷举手，交流自己印象最深的课文场景。根据学生的回答，我适当归纳并板书——月夜，访友作诗；街头，吟哦冲撞，至此学生对课文已有了一个总体的把握。

下面进入课文重点段落的学习。首先，我引导学生一起感受"街头"场景。"读着课文，故事中的场景就如一幅幅画面呈现在我们眼前。我们仿佛穿越了时空，来到了 1300 多年前的唐朝，来到了热闹的长安大街。此时的贾岛正在干什么呢？"学生快速浏览课文第 3 自然段后，立刻找到了"贾岛骑着毛驴，一边吟哦，一边做着敲门、推门的动作，不知不觉进了长安城"这句话。在理解"吟哦"一词后，学生开始进一步想象贾岛在街头上推敲的情景。单政铭自告奋勇准备当一回贾岛，我给他戴上一串佛珠，情境自然而成，同学们个个兴趣盎然。单政铭的精彩表演赢得了同学们的热烈掌声，贾岛的投入活灵活现地展现在眼前。我顺水推舟，让同学们说出可以描写眼前贾岛的词语，大家连珠炮似的报出了很多：全神贯注、忘乎所以、专心致志、沉浸其间、如痴如醉、旁若无人、心无旁骛……

学生齐读课文第 3 自然段后，我通过引读过渡到"贾岛误闯仪仗队"的学习。这部分的学习，我重点让学生体会"闯"字的用法。"同学们知道'闯'一般是什么意思？"立刻有学生举手回答："'闯'就是猛冲进去的意思。"我进一步引导思考："是呀！不过我们想一想，是贾岛骑着毛驴猛冲进韩愈的仪仗队中的吗?"学生摇头。"那为什么要用'闯'而不用'走'呢?我们一起来琢磨琢磨,推敲推敲。"显然这个问题有一定的难度,学生进入了沉思。片刻,有学生举手说:"我在电视里看到过古代的仪仗队,声势十分浩大,大官的轿子周围总是前呼后拥,锣鼓喧天,十分威严,人们必须得避让,而贾岛没有让。""说得很好!"在鼓励他的同时,我再一次发问,"那为什么要用'闯'?"小机灵鬼陆昀昊立马插嘴:"那就是闯祸了呗!"大家立刻恍然大悟,原来这个"闯"包含着"闯祸、冒犯"之意。我紧接着补充了过去贾岛因专心作诗曾闯仪仗队被关的故事。这时,学生终于理解了"闯"字的作用,章文成总结了大家的意见,说:"这个'闯'字可见贾岛十分投入了,用在这儿不仅十分恰当,而且别有一番意味。"同学们对贾岛已有了更深一层的了解。

接下来,我让学生自读贾岛与韩愈的对话,并联系课文第2自然段想一想如果自己就是贾岛,会怎样对韩愈说。学生经过一段时间的准备,我再次请同学担当贾岛这一角色,我当韩愈,与"贾岛"进行了一番对话。学生再次不知不觉进入情境,街头的一幕再现于眼前。

"刚才,贾岛向我们介绍了他创作这首诗时的情况。那就让我们跟随着贾岛一起去拜访他的好朋友——李凝,感受一下当时的情景吧!"课堂进入了另一场景"月夜访友作诗"的学习。我通过电脑出示画面,播放《古刹幽静》的音乐,并加以语言描述。从学生专注而出神的目光中,我发现他们仿佛已经来到了郊外,一定有身临其境的感觉了。于是,我问:"在这样的情境中,你觉得是用'推'好,还是用'敲'好呢?"教室里顿时举起了很多只小手,纷纷发表自己的独特见解:"我觉得用'敲'好,'敲'表明贾岛很有礼貌。""我觉得用'推'字好,用'推'读得更顺畅。""我觉得用'敲'好,这样更能突出当时的宁静。""用'推'好,这样显得更加和谐。""我觉得用'推'和'敲'都不够恰当,可以用'扣'字"……同学们各抒己见,我不断对大家的意见加以肯定和表扬,课堂的气氛异常热烈。

在出示韩愈的意见后,我特别强调"仁者见仁,智者见智,韩愈也只是一家之言"。到底"推"和"敲"哪个更好,我们也可以进一步去思考。但是,他们对待文章的这种认真执著的态度仍然是很值得我们学习的。最后,我带领学生分角色读第4~7自然段,再次感受当时的情景。

课文本身的学习到此基本结束。为了让学生进一步增强感受,我进行了适当拓展,"不仅是贾岛,几乎所有的诗人在写诗时都要经过反复的斟酌,反复的思考"，于是，我出示了一组古诗名句："草长莺飞二月天，拂堤杨柳醉春烟。"（高鼎《村居》）"随风潜入夜，润物细无声。"（杜甫《春夜喜雨》）等。请学生说说这里哪些诗句中的字用得特别好，又好在哪里？有的学生说："'醉'用得好，'醉'字是'陶醉'的意思，杨柳陶醉了，诗人陶醉了，赏景的人陶醉了，我们读着诗也陶醉了。"有的说："春雨轻轻的、细细的，像牛毛，像花针，像细丝，'潜'字充分地表现了春雨的这个特点。"……

最后，我出示了两句诗："轻风（　）细柳"和"淡月（　）梅花"，要求同学们在括号内填上合适的字。同学们思维活跃，一下子想到了很多字，第一句有摇、抚、拂、醉、舞等，第二句有映、伴、慰、照、香等。接着，我又让大家比一比，说说自己认为哪个字最恰当。大家的思维又一次活跃起来，纷纷发表了自己的见解，有的同学还想得很独特，"我认为用'慰'最好，因为冬日里，百花凋零，只有梅花不畏严寒独自开放。这时，皎洁的月光洒在盛开的梅花上，一定是来慰问她的。"多么美好的境界呀，大家都情不自禁地为他的想法而鼓掌。

下课铃响了，同学们还没有找到一个统一的答案。我作了这样的总结："刚才，同学们都开动了脑筋，想象着诗境，说得都有一定的道理。的确，不同的人有不同的理解，就是同一个人在不同的时间、不同的场合可能有不同的想法。但是我想，在某一个特定的情境中，总有一个字是最合适的。"同学们仍在不停地讨论着，争辩着……

专家点评

在英语的强势冲击下，汉语目前的境遇可谓不佳，表现在不少学生对母语情感不深，学习兴趣不浓，感悟力迟钝。其实，汉语可以说是世界上最优秀、最具表现力的语言之一，那么，怎样改变汉语目前的这种不利状况呢？我觉得作为语文教师，我们在教学中应该下工夫激活汉语，让学生充分体会她的内涵与活力，文采与气韵。陆红兵老师在《推敲》这课上引导学生在情境中充分感悟汉语的魅力，着力培养学生对语言文字直觉的、整体的领悟能力，取得了很好的效果。其做法主要有三点：1. 启发学生感知语言形象。文章是作者将自己对生活的感受进行思考后写成的语言符号。这些文字本身没有直接可感性，因而，读者要想正确理解作者通过文字表达的思想感情，就必须根据作者提供的语言符号，调动生活积累和知识经验，通过想象再现相关形象，只有这样才能进入作者所描绘的世界。在学习贾岛在街头因沉浸诗中冲撞了韩愈的仪仗队这一段时，教者与学生一同创设情境，学生在其间理解了"吟哦"、"闯"等词的含义，感受到了贾岛吟诗时的投入与专注。2. 引导学生感受语言情味。文章是以"言"表"情"的，语言文字是情感的载体。小学语文课本为儿童展现了丰富的情感世界。教学时，只有让学生体会作者的情感历程，与作者产生情感上的共鸣，才能使他们真正受到熏陶感染。教者在引导学生感悟诗中"推"、"敲"二字时，将学生带入了贾岛月夜访友作诗的情境中，在具体的环境中讨论"推"、"敲"二字表现出的不同的情味，使学生体会到了这两个字创造的不同意境。3. 帮助学生感悟语言内涵。语言的内涵隐藏在语言文字之中，学生不易准确把握，需要有一定的感悟力。语言的感悟力却不是一朝一夕就能培养起来的，需要我们在平时的教学中长期不懈地提供语言实践的机会。在本课最后，教者设计了一个诗句填字的练习，让学生根据自己的生活经验和理解填上合适的字，然后进行比较、鉴赏。每一个字创造出的境界都不一样，这就使学生充分感受到汉语言的独特魅力。

（施建平）

让数学动起来

——优秀教师郭群翠讲述数学新授课《三角形的内角和》

《三角形的内角和》是北师大版数学实验教材四年级下册的内容。本课的主要知识点是掌握三角形的内角和是180°，并利用内角和进行一些简单的推理和计算。让学生直接记住"三角形的内角和等于180°"这一结论并不困难，多做几道练习也能达到巩固运用的目的，但这种被动记忆、机械套用的学习方式只能培养书呆子，只会扼杀学生的能动性和创造性。如何让学生经历知识从无到有产生的过程、深刻地体会这一结论的普遍性？如何通过学生自主的探究活动培养其科学的态度和探究能力？这是本节课重点要解决的问题。因此，我决定把课的重点定在让学生经历这一知识的形成过程，学习探究问题的方法，培养科学的态度和实践能力上。

精彩实录

上课伊始，组织学生复习了前几节课学习的三角形的分类、一些特殊角的度数后开始本课内容的学习。

师："今天，在三角形家族里，因为角的问题，两个三角形之间发生了一场小小的争论，一起来看看。"（课件演示）

 我的三个内角的和一定比你大。

是这样吗？

接着我提出了："刚才两个三角形为什么争论？什么叫三角形的'内角'？什么又是'内角和'？"对这几个简单的准备性的问题，学生都一一作答。

我接着再问："到底大三角形说得对不对呢？你有什么办法验证一下？"

学生反应得又快又直接："先测量出三角形每个内角的度数，再把三个角加起来不就行了？"

既然大家意见一致，就马上动手实施。我给每个小组的学生都发了一张表格（如下图）和一套三角形，分别是锐角、直角和钝角三角形各一个。学生以小组为单位，量的量、记的记，分工合作，很快就完成了下面的表格。

三角形的形状	每个内角的度数	三个内角和
锐角三角形		
直角三角形		
钝角三角形		

观察数据、分析数据、作出猜想，实践验证是本课的重头戏。我在实物投影仪上同时展示了四个小组的表格，然后引导学生分析：

师："观察这些结果，你发现了什么？"

生："我发现这些得数都非常接近180°。"

生："这些数都在180°左右。"

师："观察真敏锐！那我们可不可以作这样一个猜测：三角形的内角和可能和180°有关？"

生："可以。"（教师板书：180°）

师："三角形的内角和与180°究竟是怎样的关系呢？我们还要继续探讨。其实，我给每个小组的三角形都是一样的，看看表格里的数据，想一想，为什么大家测量和计算的结果不尽相同呢？"

有的学生在嘀咕："因为测量时有误差；（还有的说）因为有的人测量的方法不太准确！"

……

我让学生再仔细观察，表格中还有没有什么特别值得思考的地方。一会儿，有的学生开始窃窃私语了，我找比较大胆的学生汇报其发现。

生："有两组计算的直角三角形的内角和都是180°，其他组的直角三角形的内角和也都和180°的差距很小，而每一组的锐角、钝角三角形的内角和误差都比较大。"

这是一个很难得的发现，在全班同学都表示认可后，我再发问："为什么会这样？为什么测量直角三角形时出现的误差小一些呢？"

学生再次陷入思考，继而得出："测量直角三角形时，直角是90°，大家都不用量，都不会错，误差就是测量另外两个角产生的；而钝角、锐角三角形都要量三次，每次可能都有误差，所以加起来误差就大了。"

（学生有此认识，真是太棒了！我暗自窃喜）

师："大家的意思是说，测量两次的比测量三次的误差要小，是吗？那么，怎么样能使测量的误差更小？甚至没有呢？"

学生马上悟出："测量一次的误差更小，要是不测量就知道度数，就可能没有误差！"

我乘胜追击，举起一个三角形，充满疑惑地说："但是三角形有三个角啊，而且还隔得那么远，怎么样才能只测量一次就知道三个角的和呢？"

马上有机灵的学生接上："把三个角拼到一起就可以了。"

我转问其他同学："可以吗？"

"如果我们把三角形的三个内角拼在一起，成为一个角，只度量一次，误差就会小很多。想一想：怎样拼能让三个角在一起？"

生："把角撕下来。"

（可以撕了拼，也可以折一折）

我让学生用撕的方法，把三个角拼在一起，学生惊喜地发现：三个角拼在一起正好是一个平角！于是都欣喜地大叫："这么巧啊？刚好是一个平角，正好是180°！"

师："现在我们可以得出什么结论呢？"

生："三角形的内角和是180°。"

（为了强调这一结论的普遍性，我让学生继续验证）

师："大家把手里的这个三角形的三个角拼在一起刚好组成一个平角，是

180°，这是不是一种巧合呢？其他的三角形是不是也有这一特征？"

生："是。"

师："能这么肯定吗？我们再试一试。如果不用撕的方法，还可以用什么方法？"

生："可以折！"

我让学生把手里其他的三角形用折一折的方法，把三个角折在一起。这种方法对部分学生有难度，我让先折出来的同学到别组去帮助有困难的同学，同时在实物展示仪上展示教材第31页中间的图，让有困难的学生照样子折。

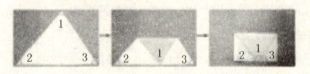

师："通过用这么多不同的三角形进行验证，你又可以得出什么结论？"

生："这些三角形的内角和都是180°。"

师："那么现在我们可以非常肯定地说什么了？"

学生都一起喊了起来："任何三角形的内角和都等于180°！"（教师在原来板书的"180°"前面把这句话板书完整）

为了解决课前的疑惑，让学生体会创造的成功感，我再发问：

"对于前面两个三角形的争论，你可以说什么了？"

"大三角形说得不对，所有三角形的内角和都一样大，都是180°！"

"以后要是有人问你：你怎么知道？你怎么说？老师告诉的吗？"

"当然不是，我们自己做出来的！"学生满是自豪的神情！

"对，是我们自己做出来的！自己探索出来的！大家真了不起，科学家能做的事情我们也能做！"

教学延伸

任何一个新知的产生，任何一种新思想的提出和形成，都要经历这样一个过程，即发现问题——引出矛盾——分析思考——提出策略——实践论证——解决问题。

在本课教学中，让学生记住三角形的内角和是180°的结论易如反掌，但这一结论从何而来？其发现、产生的过程是怎样的？是权威的规定，还是客观存在？在各种不同的三角形中是否具有普遍存在性？这些对于学生来说都是一个谜团！是让学生死记结论，还是经历过程？是机械套用，还是灵活变通地运用？这是教师首先面临的观念问题。数学教学，需要我们不断唤醒学生探求新知、解决问题的愿望，需要给学生创建大胆探索、深刻体验的平台。更重要的，要让学生在追寻结论的过程中体会探索的方法、科学的思想，经历建构新知的过程。因此，课中我没有简单草率地将结论直接告诉学生，而是让学生经历测量、撕、剪、拼、折、算等一系列动手操作的过程，在具体的实践中对内角和的大小建立清晰的概念。

首先提供情景，让学生发现问题：两个三角形的内角和到底谁大谁小？接着由学生提出初步的策略：通过测量计算来比较内角和。然后动手测量、分析数据、大胆猜测"三角形的内角和可能和180°有关"，继而引发新的思考：怎么样只量一次就能知道三个角的和？学生通过思考再次提出新的策略：用撕、剪、折的方法把三个角拼在一起，成为一个角，只度量一次即可。最后通过用不同的三角形进行验证，肯定强化"三角形的内角和是180°"这一结论。

如果省掉前面过程，直接告诉学生三角形的内角和是180°，多背几遍，相信学生一样也能记住和运用，但那是嗟来之食、食之无味。所以，我不惜花大半节课让学生亲自动手，一步一步，动手动脑，层层深入探索三角形的内角和，建立了由模糊到清晰的概念。当结论出来时，看得出学生都是非常欣喜的，结论的得出是水到渠成，人人都经历，人人有感受，人人都能说。这一收获，不仅是知识上的收获，更是一种方法的收获和情感上的满足。为了激起学生的成功感，我还追问他们："你怎么知道的？"学生都非常自豪的说是自己发现、自己做出来的、自己探索出来的！这是付出得到的回报，言语中无不流露出成功的满足感。我不失时机地夸奖他们："真伟大，数学家能做的事情我们也能做！"学生的情感体验应该说在这时达到了高潮。

数学教学是数学活动的教学，是师生之间、学生之间交往互动与共同发展的过程。学生是数学活动的主体，学生应在活动中对有关的数学学习内容进行探索、实践与思考，从而自己主动构建数学知识。在教学中，教师应使学生通过各种数学活动，掌握基本的数学知识和技能，初步学会以数学的角度去观察事物和思考问题，产生学习数学的愿望和兴趣。在教学中，教师如何激发学生的学习积极性，向学生提供充分从事数学活动的机会，帮助学生在自主探索和合作交流的过程中真正理解和掌握基本的数学知识与技能、数学思想和方法，获得广泛的数学活动经验，体验到成功的喜悦，这是"有效教学"的核心问题。

在本课的教学中，我按照"发现问题——引出矛盾——分析思考——提出策略——实践论证——解决问题"的思路，给学生创造一系列的体验和探索活动，深刻地理解和掌握新知。从这一系列的活动中，他们不仅经历了一个过程，得到了一个结论，更学会了一种方法，形成了一种思想。更重要的是，学生从活动中学习到科学探究的态度，求真求实的思想，大胆猜测、分析思考、实践论证的探索方法。因此，在随后的练习中，学生的思路开阔，方法灵活，不仅能够解决求三角形中任意一个角的度数，还能根据三角形的内角和，推导计算四边形、五边形、六边形、八边形的内角和，并能发现规律，归纳总结出多边形的内角和的计算公式。学生浓厚的兴趣、灵动的思维、多样的策略，无一不是他们进行探索性学习的最好体现。

专家点评

注重过程教学，让学生自主探索，或通过合作学习，使每个学生都能得到应有的发展，这是新课程的核心理念。数学教育家曹才翰先生说："数学学习与其说是学习知识，倒不如说是学习数学思维过程。"G.波利亚指出："学习任何东西最好的途径是自己去发现。"这些理念，无疑对教师的课堂设计提出了更高的要求，使每一个学生通过课堂学习，获得学习数学的思维方法，增强学好数学的自信心。

在《三角形内角和》这一内容的教学时，传统的教学方式是教给学生测量或者是撕拼的方法，然后得出结论，进行应用。虽然可以节省时间，短期内收到较好的效果，特别是要求学生死记硬背结论，然后应用结论解决相关问题一般是不会有困难的。但把数学知识的发生过程轻描淡写，缺乏探究过程，这样学数学，学生感觉学得累，很乏味，在他们的感受中，数学渐渐地变得枯燥无味了。本节课着眼于学生的能力和学习数学的兴趣，上课一开始，通过创设了在三角形家族里，因为角的问题，两个三角形之间发生了一场小小的争论的动画情境，较好地激发了学生的学习兴趣。然后给每个小组的学生都发了一张表格和一套三角形，分别是锐角、直角和钝角三角形各一个，学生以小组为单位，量的量、记的记，分工合作，很快就完成了三角形内角和的计算。让学生以先独立思考再合作的方式，为学生留有足够的空间去探究出结论。学生通过测量、撕拼、折叠等方法，探究出三角形内角和的结论。本节课有以下特点：

1.创设问题有趣的情境，引导学生探究数学问题。以动画片"大小三角形的争论"为情境，提出数学问题，较好地调动了学生的学习兴趣，从而引发学生思考、探究三角形的内角和。2.通过操作实践活动，自己发现规律，得出结论。教师引导学生进行实践操作，让学生以小组合作的形式，通过独立思考、合作交流，解决问题。学生探究意识强，想出了多种方法，如测量、撕拼、折叠等，并针对问题进行了辩论，用多种方法、从各种情况发现并验证了三角形的内角和的结论，即"任何三角形内角和都是180°"。这一活动培养了学生从个别到一般的归纳思维。整节课学生处于一种积极愉悦、兴致勃勃的状态，学得轻松，学得主动，学得深刻，营造了生动的数学课堂氛围。

（丁锦华）

情境创设：为谁辛苦为谁甜

——教坛新秀柳小梅讲述数学新授课《用字母表示数》

我们创设的情境中要有生活，更要能承载学科的任务，恰到好处地兼顾到儿童的特点和数学学科本身的特点，让课堂走向有效、生动、深刻。

精彩实录

师："同学们，你想知道自己将来能长多高吗？这个公式可以预测你的身高（出示：$a = (b + c) \div 2 \times 1.08$）。看到这个公式，你有什么话想说吗？"

生："用字母代表的是不是要我们求出来的数？"

生："这儿的字母代表的是什么数？"

师："今天，我们就试着从数学的角度来研究字母。"

师："让我们的研究从一首儿歌开始吧。（出示）1 只青蛙 1 张嘴，2 只青蛙 2 张嘴，3 只青蛙 3 张嘴，……"（学生情不自禁地往下编，师生对起了口令）

师："同学们，咱们这样说下去能说得完吗？（学生纷纷表示不能）谁有本领将复杂的问题变简单。用一句话表示出这首儿歌？"

生："每只青蛙 1 张嘴。"

生："几只青蛙几张嘴。"

生："很多只青蛙很多张嘴。"

生："n 只青蛙 n 张嘴。"

师："这几种方法中，你比较喜欢哪一种？说说你的想法。"

生:"我喜欢最后一种方法。我觉得这样既简便又能让人看得懂。"

师:"是啊,多简捷呀!咱们真该为创造出这种方法的同学鼓鼓掌。(输入第 4 种方法)你认为这儿的 n 可以是哪些数?"

生:"任何自然数。"

师:"当 $n = 1$ 时,就是儿歌中的 1 只青蛙 1 张嘴,当 $n = 2$,$n = 100$ 时呢?"(学生一起回到具体的儿歌中)

师:(小结)"同学们,这一个小小的字母就把青蛙的只数和嘴巴的张数表示得清清楚楚。看来,字母的作用还真大呀!(学生也深有体会地说)这就是我们今天研究的内容——用字母表示数。"

师:"老师今天还带来了一个魔盒,我们来玩个魔术。这是一个神奇的数学魔盒。(出示)当你从左边放进一个数,经过魔盒的加工马上可以吐出另外一个数。"(学生个个跃跃欲试)

生:"我想放进 5(边说边输入)。(伴随着神奇的乐声,魔盒吐出了 10)接着 3 名学生分别输入 3、12、200,学生猜测后,魔盒分别吐出 6、24 和 400。"

师:"好像已经有人发现了魔盒的秘密?"

生:"出来的数是进去数的 2 倍。"

(教师引导学生验证并用算式表示结果:5×2,3×2,12×2,200×2)

师:"同学们,如果我们接着玩下去,出来的数和进去的数还会符合这样的关系,那你能不能用一个式子概括出这种关系?"

(同桌交流后,汇报)

"$b \times 2$ 这个式子不但可以表示出来的数还能看出出来的数是进去的数的 2 倍。"

生:"我还可以用别的字母表示:$a \times 2$。"

师:"这究竟是不是魔盒中所藏的秘密呢?想不想打开魔盒看一看。"(打开)

魔盒加工的原理就是——$a \times 2$。

师:"在这儿,我们看到进去的数在变,出来的数也在变,但 $a \times 2$ 所表示的关系却始终不变。正如科学家开普勒所说——出示:'数学是研究千变万化中不变的关系。'"

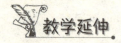

教学延伸

一、挖掘简单中蕴涵的丰富，创设充满数学味的情境

本课的导入没有选用如 KFC——肯德基，CCTV——中央电视台等这样看上去和生活联系很紧的素材，而用"预测身高"这样一个数学公式来导入，不仅能激起学生学习的兴趣，更能体现字母作为一个变量的本质特征。这样的导入，是一次"力透纸背"的选择，作这样的选择，无疑更符合数学课的研究逻辑，更有数学味。为了情境而用生活还是选用更数学化的素材来设计，需要教师站得更高，看得更远。

从简单中挖掘深刻与丰富，教师的退出成就学生的创造。从"一只青蛙一张嘴"开始研究，并"逼"学生自己创造出字母来概括，在这一过程中学生更真切地感受："为什么要用字母来表示数？""一只青蛙一张嘴"之中也蕴涵着一个简单的正比例函数变化的思想，从这里开始研究更易让学生经历数学知识产生与发展的过程。在简单中挖掘出丰富的内涵，虽"幼稚"却是一次数学化的提升。

二、在游戏中触摸数学的本质，创设富有探究性的情境

"玩"是孩子的天性，苏霍姆林斯基曾指出："如果老师不想办法使学生产生情绪高昂和智力振奋的内心状态，就急于传授知识，不动情感的脑力劳动就会带来疲倦。没有欢欣鼓舞的心情，没有学习兴趣，学习也就成了负担。"

在数学课堂上玩魔术，在孩子们看来，是一件多有吸引力的事。不仅如此，还能从中发现数学问题、研究数学，这又是一件多么美好的事情！用字母表示数应让学生理解含有字母的式子既可以表示数量间的关系，也可以表示一个结果，这是教学的难点。尤其对于含有字母的式子可以表示一个"结果"，学生理解起来更困难。在教学实践中，小小的魔盒发挥了神奇的作用，学生边玩边自觉地思考，在探寻魔盒的秘密中经历了建立数学模型的过程。这样在新知的生长点上一层层逐步深入，有层次、有坡度地突破了难点。

三、把知识镶嵌在背景中，创设浸泽着情趣的故事情境

新课标指出："数学教学中要创设与生活环境、知识背景密切相关的，同时又是学生感兴趣的学习情境。"这些情境应该给学生提供出相应的学习材料，并且蕴涵数学知识。

"用字母表示数"的一些简写规则，也是本课学生学习的一大难点。教者试着以儿童的眼光看问题，以一颗童心接近孩子，在全面深入研究学生和钻研教材的基础上，充分发挥教师的智慧，把简写规则这样的规定性知识设计成一个有情趣的情境，镶嵌在一个有趣的童话情境中，做成动画，调动学生多感官的参与，引导学生在具体的情境中轻松愉快地学习。同时，童话情境中还用模糊的手法解释了："为什么需要这样的简写？为什么只有'乘法'才可以有这样的简写？"等一些疑问。这一教学形式可谓新颖、活泼，但究其本质，一切情境的创设又都是在为学生的学习服务。

数学教育是学科教育，是与数学不能分开的教育。在数学上，字母作为数学符号有两种作用：1. 作为专有名词，例如，自然数集合用 N 表示；2. 字母可以作为一个数的不确定词名，即变量。

学生是带着自己的生活经验走进数学课堂的，学生对字母的认识并不是一张白纸，比如 KFC——肯德基，CCTV——中央电视台等生活中特定的标志，学生就很熟悉。但我在导入时没有选用这些看上去和生活联系很紧的素材，是考虑到这里的字母仅仅是英文字母的缩写，是日常生活语言中的专有名词。选择用预测身高的公式 $a = (b + c) \div 2 \times 1.08$ 导入，一是为激起学生学习的兴趣，孩子们应该都很想知道自己将来的身高；二是体现字母作为一个变量的本质特征。

在学生交流看到这个字母公式的想法后，"今天，我们就试着从数学的角度来研究字母。"简单的一句话，既是对刚才孩子感受的总结，也和学生一起把今天的研究视角确定下来。"为什么要学习用字母表示数？""学习用字母表示数有什么用？"这是我在设计本课时致力要解决的问题。

产生要解决问题的需要，是学生自主探究最大的动力。探究时，我首先出示学生感兴趣的青蛙儿歌，让学生不知不觉地进入学习状态。因为熟悉，学生情不自禁地读起来，我与学生对起了口令。由于"青蛙的只数和嘴巴的张数"可以一直不停地数下去，数青蛙的烦琐，让学生产生了追求简约的需要。此时，教师提出挑战性的问题：谁有本领将复杂的问题变简单。用一句话表示出这首儿歌？学生创造了多种表示的方法：文字的，字母的。最后达成共识，选择用字母来表示的方式。用字母 n 来表示数不是教师教给的，是学生自己的创造，这是多了不起的创造啊！之后，教师引导学生在具体——概括——回到具体的层层体验中经历符号化的过程，初步体会到用字母表示数的必要性和优越性。这样，通过"自然语言"和"代数语言"的对比，学生实现了由算术思维向代数思维的过渡，并能感悟此中"代数语言"的作用。

学生在这一过程能自己发现问题，挑战性地解决问题，顺利地实现从具体的数到用字母表示数的过渡，还因为我在设计时把青蛙儿歌分步出示，这一部分呈现的只是儿歌的前两句。如果完整地呈现："一只青蛙一张嘴，两只眼睛四条腿……"涉及的数量关系太复杂，在用字母表示数时，对学生来说想一下子表述清楚是有很大难度的！教师只有根据学生的年龄特点和认知特点，深刻地把握教材才能帮助学生找到恰当的建构新知的生长点，从而使"自主探究、自主创造"成为可能。

用字母表示数有两层含义：用字母表示一个数量即结果，用字母表示数量间的关系。如何突破难点，让学生感受真切，体验深刻？

与学校的几位老师聊课时碰撞出了思维的火花：本质上就是一种函数嘛……不如做一个盒子……是啊，输进一个变量经过某种加工后输出另一个变量，魔盒——一个蕴涵函数思想的载体，多巧妙啊！

于是在课堂的深入探究部分，我设计玩魔盒的游戏情境。我先让学生玩——当你从左边放进一个数，经过魔盒的加工马上可以吐出另外一个数。这一与学生的生活经验相关联的游戏场景，激起了学生极大的探究欲望，学生对探寻魔盒的奥秘充满了向往。接着，我让学生猜想关系："出来的数是进去数的2倍，是这种关系吗？"然后让学生检验，概括关系，最后揭示秘密。这样在游戏中，学生借助具体的数发现了魔盒的秘密，并自然地想到用含有字母的式子来表示出来的数，同时概括输进的数和输出的数之间的关系。充分活动中的猜想，大胆猜想后的验证，揭示秘密后的欢呼，因为情绪热烈所以体验深刻，因为探究深入所以水到渠成。此时，我以科学家开普勒的话作结："数学是研究千变万化中不变的关系。"这一画龙点睛之笔定能让不同层次的学生各有感悟。

魔盒蕴涵着乘法关系，含有字母的式子还能表示加减关系。我又创设了和学生一起猜年龄的情境。在教学中，我先请一位学生做助手，写下字母 c 后，让全班学生猜："这是我的岁数还是老师的岁数？"在告诉学生老师比小助手大18岁后，再问："如果 c 和 c+18 中有一个是教师的岁数，有一个是学生的岁数，想一想，究竟哪一个表示教师的岁数，哪一个是学生的呢？"学生互相讨论，师生对话中讨论了字母在不同的情况下表示数的范围。接着让学生从这个含有字母的式子进行联想，比如，你 1 岁时老师多大了？让学生体会：字母 c 表示的是一个可以变化的数，但只要 c 确定了，$c + 18$ 就是一个确定的岁数。最后引导学生换个角度进行思考："如果用 n 表示老师的岁数，怎样表示学生的岁数？"是一个及时有效的拓展。

也许含有字母的乘法式子中乘号的简写规则在我们成人眼里不算什么，但从儿童的角度看却是一个理解的难点。有没有一个好的方式来突破这一难点呢？恰逢当时学校正在开展童话节的活动，孩子们都在讲童话、编童话、演童话。我受到启发："是不是也可以把所有的规则编入童话故事呢？"后来把这个故事又做成了动画片，更加有趣了。

动画录音内容如下：这天的早朝上，0 国王正在听小不点儿乘号汇报工作："陛下，因为我和 X 很相近，许多人总把我们混淆。请陛下想出一个对策才行啊。"

于是，0 国王传下口令："+ 号、– 号、÷ 号先行退朝，乘号留下议事。"

第二天的早朝上，0 国王宣布了三条制度：

(1) 在含有字母的式子里，数和字母中间的乘号可以记作小圆点，也可以省略不写。如 $X \times 2$ 或 $2 \times X$ 都可以记作 $2 \cdot X$ 或 $2X$，但要注意，在省略乘号时，要把数写在字母的前面。

(2) 1 与任何字母相乘时，1 可以省略不写。如 $1 \times b$ 或 $b \times 1$ 都记作 b。

(3) 字母和字母相乘，中间的乘号也可以记作小圆点或省略不写。如 $a \times b$ 记作 $a \cdot b$ 或 ab；两个相同的字母相乘，如 $b \times b$ 记作 b^2，读作 b 的平方。

从此，数学界就有了这样的规则。

最后在练习巩固中，我创设了一个整体的练习情境：游玩快乐广场。走进"生活馆"看到的是联系生活实际运用的问题；"音乐吧"传出复杂的青蛙儿歌，让孩子们再次编写应用题；"智慧屋"迎接孩子们的智慧老人要求能用含有字母的式子说说身边的事物。孩子们自己选择，巩固、提高、应用，获得了运用的乐趣，体会出字母的价值。

有效情境的创设的确是保证数学课堂高效生动的重要途径。

专家点评

《用字母表示数》一课的导入没有选用如 KFC——肯德基，CCTV——中央电视台等这样看上去和生活联系很紧的素材，而用"预测身高"这样一个数学公式来导入，不仅能激起学生学习的兴趣，更能体现字母作为一个变量的本质特征。学生听课轻松，课堂活跃，同学们掌握了所学的知识。同学们通过数例的分析，不但体会了用字母表示数的优越性，而且了解了用数形结合的思想来寻找数量关系，提高了数学的学习兴趣。本课有以下三个特点：

1. 注重教学内容的整体化处理，体现教学设计的实效性

在组合学习材料时，教师重在创设富有思考的教学情境。通过对教材提供的数学学习情境的有机组合，促使学生能有效地经历用字母表示数的过程。为此，在本课中，教师首先借助学生熟悉的儿歌引出字母可以表示数，然后通过魔盒游戏等情境的探究不仅可以用字母直接表示一个量，还可以用含有字母的式子表示另一个量，同时还可以表示数量间的关系。最后通过用字母表示学过的运算定律和几何图形公式，逐步加深体会字母的作用，用字母表示数的方法。通过对学习材料的有机组合，明晰了课堂教学主线，力求实效。

2. 重视符号感的培养，让数学课具有数学味

"用字母表示数"是小学阶段学习代数知识的重要内容，是符号感培养的一个重要方面。为此，本课教学的重点之一就是让学生经历和体验用字母表示数的过程，感受符号化思想，发展抽象概括能力。教师在每个教学情境中，都注意引导学生经历符号化的过程。如从"一只青蛙一张嘴"开始研究，并"逼"学生自己创造出字母来概括，在这一过程学生更真切地感受："为什么要用字母来表示数？""一只青蛙一张嘴"之中也蕴涵着一个简单的正比例函数变化的思想，从这里开始研究更易让学生经历数学知识产生与发展的过程。在简单中挖掘出丰富的内涵，虽"幼稚"却是一次数学化的提升。

3. 强化主体意识，让学生主动建构知识

在整个教学过程中，教师创设有趣的和有意义的情境，以不断满足学生把自己当做"探索者、研究者、发现者"的需要，把学习的主动权还给学生。比如以猜老师的年龄作为教学的开始，抓住了学生的好奇心，激发学生学习的兴

趣；在数学课堂上玩魔术，在孩子们看来，是一件多有吸引力的事。还能从中发现数学问题、研究数学！用字母表示数应让学生理解含有字母的式子既可以表示数量间的关系，也可以表示一个结果，这是教学的难点。尤其对于含有字母的式子可以表示一个"结果"，学生理解起来更困难。在教学实践中，小小的魔盒发挥了神奇的作用，学生边玩边自觉地思考，在探寻魔盒的秘密中经历了建立数学模型的过程。这样在新知的生长点上一层层逐步深入，体现了"放"的过程，给学生自主探究的空间，让学生主动建构知识。

（丁锦华）

《名师工程》系列丛书

征 稿 启 事

　　《名师工程》系列丛书是西南师范大学出版社策划、组织出版的大型系列教育丛书。丛书以新课程下的新教学为背景，以促进施教者的教育能力为落脚点，以提高教育质量、提升教师水平为宗旨。

　　丛书首批推出的"名师讲述"和"教学提升"两大系列共二十余品种，其余系列也将陆续出版。为了让广大教师有一个交流、借鉴的机会，同时也为了给广大教师提供更多、更好的图书，《名师工程》系列丛书编辑出版委员会特向全国教育工作者征集稿件。

稿件要求：

1.主题鲜明、新颖，有独创性。

2.主题以提升教育能力为主，也可适当外延。

3.主题要有一定规模、有典型案例支撑。

4.案例要贴近教育实际，操作性强。

5.文章、书稿结构清晰，语言精彩。

　　书稿作者在选题确定之后，请及时与我们做好沟通，具体事宜确定好之后再进行创作；也欢迎用已经完稿的稿件投稿。一线教师如希望参与图书案例的创作，可联系我社策划机构，由策划机构备案，在适合的图书中参与创作。

　　真诚欢迎各位教师踊跃投稿。

联系方式：

西南师范大学出版社高教分社

电话：023-68254356　　　E-mail：zcj@swu.cn

西南师范大学出版社高教分社北京策划部

电话：010-68403096

E-mail：guodej@eyou.com

西南师范大学出版社
《名师工程》系列丛书目录

系列	序号	书　名	主编	定价
小学语文教学系列	1	《小学语文：享受对话教学》	孙建锋	30.00
	2	《小学语文：名师教学目标落实艺术》	刘海涛　王林发	30.00
	3	《小学语文：名师魅力教学设计艺术》	刘海涛　王林发	30.00
	4	《小学语文：名师魅力课堂激趣艺术》	刘海涛　王林发	30.00
	5	《小学作文：名师情趣课堂创设艺术》	张化万	30.00
	6	《小学语文：单元整体教学构建艺术》	李怀源	30.00
教育细节系列	7	《名师最具渲染力的口才细节》	高万祥	30.00
	8	《名师最有效的沟通细节》	李燕　徐波	30.00
	9	《名师最有效的激励细节》	张利　李波	30.00
	10	《名师培养学生好习惯的高效细节》	李文娟　郭香萍	30.00
	11	《名师人格教育的经典细节》	齐欣	30.00
	12	《名师营造课堂氛围的经典细节》	高帆　李秀华	30.00
	13	《名师最有效的赏识教育细节》	李慧军	30.00
	14	《名师最有效的批评细节》	沈旎	30.00
名师讲述系列	15	《施教先施爱 ——名师讲述班主任的核心教导力》	杨连山　魏永田	30.00
	16	《在欢乐中成长 ——名师讲述最具活力的课堂愉快教学》	王斌兴	30.00
	17	《让学生做自己的老师 ——名师讲述如何提升学生自主学习能力》	徐学福　房慧	30.00
	18	《引领学生高效学习 ——名师讲述如何提高学生课堂学习效率》	刘世斌	30.00
	19	《教育从心灵开始 ——名师讲述最能感动学生的心灵教育》	张文质	30.00
教学提升系列	20	《方法总比问题多——名师转变棘手学生的施教艺术》	杨志军	30.00
	21	《用特色吸引学生——名师最受欢迎的特色教学艺术》	卞金祥	30.00
	22	《让学生爱上课堂——名师高效课堂的引导艺术》	邓涛	30.00
	23	《拿什么打开思路——名师最吸引学生的课堂切入点》	马友文	30.00
	24	《没有记不牢的知识 ——名师最能提升学生记忆效果的秘诀》	谢定兰	30.00
	25	《让学生的思维活起来 ——名师最激发潜能的课堂提问艺术》	严永金	30.00

系列	序号	书　　　名	主编	定价
教学新突破系列	26	《把教学目标落实到位——名师优质课堂的效率管理》	冯增俊	30.00
	27	《拿什么调动学生——名师生态课堂的情绪管理》	胡　涛	30.00
	28	《零距离施教——名师和谐师生关系的构建艺术》	贺　斌	30.00
	29	《一个都不能落——名师提升学困生的针对教学》	侯一波	30.00
	30	《让学习变得更轻松 ——名师最能吸引学生的情境设计》	施建平	30.00
	31	《让知识变得更易学 ——名师改造难学知识的优化艺术》	周维强	30.00
通用识书	32	《好心态成就好学生——学生心理问题剖析与对症教育》	李韦遒	30.00
	33	《教育，诗意地栖居》	朱华忠	30.00
	34	《好班规打造好班级》	赵　凯	30.00
高中新课程系列	35	《高中新课程：教师角色转变细节》	缪水娟	30.00
	36	《高中新课程：班主任新兵法细节》	李国汉　杨连山	30.00
	37	《高中新课程：教学管理创新细节》	陈　文	30.00
	38	《高中新课程：更有效的评价细节》	李淑华	30.00
教师成长系列	39	《学学名师那些事》	孙志毅	30.00
	40	《每天学点教育心理学》	石国兴　白晋荣	30.00
	41	《给新教师的建议》	李镇西	30.00
	42	《教师心灵读本：成为有思想的教师》	肖　川	30.00
	43	《教师心灵读本：教师，做反思的实践者》	肖　川	30.00
大师讲坛系列	44	《大师谈教育心理》	肖　川	30.00
	45	《大师谈教育激励》	肖　川	30.00
	46	《大师谈教育沟通》	王斌兴　吴杰明	30.00
	47	《大师谈启蒙教育》	周　宏	30.00
	48	《大师谈教育管理》	樊　雁	30.00
	49	《大师谈儿童人格塑造》	齐　欣	30.00
	50	《大师谈儿童习惯培养》	唐西胜	30.00
	51	《大师谈儿童能力培养》	张启福	30.00
	52	《大师谈早恋与性教育》	闵乐夫	30.00
	53	《大师谈儿童情感教育》	张光林　张　静	30.00